东莞历史名人评传丛书

编委会

邓尔雅

评传

陈莉 著

SPM 南方传媒 | 广东人民出版社

·广 州·

图书在版编目（CIP）数据

邓尔雅评传/陈莉著. —广州：广东人民出版社，2017.12（2023.7 重印）
ISBN 978-7-218-12297-7

Ⅰ. ①邓… Ⅱ. ①陈… Ⅲ. ①邓尔雅（1884-1954）—评传
Ⅳ. ①K825.72

中国版本图书馆 CIP 数据核字（2017）第 275576 号

DENG ERYA PINGZHUAN
邓尔雅评传 陈莉 著

出 版 人：肖风华

责任编辑：王 宁 杨 珠 胡 萍
整体设计：彭 力
责任技编：周 杰 易志华 周星奎

出版发行：广东人民出版社
地 址：广州市越秀区大沙头四马路 10 号（邮政编码：510199）
电 话：（020）85716809（总编室）
传 真：（020）83289585
网 址：http://www.gdpph.com
印 刷：三河市华东印刷有限公司
开 本：787 毫米×1092 毫米 1/16
印 张：17.75 **插页**：2 **字数**：330 千
版 次：2017 年 12 月第 1 版
印 次：2023 年 7 月第 2 次印刷
定 价：38.00 元

如发现印装质量问题，影响阅读，请与出版社（020-85716849）**联系调换。**
售书热线：（020）85716833

总 序

《东莞历史名人评传丛书》编竣付梓，这是东莞市文学艺术界联合会为配合市委市政府建设文化名城部署的一项工程，诚然也是发掘东莞文化资源的一次梳理和整合，旨在建构一道亮丽的东莞人文风景，为当代文化传承助力。

东莞历史悠久，东晋咸和六年（331）立县，根基深厚；东莞资源丰富，吸纳八方士民，创造物质文明。经济的流通，推动了文化的融会；倡教兴学的风尚，加快了人才的育成；人才的出众，彰显文化的辉煌；文化的哺育，促进了精神文明。明代鸿儒邱濬评述：“岭海人才最盛之处，前代首称曲江，在今世则无逾东莞者。”清初硕学屈大均亦言：“东莞乃忠义之乡。”回望历史，东莞人才辈出，继往开来，不管是在朝文武，还是在野学人，他们挺立前沿，担大义，扬浩气，敢为人先；他们潜心学问，开民智，导文明，励志前行；他们的精神操守、仁声德誉，建树一方业绩；他们的人品学行、才识智能，成就一册辉煌。这些先贤后俊，杰士英才，不但名播粤海，望重岭南，而且在全国产生较大的影响，为国家、为民族作出了卓著的贡献。历史留下了他们闪光的身影，堪为我们仰敬的楷模。

检视一方地域的文化底蕴，人才造就是个重要标识，而人才的成长、文化的导入重在精神的传承。一方地域也好，一座城市也好，文化是根本，是灵魂；人才是核心，是魅力；尤其是名人、名事、名著、名业，都是代言本土的品牌，都是淀积本土的营养。当下东莞正启动文化名城建设，这不仅仅是现代文化的理念，而且是真抓实干全方位构建的立体工程，致力建成全国公共文化服务名城、国家历史文化名城、全国产业文化名城和岭南文化精品名城，四轮驱动，文化经济并举，成就东莞这座新兴城市转型升级，再创辉煌。东莞历史人文积淀丰厚，这是建设文化名城可供助力的精神财富，市文联以文化自觉，彰历史情怀，主持开发这方堪可珍重的资源，留住记忆，重绽精彩，传承精神，激活人文，此为我们的责任所在。

《丛书》是一项浩大的工程。我们选择传主的原则是：在一定的历史时期、一定的领域或学科，曾经取得卓越的业绩，或其思想具有重大影响，在中国历史乃至世界历史上具有相当高知名度的东莞籍杰出人物。经过反复论证，我们选出近30位传主。这套丛书的定位是：一套研究性的学术著作。要求科学性，做到言必有据，并要充分反映最新的研究成果，希望能把对传主的研究，提高到一个新的水平。同时也要求文字活泼，图文并茂，可读性强。我们特聘中山大学3位著名史学家和4位对东莞历史文化有深厚感情、熟悉东莞文献掌故的本地人士担任顾问，共同草拟撰写体例和要求，并约请专家学者主笔。每本书稿分立纲、试章、初稿、修订4个阶段。初稿完成后，先由顾问审查是否符合体例，是否达到送审标准。作者根据顾问意见作初步修改后，再聘对该传记涉及领域有研究的专家审读通过，并按专家审读意见进一步修改方为定稿。丛书统一开本，统一版式，统一字号，统一装帧，单列成册，集列成丛。

东莞历史名人的挖掘和宣传，已经成为东莞这座城市的共识，也成为宣传文化系统的一项共同行动。《东莞历史名人评传丛书》和其他有关部门编印的东莞人物丛书，或偏重于研究型，或偏重于普及型，或偏重于古代，或偏重于现代，它们共同让东莞的历史人物重新焕发出光彩，共同证明这座城市历史悠久，文化辉煌。

党的十八大报告明确提出："实现中华民族的伟大复兴，必须推动文化的大发展、大繁荣，兴起社会主义文化建设大高潮，提高文化软实力，发挥文化引领时尚，服务社会，推动发展的作用。"社会实践告诉我们，文化是推动区域发展的内生力量，只有文化才能使广大民众在潜移默化中启迪思维，增长才智，更新创造力。当下东莞建设文化名城的力量正在多元互动。历史名人是文化的标杆，是现代文化建设的感召力，编撰这套丛书是我们整合优秀历史人文成果的责任担当，也是我们善待先贤，促进后学的文化情结。书成，祈请方家、读者赐教。

是为序。

东莞历史名人评传丛书编委会

目　录

导 言

邓尔雅（1884—1954），原名邓溥霖，又名邓溥，字季雨，号万岁，别署风丁老人。广东东莞人。生于北京。岭南名儒邓蓉镜第四子。因购得唐绿绮台琴，筑园名“绿绮园”，自署“绿绮台主”。

邓尔雅出身书香门第，幼承家学。1899 年入读广雅书院。然近代社会动荡，科举正途亦被切断，为安身立命，邓尔雅于 1905 年至 1908 年间两次东渡日本，始习医学，后转攻美术。回国后，邓尔雅即以满腔热情投入教育，并创办贞社广州分社（1912）。加入南社（1914），志在保护国粹、发扬国光。1918 年，邓尔雅入滇军李根源幕，以期为国效力，保护国粹免遭兵燹。然两年后李根源下野，邓尔雅黯然返粤。1920 年，邓尔雅广州寓所遭兵燹，其所藏书画付诸一炬，遂迁回东莞任教。1922 年，广东政变，故乡不可居，年近不惑的邓尔雅不得已流寓香港。尽管在香港生存环境恶劣，但邓尔雅仍然一如既往地致力于保存国粹，振兴国学，为弘扬中华文化艺术贡献了毕生精力。1954 年 10 月 6 日，邓尔雅病逝于香港，享年七十有二（虚岁）。

邓尔雅是一位爱国志士，“时在光宣谈革命”，也是岭南学人、艺坛奇人，“久曾篆刻共知名”。他自幼钻研小学、金石、书法、篆刻，是集印、书、诗、画多方成就于一身的艺术家，尤以篆刻、书法驰誉士林。有学人云：“其篆书精妙绝伦，功力之深，格调之记，时人鲜能抗手。”（莫家良语）

邓尔雅勤于研究，有著作、笔记、手稿十馀种，如《文字源流》《邓斋笔记》《艺觚草稿》《集唐宋诗联》《聊斋索引》《邓斋印谱》《篆刻厄言》《印媵》《印学源流》《广东印人》等，其中犹以《文字源流》最为体现其在小学方面所取得的成就。

“尔雅先生是民初以来的文字学大家、书法家、篆刻家、画家、诗人，继承了东塾先生以来岭南学派的治学风气”（黄苗子语）。让我们带着崇敬之情，去领略动荡岁月中这位岭南名家的传奇人生吧！

第一章

书香世家　代有传人

邓尔雅出生于书香世家，祖上多名流，如先祖邓玄度、邓逢京的诗学及篆刻，名噪一时，世代相传，可谓家学渊源。但对邓尔雅的学术成就影响最为深远者，是他的父亲邓容镜。父亲丰硕的藏书，丰富了邓尔雅的童年、青少年时代的精神生活；父亲自身深厚的书法及诗学功底，使邓尔雅幼承家学；父亲往来鸿儒、谈诗论艺，使邓尔雅得以耳濡目染、笃志向学；父亲不仅自身严格教导邓尔雅，而且还延请名师对其进行指导。这些都使邓尔雅深受裨益，加之自身着力用功，终成一代岭南名家。

第一节　南阳世泽

一、邓氏沿迁

东莞“县在广州府东南县境，东西距一百零六里，东西最广一百三十三里，南北距七十五里，南北最长一百零四里。……东莞则控新安而扼惠海之错壤也。其水接惠阳，南达重溟、虎门、龙穴以为深。汇总其形势，肩背罗浮，门户海陬，要据惠潮，以接漳闽，雄镇东南，以固省会，诚严邑也。”[1]

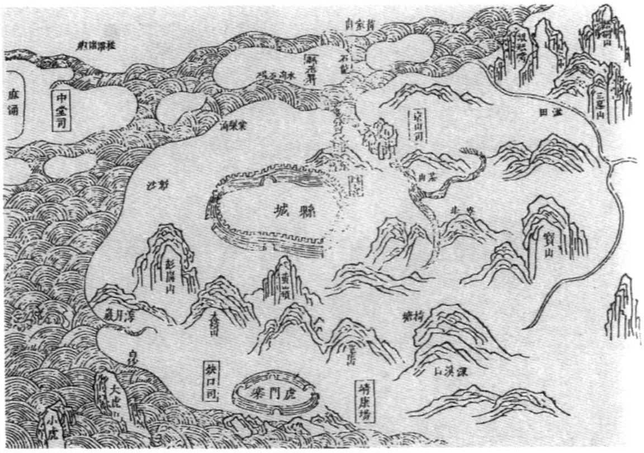

嘉庆年间东莞县全图

东莞地理位置可谓重要，经济、文化方面都发展显著，人才辈出，是广东省历史文化名城。东莞历史悠久，聚集了叶、王、陈、邓、郑等50多个东莞大姓族氏在此开枝散叶，促进了东莞经济、文化的繁荣。

东莞谚语云：“东门古，西门罗，南街邓，北街何，市桥下有只大鹏哥”，其中古、罗、邓、

① 陈伯陶等纂修：《（民国）东莞县志》卷二，参见《中国地方志集成·广东府县志辑》据1927年铅印本影印，上海：上海书店出版社，2003年，第35—38页。

何、彭是当时在东莞莞城发展壮大的五大家族姓氏。邓尔雅就属于“南街邓”这一族。

邓氏家族历史源远流长。“邓”姓，古代早有记载，《急就篇》“邓万岁”下唐颜师古注曰：“邓，古国名，本曼姓，其后称邓氏焉。楚有邓廖，郑有邓析，并其族也。”① “邓：曼姓，殷时侯国也。春秋时，邓侯吾离朝鲁后为楚文王所灭，子孙以国为氏。”② “邓氏，曼姓，国其后为氏，一云殷王武丁封叔父于河北为邓侯，因氏焉。”③ 后邓国被灭，邓氏分散各地。

邓尔雅这一族，最早生活在江西吉安府吉水县白沙村，北宋初迁徙至广东。“邓氏有十六派，先后来粤，谓之十六邓。”④ “先世于宋开宝六年(973)，自江西吉安府吉水县白沙村迁粤新安县圭角山下锦田村，今为英吉利属地香港新界者也。”⑤

新安县，原属宝安故址。明洪武十四年（1381）八月置东莞守御千户所，分编户五十六里，辖地包括今天的深圳和香港。《郭通志》云：“隆庆末，海道副使刘稳定议分建两县，请于朝，万历元年始剖符设官，赐名新安，即东莞千户所为县治。”⑥ 清康熙五年（1666），裁新安县归并入东莞，八年（1669）复置新安县。

力瀛书院

① （汉）史游撰，（唐）颜师古注：《急就篇》，《四部丛刊续编景明钞本》。

② （唐）林宝撰：《元和姓纂》卷九，《清文渊阁四库全书本》。

③ （宋）王应麟撰：《姓氏急就篇》卷上，《清文渊阁四库全书本》。

④ 邓尔雅撰：《家风述闻》稿本，由黄大德先生提供。

⑤ 邓尔雅撰：《家风述闻》稿本。

⑥ 陈伯陶等纂修：《（民国）东莞县志》卷一，参见《中国地方志集成·广东府县志辑》据1927年铅印本影印，上海：上海书店出版社，2003年，第34页。

新安县有桂角山（一作圭角山），在县东南四十里，多产桂。两山竞秀如角，一名鳌潭山，其山有云即雨，上有仙女梳妆石。桂角山下有一锦田村，风景优美，“宋邓符筑力瀛书院，讲学于其下，今基址尚存。”①

锦田，原名岑田。明万历十五年（1587）东莞大旱，饥荒成灾，县令邱体乾命令各乡筹粮赈灾。时居岑田水尾村富户邓元勋慨然捐出一千石粮食来赈灾。知县邱体乾甚为感动，亲至岑田取粮，因见岑田土地肥沃，阡陌纵横，改岑田为锦田，意喻锦绣之乡。

二、邓氏先祖

粤籍邓氏皆以邓汉黻为自江西迁广东的一世初祖。明嘉靖四十四年（1565），邓世隆撰《邓氏族谱序》称：“汉黻公膺承务郎，宦游入广东……遂筑室建基于邑之岑田……此公为一世初祖也。”明嘉靖四十五年（1566），邓垂范撰《符公碑文记》亦称：“汉黻先……开宝中始徙东莞岑田里。”《东莞城都庆堂五大房同派宗祠重修碑记》称：“先世固豫章吉水人也，自始祖汉黻公仕宋为承务郎，于开宝六年癸酉（973）宦游至粤，卜居于莞之九都圭角山下，即今之新安锦田乡者。”② 另外，还有《锦田邓氏族谱》《屏山邓氏族谱》《田赋记》《邓氏族谱图记》《南屏邓公墓铭》等家谱及历史文献多主汉黻公为迁锦田始祖。

汉黻公，江西吉安吉水白沙乡人。北宋初官承务郎。曾宦游入粤，深喜东莞岑田之美景良田，于北宋开宝六年（973）在此筑室而居。生二子，长子邓冠，登宋贡士；次子邓符，登宋熙宁进士，官阳春令。

邓符，字符协，号瀛斋。邓符“宋崇宁间登进士第，授承务郎权南路，历官阳春令，入广，乐邑风土之美，卜居桂角山之锦田，创办瀛斋，广置书籍。……后五世孙自明尚高宗公主，子孙世居锦田友跃头平山庄，屋村皆其裔也。”③

据传邓符精堪舆，亦喜锦田桂角山风景优美，在此购置田产，建造了南北两个围屋，并从江西吉水迁三代祖骸与二妣葬于桂角山下。

---

① （清）舒懋官、王崇熙等纂修：《（嘉庆）新安县志》卷四，清嘉庆二十五年刊本，第 129 页。

② 《师俭堂家谱》，香港中文大学图书馆藏本。

③ 陈伯陶等纂修：《（民国）东莞县志》卷四十四，参见《中国地方志集成·广东府县志辑》据 1927 年铅印本影印，上海：上海书店出版社，2003 年，第 405 页。

邓氏祖墓在现在的香港九龙，因其地形如鲎，故得名鲎地。鲎地位于现香港新界荃湾曹公潭，南边是柴湾角，北边是莲花山。墓地在山腰平坦处，左右有两根二十尺高的石柱，乃清道光时所立，碑记邓符迁葬祖墓之事。邓尔雅《香港杂诗》中有载，“先人庐墓至今存，锦绣田塍北宋村。君试登临全在目，一潭星斗万船喧（祖墓在九龙，土名鲎地，碑刻有白玉蟾谶诗‘夜静一潭星斗现，里头容得万船过’云云，适与今天景象相符也）”。①

据闻邓符“性笃学，好交贤士。解任后，筑室桂角山下，创力瀛书斋，建书楼，读书讲学。置客馆、书田城于里中及郭北。修桥梁，发膏火，以资四方来学之士。乐育英才，多所造就。”② 力瀛书院，是香港历史上第一间有稽可寻的私塾。邓符在此广置书籍，增设客馆，聚友研学，讲学以终。

邓符生子二人：邓阳、邓布。邓阳生子邓珪，珪生子元英、元禧；邓布生子邓瑞，瑞生三子元祯、元亮、元和。

元英公，子孙卜居竹园鲤鱼石元岭莞城南街等处，邓元英被尊为竹园支派世祖，邓元英之后，分居东莞竹园、南街等处；元禧公子孙世居东莞福隆；元祯公子孙分居屏山、塘尾等地；元亮公仍居岑田；元和公子孙分居东莞怀德。

自此渐分五大枝，“自锦田分支东莞、新安诸邑廿十村落，日益繁衍，分五大房。”③ 这五大房发展很快，历代子孙散居在粉岭龙跃头、锦田、厦村、元朗等地，子孙繁盛，成为新界望族。④

邓氏族谱中记载着邓氏先世祖娶公主为妻的故事，历为邓氏家族的荣耀。这事与世居锦田的元亮公有关。

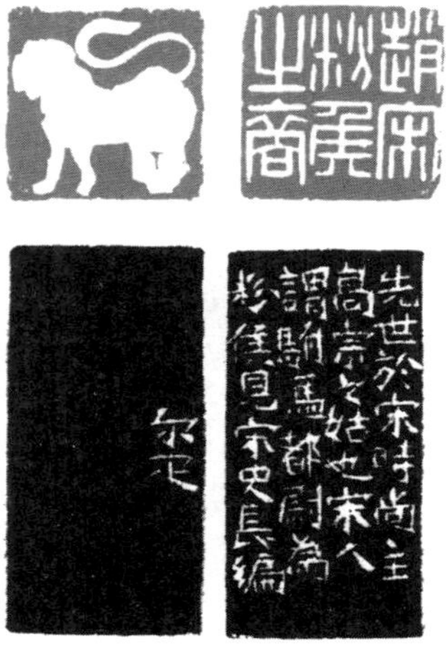

“赵宋粉侯之裔”印及边款

① 邓尔雅著，东莞市政协编：《邓尔雅诗稿》，广州：广东人民出版社，2007 年，第 127—128 页。此《诗稿》系据邓祖风先生所提供邓尔雅手稿影印。此稿多引用邓氏诗作皆出自此书，仅标页码，不一一出注。

② 《新安锦田邓氏师俭堂家谱·四世祖符协公家传按语》，稿本。

③ 邓尔雅：《家风述闻》，稿本。

④ 杨宝霖：《邓尔雅的〈绿绮园诗集〉》，东莞市政协编：《容庚容肇祖学记》，广州：广东人民出版社，2004 年，第 408 页。

元亮公，名邓铣。宋建炎三年（1129）金兵南侵，中原兵荒马乱，宫室离散，皇室中人逃乱到赣州。时任赣州县令元亮公起兵勤王，平定战乱，立下战功。在战乱中，元亮公救获了一批南逃的官员子女。年仅八岁、与家人失散的公主就在其中。邓铣归隐岭南时，将其带回广东，抚养成人，后配其子惟汲为妻。[①] 宋乾道五年（1169），邓惟汲去世，至死他都不知自己的夫人是皇族公主。公主也自甘平淡的生活。直到宋绍熙元年（1190），公主因年老体弱，为了认祖归宗，也为了子孙后代，公主才把自己的真实身份告知家人，并安排长子上京认亲。经查实，公主的确是其失散在民间的皇姑，宋光宗遂迎接皇姑回宫，封其为郡主，追封邓惟汲为“税院郡马”。公主长子邓林授迪功郎，其馀三子皆封国舍。后公主辞别京师，仍回广东锦田居住。

“南阳世泽　税院家声”对联

由于邓氏得姓南阳，又有税院郡马之称，故锦田的邓氏祠堂一直悬有“南阳世泽，税院家声”的对联。

关于邓氏先祖尚公主之事，邓尔雅诗作中也多次提到。如《宋王台》诗曰[P121－122]：

海隅山市厕荒台，曾见官家警跸来。
剩水有门成定率，过洋旧乐动悲哀。
王姬下嫁家相近，帝子蒙尘去不回。
臣属粉侯粉昆裔，登临能勿更低徊。

诗有自注曰：“先代自明公尚郡主高宗之姑也，所居即在附近之锦田

① 杨宝霖：《邓尔雅的〈绿绮园诗集〉》，东莞市政协编：《容庚容肇祖学记》，广州：广东人民出版社，2004 年，第 408 页。邓尔雅《家风述闻》（稿本）中对七世祖邓铣及其子惟汲事亦有相关记载。

村，东莞、宝安两邑，邓氏并锦田所分支系也。”①

十四世祖虚舟公，即邓云霄②（1566—1631），字玄度，号虚舟。明万历二十六年（1598）进士。除知长洲县，累官至广西参政，多种地方志皆有其传，如清阮元等编纂《广东通志》载：

> 邓云霄字元（按，避清避，实为玄）度。东莞人。制行方严，慷慨重然诺，过目成诵，下笔数千言，为文渊浩宏硕，尤工声律。选贡中万历顺天甲午乡试，戊戌进士，授直隶苏州府长洲县。值饥祲，力请上台设法赈给。啖粥茹素，与饥民同食。有因饥攘夺者立捕之，置诸法曰：“饥民，吾子；乱民，吾贼也。”织造中使以酷虐激变，时聚至数万人，上官多失措，云霄挺身谕众，立取中使左右数人议如律，众乃解决。讼若神，案无积牍。日午进诸生课文艺论古今。旋擢南京户科给事中，多所建白。广东直指误听税监，增饷十八万，疏力争之。辽将李某弃地，劾其有异谋，请诛之，不报。后果启衅，竟陷辽阳。居二年，出为湖广佥宪。有苗贼劫杀官吏，主兵者欲因之邀功。云霄传檄而定，苗亦伏辜。转四川参议，以保留，仍驻永州。州之势官冤死平民，廉得实，置其家人于罪，抗疏劾之。遂归，复以荐起陕西兵

---

① 邓尔雅著，东莞市政协编：《邓尔雅诗稿》，广州：广东人民出版社，2007 年，第 122 页，《宋王台》诗中句，“王姬”句下自注“先代自明公尚郡主高宗之姑也，所居即附近之锦田村，东莞宝安两邑，邓氏并锦田所分支系也。”“我属”句下自注“驸马称粉侯，其兄弟称粉昆，见宋史长编”。

② 关于先祖邓云霄，明代汤宾尹《睡庵集》卷十六载《封徵仕郎南京户科给事中慎吾邓公墓志铭》曰：“公讳世厚，字惟坤，姓邓氏，广东东莞人。今海内诗文集中所称邓玄度云霄者，其子也。玄度方以选贡赴京兆闱，其年登贤书而分卒于合浦之商所。公之先固未有商者也，至公父困析箸，不得不缘商取食，而公自勤苦下楗读先世书如故。”“邓氏故江西人，曰汉黼者，由宋承务郎宦徙。国初有宗大者，善词赋，与西庵孙蕡齐名，所著《竹林耕叟集》行世。公父曰铣，祖曰学，曾祖曰元，领乡书，两中乙榜不第，遂称诗终其身，始公读书强记五经，熟复于胸，无遗字，史鉴，自太古迄宋元，能事事口其颠末，然性庄悫，自性理外，不喜杂讽，曰非圣贤法。”“既商矣，犹时时手书。尝经勾漏洞葛洪得仙处也，赋诗见志曰：‘百事无一成，半生何草草。闲来隐市肆，颇觉壶中好。海客殉明珠，忘却身中宝。榎榎路旁人，谁知我怀抱。’邓氏之称诗，盖其世矣。公卒于万历二十二年七月十七日，距生嘉靖二十一年四月初七日得年五十有三。公既没之三年，而玄度成进士最长洲令，赠徵仕郎如子官，娶尹氏，赠孺人。先公卒，继刘氏封太孺人。子男三，长即玄度云霄，令佥宪湖广，娶赵封孺人。次云衢，蚤夭。次云龙，庠生，娶谢女，一适庠生卢士龙。孙男三，长逢年，聘南城知县李同芳女；次逢熙，聘南职方袁崇友女；次逢京，未聘。孙女三，长适庠生袁梦曦，次适庠生林钜，又次未聘。”

备，寻改广西。丁继母忧归，不复出。啸咏自娱，抚按交荐皆不应。会有藉捕为盗者，所至屠掠邑民，擒送县官，绅士合词诉之，县官因与之有隙，诬以首难当事者遂中深文。云霄闻爰书发愤，病卒，一时莫不冤之。长洲人闻之，亦为位而哭。后其子逢京上疏鸣冤，始复原职。著书甚多，其行于世者，《百花洲》《浮湘》《越鸟吟》《燃桂》《漱玉斋》《竹浪斋》《紫烟楼》《镜园》等集行世。（姚希孟撰传略）①

另《（康熙）衡州府志》卷九、《（光绪）广州府志》卷一百二十四、《（民国）东莞县志》卷六十等等皆有传。

邓尔雅在《家风述闻》中曾云：

> 至尔疋廿四传矣。吾族今聚居东莞邑城南街，本自竹园分支，十四世祖虚舟公始迁入城，讳上云下霄。……吾莞县城周围八里为前明所增筑，比故城倍之。南街之南曰旧桥者，即南门城外之桥，城中心市桥即西门城外之桥。道家山、钵盂山本在城外，增筑盂山，今为公园。两丘相连，一象钵，一象盂也，其上红棉山庄焉，旧为土地庙，庙前木棉二株，如双炬烛天，为数百年故物，相传十四世祖虚舟公手植。公有镜园，故址在山下，今无从辨矣。公祠德星堂后有紫烟楼，即公故居所改。②

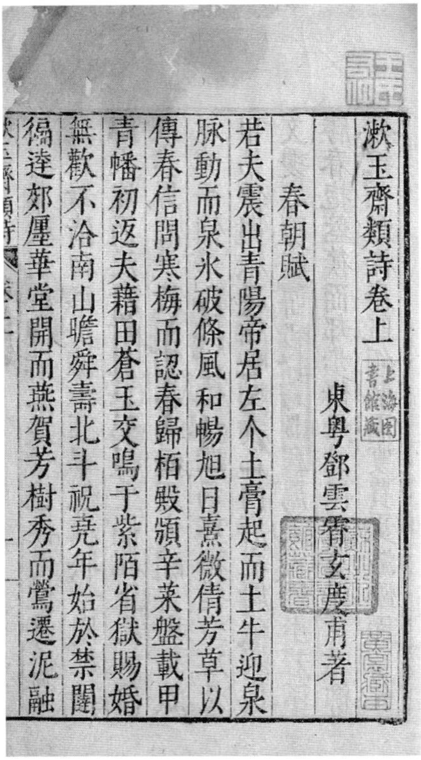
漱玉齋類詩卷上
東粤鄧雲霄玄度甫著
春朝賦
若夫震出青陽帝居左个土膏起而土牛迎泉脉動而泉水破條風和暢旭日熹微倩芳草以傳春信問寒梅而認春歸栢殿頒辛菜盤載甲青幡初返夫藉田蒼玉交鳴于紫陌省獄賜婚無歡不洽南山瞻舜壽北斗祝堯年始於禁闥禓逵郊廛華堂開而燕賀芳樹秀而鶯遷泥融

邓云霄著作书影

① （清）阮元等纂修：《（道光）广东通志》卷282，清道光二年刊本。
② 邓尔雅：《家风述闻》稿本。

邓云霄善书工画，可惜其作品传世不多。邓氏故居有一额题“青灯老屋”，据说这是邓云霄唯一传世的书法，事见邓尔雅撰《青灯老屋》诗中自注“吾家故居为十四世祖明参藩虚舟公所遗题曰‘青灯老屋’，刻印记之，繫之以诗”。①

邓云霄为官清廉，爱民如子，为任一方，多办实务，深得地方百姓爱戴，曾建造邓公祠。“邓公祠：在县分司行署右，明万历四十一年（1613）建。（祀湖南道邓云霄遗像犹存。）”② “邓公祠（祀明分巡上湖南道邓云霄），在县东分司右，明万历十一年建，久废。”③

但其因为生性耿直，为官行法严毅、不畏权贵，谏奏名于时，得罪不少人，后被革职。邓云霄生三子：逢熙、逢年、逢京。第三子邓逢京上书为其鸣冤，最后为父洗清冤案，邓云霄得以官复原职。

邓逢京，字于都。其母为邓云霄妾。当时乡间俗例，侍妾死后不得入祠承奉，因邓逢京在父亲被冤革职时，勇于为父鸣冤，使父亲得以官复原职而有功，其两兄于田公（逢熙）、于皡公（逢年）破例贡奉庶母入祀，成为当时美谈。

时明为清亡，邓逢年及其子邓锡祚皆不仕清，潜居，以篆刻为乐。“邓氏以刻印世其家”。邓云霄喜篆刻，与张穆、黄仲亨三人以篆刻齐名于世。其子孙数代得其家传，均以篆刻世家。邓逢京继承父亲篆刻技艺，擅篆刻，并自具特色。马国权编撰之《广东印人传》中，把邓逢京作为广东最早的篆刻家之一。容庚、容肇祖兄弟编辑《东莞印人传》时，把邓云霄作为第一人，称“子：逢年，字于田；逢京，字于都。孙：锡祚，字亦启；锡祯，字兴友。曾孙洙英，字千人；玄孙焻，字昌三；来孙志礼，字敬区。并能文章，工篆刻，有声庠。”由此以下，邓氏子孙数代，皆能治印，家风不失。“四舅尔雅通小学，识奇字，以治印名于时，即其十一世孙也。”④

① 邓尔雅著，东莞市政协编：《邓尔雅诗稿》，广州：广东人民出版社，2007 年，第 436 页。

② （清）陈昭谋等修纂：《（嘉庆）郴州总志》卷十三，清嘉庆二十五年（1820）刊本，第 26 页。

③ （清）黄本骐等修纂：《（嘉庆）宜章县志》卷十二，清嘉庆二十年（1815）刊本，第 21 页。

④ 容庚、容肇祖：《邓云霄传》，容庚、容肇祖同辑：《东莞印人传》，1921 年。

第二节　孺子可教

光绪十一年（1886），邓尔雅父亲邓蓉镜外放江西督粮道，携全家前往，借住江西粮储道署，邓尔雅便随父前往江西，① 在那里度过了快乐的童年，并奠定了学术基础。

一、父辈遗泽

邓蓉镜（1831—1902），字上选（一作尚选），又别字莲裳，自号花之君子。汉高密侯禹七十六世孙。

邓蓉镜像

据《诵芬堂诗草》所载，邓蓉镜幼时，家境贫寒。“回忆我生原少贱，一间老屋半床书。高曾规矩今犹在，三百年来此旧庐”，“母勤纺绩儿勤读，风雨蘧庐共一灯”，“犹忆赴郡试，囊空羞乞邻，脱钏以畀我，令我涕沾巾”，② 但是邓蓉镜为人端谨，事父母以孝闻。其虽家贫，犹喜读书，勤奋好学，十二岁受业于东莞张璜。

张瓒，字玉璋，即邓尔雅在《记先大夫遗事》一文中的“老儒张小迂”。听闻邓蓉镜在塾中午休时，众同学皆归家小食，而其家贫无食，回到家仅饮水而返校，不敢言饥；曾病咳数月，不能朗诵，也勤奋默记，不误学业。张瓒被邓蓉镜这种刻苦好学的精神打动，免其束修费，还把女儿嫁给他。曾曰：“婿但期能读书耳，吾女俭朴能安贫，且邓生他日必显，贫何害？”③ 邓蓉镜果然不负所望，仕途顺畅。邓蓉镜 20 岁时参加县考，成绩颇为突出，以“七试文不加点”得到了当

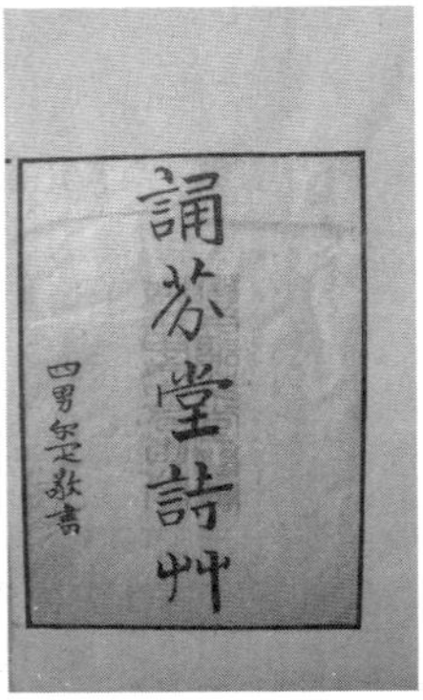

邓蓉镜著作书影

---

① 邓尔雅：《丁丑秋冬杂诗》有自注“予生于北京，四岁出都”，《邓尔雅诗稿》，第 420 页。

② 邓蓉镜撰《东斋落成，略述生平阅历，成绝句三十首以示儿辈》《正月八日，为先大母张夫人诞辰，回忆往事，不胜怆然，赋此志痛》等诗，邓蓉镜：《诵芬堂诗草》，1934 年东莞邓氏诵芬堂刊本。

③ 邓尔雅：《记先大夫遗事》，柳亚子编，马以君点校：《南社丛刻第二十三集第二十四集未刊稿》，北京：社会科学文献出版社，1994 年，第 50—52 页。

时县令华廷杰的赞赏，谓其“文既清新，草稿亦作端楷，谨慎如此，异日必成大器”。后华氏知潮州府时，以岁修200两的最高束修的待遇礼聘邓蓉镜为教席，教授其三个儿子，而且时常让邓蓉镜代阅府考试卷。邓蓉镜在华公署中五年，又馆于东莞厚街王氏五年。后来，华氏兄弟两翰林一进士，王氏子亦登贤书焉。①

同治三年（1864），邓蓉镜得中举人，进入广州应元书院学习。应元书院“专为考课举人而设，拟定延请词林先达、品正学纯者”为书院院长，如沈史云、李文田等皆曾任该书院院长。这个时期的就学经历，对邓蓉镜的仕途产生了不小的影响。同治十年（1871）邓蓉镜得中进士，选庶吉士，散馆后授编修。历官詹事府左春坊左赞善、右春坊右中允，历充光绪丙子会试同考官、己卯顺天乡试同考官、文渊阁校理，国史馆提调、京察一等记名。三次诰授资政大夫，晋授荣禄大夫，加二品衔花翎。光绪十一年（1886）为江西督粮道，曾署理江西按察使。

“家在廉泉第一村”印

邓蓉镜之母非常重视家风家教，言传身教，尤其体恤民生、节俭廉洁之美德对邓蓉镜影响很大。邓尔雅在《家风述闻》中记载：

> 何太夫人每值荒年，辄命举家食粗黍，或啜稀粥，不设肴馔，仅下盐少许，久荒而代以薯？儿童有不欲食者，则训之曰：“饥民如许□，吾家得此尚未心足耶”。②

在良好家风的影响下，邓蓉镜为人谨严，为官清廉爱民，行法严毅，尝平反冤案多起，时人称其“邓青天”。邓蓉镜自书“静以修身，俭以养德；入则敦行，出则友贤”为自己的座右铭，时时提醒自己修身省己。其一生终守“六事廉为

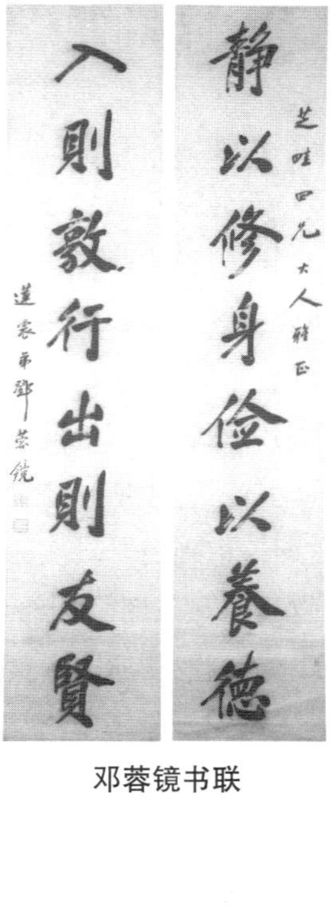

邓蓉镜书联

① 邓尔雅：《家风述闻》，稿本。
② 邓尔雅：《家风述闻》，稿本。

本，能俭斯能廉。居官而俭可以养廉，持家而俭可以惜福”的信念。

邓蓉镜居京为官，也不忘乡情。为了让家乡学子赴京赶考有所食有所居，光绪元年（1875）蓉镜公在京购置青砖瓦房49间，建立东莞会馆，以供东莞学子进京赶考居住。

蓉镜公对于子女要求严格。据邓尔雅回忆，蓉镜公“貌清癯秀雅，鼻高颧微露，须眉疏朗，视听聪明，有温而厉，威而不猛”；“家人每隔巷闻公咳嗽声，则群响咸寂，即平时谈论惊四座者，至此亦默然矣。”①

邓蓉镜生四子：湛霖、沛霖、铣霖、溥霖。其中溥霖即是邓尔雅，为邓蓉镜侧室所生。因出生日恰为癸未除夕，故得乳名“贺春”。按照习俗，过了农历正月初一，即长一岁，故邓尔雅常戏言“我一出生，便得一岁”。

邓尔雅出生时，邓蓉镜之三堂弟良照公也喜得千金。良照公，字月池。廪生。一直未能得子为继，此次又未能如愿，蓉镜公遂把尔雅出继良照公为子。②

作为传统的文人，邓蓉镜一心求学进仕，科举、仕途皆很顺利，不负众望，终有成就。邓蓉镜对于自己的四个儿子，也寄予厚望，期冀他们能通过科举考试，登上仕途。邓蓉镜力请得高望重者为私塾先生，教授儿子们习学，为其参加科考奠定基础。在父亲的影响和引导下，邓尔雅自幼就接触小学、金石等。

邓蓉镜承载家学，于诗、书、画、篆皆有成就，且交游甚广。邓蓉镜与当时名流梁鼎芬、何藻翔、黄士陵等皆为知交好友，常在一起赋诗作画，切磋技艺。据容庚回忆，称外祖父蓉镜公“官京邸，时与赏鉴者游，获闻绪论，见有名人遗迹适惬于心者，辄购藏之，并摭次其人之事实汇纪于册，评书读画，继而论世知人，销夏销寒，自谓颇得佳趣。”③ 又据邓蓉镜《诵芬堂诗草》中所录诗题也可以窥见其交友情况，如《送曹朗川前辈出守江右即次留别韵》《友人招饮天宁寺》《游罗浮归寄赠酥醪观王寿山鍊师》《题石竈烹茶图（图绘张介如孝廉与余对坐，次儿汝霖侍侧）》《丙戌春假满北行酬罗秋浦夫子黄雪渔广文袁子蘧孝廉何菊朋茂才赠别之作》《题潘峄

① 邓尔雅：《家风述闻》，稿本。

② 邓蓉镜：《诵芬堂尝产续记》，光绪丁未年邓蓉镜撰《诵芬堂尝簿》，稿本，由黄大德先生提供。

③ 容庚：《颂斋书画录·序》，东莞市政协、莞城区办事处合编，李炳球编选：《颂斋珍丛》，广州：广东人民出版社，2009年，第328页。

琴学士西园涉趣图》《送张豫泉北上》等等。

邓容镜与友人合作书法

邓蓉镜与友人交游时，喜携子陪侍在侧，目的是让他们耳濡目染，见多识广。在这种环境熏陶下。年幼的邓尔雅逐渐对小学、金石、字画、篆刻等产生了浓厚的兴趣。

“一间老屋半床书”，邓蓉镜喜读书，亦性喜收藏，多购藏书籍、字画、金石等。其为官清廉，除廉俸外，不名一文，俸禄除供家用之外，多用来购买书籍、字画、金石等。

对于藏书，邓蓉镜曾言：

> 余少好读书，以贫故，时文外，无书可读。既而食饩于庠，复腼颜为人师，遂以馆谷所入，渐次购书。然授徒日有常课，口讲手画，苦无读书暇晷。辛未通籍后，供职词曹暇矣，则又专力于诗赋小楷，与少时专力于时文者无异。……辄于公暇读书，然性之所好，不以烦冗而改其初，故虽不暇读书，犹复购书，渐积渐多，恐其遗失而不及检也。”①

又言：

> 书画，艺事也。而其中具有精理作者难识者亦不易。余于书画皆门外汉，顾久居京邸时，与赏鉴者游，获闻绪论，渐觉津津有味，自

① 邓蓉镜：《诵芬堂藏书记》，载邓蓉镜：《诵芬堂文存》，1934年东莞邓氏诵芬堂刊本。

是而后，见有名人遗迹，适惬于心者，辄购藏之，并摭次其人之事实，汇纪于册，评书读画，继以论世，知人销夏销寒，颇得佳趣，几不自知其癖也，嗟乎，人生嗜好皆足累身，寒士而与世家巨室同嗜好，不独为身累，且为家累矣。然较之溺情声色熏心势利者，自谓胜之特愧，识陋而力薄，区区所得，曾不值赏鉴者之一哂，则余于书画始终一门外汉也。①

关于父亲的藏书，邓尔雅曾在《记先大夫遗事》中回忆到："先大夫除廉俸外，不名一钱，俸禄惟买书籍。"② 日积月累，邓蓉镜到了晚年，所藏古籍字画颇丰，"恐其遗失而不检也，爰记其目，以示儿辈。"③ 邓蓉镜把自己的藏书画编成《诵芬堂藏书记》《诵芬堂藏书画记》和《诵芬堂藏书目录》留给子孙。邓蓉镜对于所藏书籍，并不吝藏，多次鼓励儿辈勤学勤读，曰：

书之益人，讵有尽乎，读圣贤书，明体达用，以蕲至圣贤者上也。次之，或网罗百家，称博雅君子，或工为文章，润色鸿业。凡此皆非椎鲁之质所可几，若夫随时省览参观，古人一言一行，以为持身涉世之准，虽赋禀椎鲁亦可得所趋步而不至茫乎若迷。昔人云：遗金满籯，不如一经。余所亟亟然自为谋而并为后人谋者如此。汝曹勉旃，慎勿束之高阁，令蠹鱼群起而骄人也。④。

为此，邓蓉镜给自己藏书楼取名诵芬堂，即源自晋陆机的《文赋》："咏先人之骏烈，诵先人之清芬"，期待后辈能诵扬先人的美好德行，将渊源家学继承下来。

父亲丰富的藏书，给年幼的邓尔雅提供了精神食粮。幼时，邓尔雅最爱在父亲藏书楼上翻阅书籍。《说文》《文字蒙求》等小学类书籍对于别的孩子来说，十分乏味，邓尔雅却是甘之如饴。

---

① 邓蓉镜：《诵芬堂藏书画记》，载邓蓉镜：《诵芬堂文存》，1934 年东莞邓氏诵芬堂刊本。
② 邓尔雅：《记先大夫遗事》，柳亚子编，马以君点校：《南社丛刻第二十三集第二十四集未刊稿》，北京：社会科学文献出版社，1994 年，第 50—52 页。
③ 邓蓉镜撰：《诵芬堂藏书记》，载邓蓉镜：《诵芬堂文存》，1934 年东莞邓氏诵芬堂刊本。
④ 邓蓉镜撰：《诵芬堂藏书记》，载邓蓉镜：《诵芬堂文存》，1934 年东莞邓氏诵芬堂刊本。

邓蓉镜精于篆刻，常与当时篆刻名流如南下广州之黄士陵、岭南篆刻家徐三庚等一起切磋篆刻艺技，互相刻印相赠。黄士陵（1849—1908），字牧甫，一作穆甫或穆父，号倦叟，别号黟山人、黟山病叟等，斋室名有蜗篆居、延清芬等。他是晚清时期著名的书画篆刻家，乃篆刻艺术之“黟山派”的创始人。黄氏在粤期间，与邓蓉镜、沈泽棠、梁鼎芬、文廷式、徐三庚等岭南名流来往密切，或被延入府幕，或请为座上客。

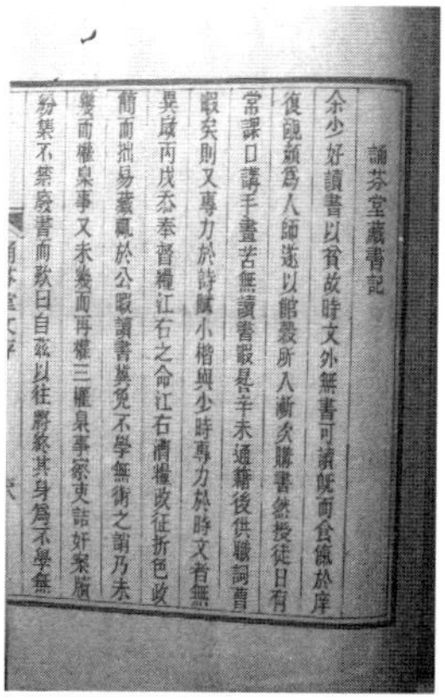
誦芬堂藏書記
余少好讀書以貧故時文外無書可讀旣而食餼於庠
復與願爲人師迺以館穀所入漸次購書然授徒日有
常課口講手畫苦無讀書暇是辛未通籍後供職詞曹
暇矣則又專力於詩賦小楷與少時專力於時文者無
異歲丙戌忝奉督糧江右之命江右漕糧改征折色政
簡而閒易藏颺於公暇讀書冀免不學無術之誚乃未
幾而權臬事又未幾而再權三權臬事案吏詰奸案牘
紛集不禁廢書而歎曰自茲以往將終其身爲不學無

《诵芬堂藏书记》书影

他们经常在一起交流心得，切磋技艺，互相刻印相赠，如黄士陵刻“莲裳翰墨”“花之君子”，徐三庚刻“绿庄严室”等。“莲裳翰墨”乃光绪十八年（1892）壬辰二月黄穆甫刻。“花之君子”，边款题“牧甫作于广雅校书堂”。又如“绿庄严室”印，边款曰：“徐三庚为莲裳仁兄制”。

自小就熟知六书体例，当父亲与他人捉刀刻章时，邓尔雅在一旁看得津津有味。邓蓉镜见其对于篆刻颇感兴趣，开始指导他先翻阅一些关于篆印方面的书籍。当别的小朋友在终日嬉戏时，邓尔雅却一头埋进书堆里，把父亲收藏的关于篆印的书都一一翻过。邓尔雅博览群书，逐渐了解一些篆刻要领、刻划之法，此后，邓尔雅开始终日与石头相伴，操刀刻章，以石材代玩具。正如邓尔雅所言：

> 略知六书体例，乃比人为早，后捉刀嬉戏，童心颇顽，加以家有藏书，凡关于篆印之属，偷得馀闲，辄手一卷，稍窥门径，遂解刻划，锲而不舍，直以石材代玩具。及弱冠，益购金石图籍，当时盛行点石影印，价值亦廉，其难得之本，或借诸戚友，用资博览，即冲刀切刀之法，亦得之于书，非全有师成。[1]

普天之下，又有多少人能有此得天独厚的便利条件？近代著名书画家沈禹钟（1898—1972，南社社员）曾有诗云：“早时金石号神童，长被黟山默化功。入印真书新创例，六朝造像字同工。”[2] 此所谓神童，即指邓尔雅。

---

① 邓尔雅：《邓斋印可·自序》，稿本。

② 此诗下注曰：“邓尔雅，名万岁，广东东莞人。八岁即能篆刻……”。

"饱看树石如人熟，别后衙斋印梦痕。非为名区作官宰，端因无处不思亲。"① 可见邓尔雅对篆刻之痴迷。邓尔雅虽有家学熏陶，但是对于治印，自具面目，独具特色。他在博览群书、广采博纳的基础下，摒弃门户之见，融汇各家之长为己用，形成自己的特色。

邓尔雅十分喜欢黄士陵的印风，并极力去钻研、效仿，成就卓著。邓尔雅初期作品中，很多印风意拟黄牧甫，虽非黟山嫡传，但也对于黟派的发扬光大起到一定的作用。对于治印，邓尔雅主张意在刀先，且书与印互相渗透不可分割，"有笔兼有墨，印学实在斯"，"作字如治印，治印如作字。腕下著以沉，书契原一事"。② 晚年，邓尔雅喜欢参用六朝碑刻文字入印，似元人花押。因"六朝造像，饶形象美"，③ 邓尔雅又喜好刻造像印，往往全为形象，不着一字。邓尔雅平生治印，数以万计。其婿黄般若曾钤拓成六册，经邓尔雅厘定，取名《邓斋印可》。

邓尔雅刻造像印

徐新周曾为邓尔雅刻"水周堂藏印谱"，该印边款曰："尔疋藏古今印谱集富，因止此印。星州。"可知邓尔雅收藏印谱也较多。

二、私塾启蒙

为了不耽误儿子们的学习，邓蓉镜就在江西粮储道署书斋中延请私塾教授儿子习课。时值尔雅四岁，未能入塾。邓尔雅十分羡慕兄长可以上学，曾多次在其兄习学时旁观和偷听。据其回忆："尔雅小时入塾，先兄长余六岁，师教兄《文字蒙求》《说文部首》诸书，因得旁观窃听，略知六书体例。"④ 旁听先生讲读《文字蒙求》《说文部首》诸书时，邓尔雅对于六书

① 邓尔雅：《江西粮储道署书斋儿时读书之所》，容庚编选：《绿绮园诗集》，1960 年稿钞本，第 130 页。

② 《治印偶成》《治印示儿辈》，容庚编选：《绿绮园诗集》，1960 年稿钞本，第 13、47 页。

③ 邓尔雅语。参见《南社社友事略》，郑逸梅编著：《南社丛谈：历史与人物》，中华书局，2006 年，第 119 页。

④ 邓尔雅：《邓斋印可·自序》，稿本。

体例有了启蒙，这给邓尔雅以后研治小学和篆刻治印奠定了基础。

邓尔雅六岁时，开始入私塾启蒙，[1] 当时师从沈幼沂：“南昌沈幼沂，儿时受业师也”。[2]

沈幼沂，即沈兆祎。江西南昌人。清优贡生。戊戌官候选训导。民国时曾任山东临沂县长，在任时曾主持《临沂县志》的编纂工作。

虽为传统文人，沈兆祎思想开明，并不墨守成规。受维新变法思想的影响，沈兆祎也曾上书奏请“广邮政，裁驿站”，[3] 力图改变古老驿递的弊端。他还积极接受和传播西方新科学知识，喜欢阅读和购买宣传西方新科学知识的书籍与报刊。沈兆祎不仅自己喜欢购买新学书籍，而且也帮朋友购买。如宋恕在写给沈兆祎的书信中曰：“前承慨诺托购日文书报数种，感甚！兹又有请者：日文新译西洋小说颇多杰构，而弟此来忘携日肆目录，鲜能举其书名，敢乞侍史于入肆之便，再代为询购最风行者二三种，于驾回时带掷、缴价，费神之处，益切心谢！”此信书后附有书单“所欲购者：政治小说，侦探为政治之子目，尤所喜阅。”[4]

为传播和宣扬西方新科学知识，光绪二十五年（1899），沈兆祎又与同年梅光羲[5]在南昌创办明达学堂，特聘日本人牛岛吉岛来校任教。可惜第二年，因为义和团战事，明达学堂被迫停办。[6]

1903 年，沈兆祎编辑一些新学译作成《新学书目提要》，分法制、历史、舆地、文学、西学、西艺、杂录、小说八类，其中有《欧美政体通览》《万国国力比较》《万国宪法比较》等。此书由上海通雅斋印行。

沈兆祎私塾邓氏子弟，为邓尔雅启蒙小学，讲授《文字蒙求》《说文部

---

① 邓尔雅撰：《己卯端午画钟葵于扇以赐儿辈，三男闰儿时七岁，仿余之画，为讲钟葵本椎》诗中言“有味青灯犹记得，乃翁六岁诵无邪”句，可知其六岁就已启蒙。

② 邓尔雅撰《纪梦》诗下自注。

③ 《清德宗景皇帝实录》卷之四百二十五曰：“都察院奏、代递优贡沈兆祎呈请推广邮政、裁撤驿站各等语。京师及各通商口岸，设立邮政局。商民既俱称便。亟宜多设分局，以广流通。至各省府州县，着一律举办。投递文报，必无稽迟时日之弊。其向设驿站之处，自可酌量裁撤。”

④ 邱涛编：《中国近代思想家文库（宋恕卷）》，北京：中国人民大学出版社，2014 年，第 446 页。

⑤ 梅光羲（1878—1947），字撷芸。江西南昌人。幼承家学，熟读四书五经，学作八股文。十九岁得中本省乡试第 39 名举人。20 岁时，赴北京参加春闱，途经上海，始接触上海制造局所译各种西书和各科学书。在北京时，适逢康有为在京推行维新变法，于是喜欢阅读西方新科学书籍和报章杂志，思想境界得到很大改变，好谈变法。参见梅光羲撰《六十四自述》，载《佛学研究》（年刊），1997 年。

⑥ 梅光羲撰：《六十四自述》，载《佛学研究》（年刊），1997 年，第 210 页。

首》诸书，为其研习小学奠定了坚实的基础。对于此师，邓尔雅曾言，“衙斋春诵，师沈叔美（讳兆祎，南昌人。江西优贡。经学诗文，史地考据，尤长小学。）”①

沈师的阅历与学识，深深影响了邓尔雅的学术思想，为邓尔雅的治学奠定了坚实的基础，又为他开启了西学的启蒙。

江西岁月，对邓尔雅而言，是其幸福而快乐的童年时光，更是丰富知识的时光，留下了许多美好的回忆。虽无史料记载，可是我们可以通过邓尔雅的诗作来体会他在江西童年的幸福和快乐。

调皮是孩子的天性，小时候的邓尔雅也时常调皮逃课。正如其诗作《小时》所言：

倘况心神病，回头忆小时。
温诗放学后，逃塾畏亲知。
泣诉争牌赌，扶持共雪嬉。
天涯多噩梦，夜夜不能归。

诗中自注曰：“忆与兄姊共读，独予屡逃塾，惟爱诵唐诗，争以熟记为荣，因叹斯乐不可复得。”

关于其在江西生活的详细记载，在其诗作《记得》中多有记载：②

秋风瑟瑟日悠悠，潭影云容生莫愁。
记得儿时钓游处，野花开遍百花洲。

落霞秋水抱江城，愧杀登楼赋不成。
记得滕王高阁上，凭阑思古发幽情。

大江风饱送帆席，浮出岑峦似覆杯。
记得小姑如女色，鬟青眉黛晓奁开。

庐山面目太雄奇，瀑布香炉未易窥。
记得仙人彩云里，只容心里贮丰姿。

打篷冻雨断春魂，东卷寒涛势欲吞。

① 邓尔雅：《邓斋印外之一·文字源流小记·自叙》，稿本。
② 邓尔雅《记得》，1914年《南武学报》，第15—16页。

记得鄱阳湖上望，濛濛吴楚失朝昏。
远山对面答眉语，软浪生花眩目摇。
记得长江如画里，曾从舫屋看金焦。
帆樯林立乱如麻，晚泊江干近酒家。
记得浔阳明月夜，水声犹似怨琵琶。
吴头楚尾路三千，剩水残山见目前。
记得云亭沉痛语，舆图换稿已多年。

江西岁月，给邓尔雅留下了许多美好的回忆，也给邓尔雅以后的学术创就奠定了基础。幼学的启蒙，父亲的藏书与交际，都给邓尔雅奠定了坚实的学术基础，使其终身受益。

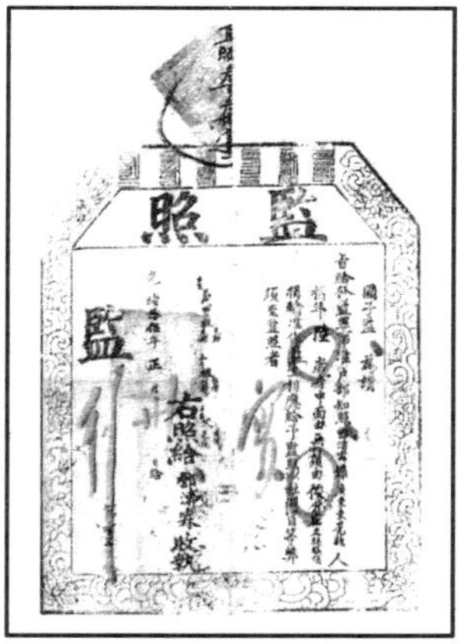

邓尔雅国子监照

当时文人出仕的方法之一，是参加科举考试。为了让邓尔雅有资格参加科举考试，光绪十五年（1889）一月十八日，邓蓉镜捐银五十四两为邓尔雅购买监生执照。户部据直隶赈捐局册报，邓尔雅等人获得监生资格，并于同年三月一日，发放国子监监照。这样，邓尔雅就有了资格参加三年一次的乡试，可以通过科举入仕了。

因为父亲的关系，邓尔雅对于科举考试并不排斥。在父亲的指引下，邓尔雅积极研习小学，熟读诗书，学做八股文，积极备试。

光绪十九年（1893），癸巳恩科江西乡试，邓蓉镜充提调官，正值其九月初五生朝，邓尔雅跟随兄长湛霖入贡院祝寿。忆起当年情形，邓尔雅赋诗一首①：

闱中彩笔例丹青，癸巳恩科我弱龄。
今不写花写风树，无声亦会感心灵。

诗中还附有小注，对乡试考官用笔情况作一说明，“科场旧例，充试差

① 邓尔雅：《光绪癸巳恩科江西乡试先大夫充提调官值九月初五生朝尔雅时方十岁随兄入贡院祝寿》，容庚编选：《绿绮园诗集》，1960年稿钞本，第130页。

诸官，不用墨笔，丹黄青紫，各有定制，有工绘事者，辄以官纸作画赠人，胭脂写者尤雅艳也。”

第三节　少年长成

一、门当户对

光绪十九年（1893），因祖母何太夫人去世，父亲邓蓉镜上告丁忧，举家迁回东莞守制。三年后，邓尔雅到了适婚年龄。依据“竹门对竹门，木门对木门”之旧俗，邓蓉镜与同乡陈荣辉结为儿女亲家，邓尔雅与陈灵淑订下婚约。

陈荣辉①，字昆山，广东东莞过街亭人。陈氏虽为军将，但乃儒将，工书善画，居官廉洁，治事强毅，自奉俭约，待人恭惠。因父亲陈朝标，官陆路提标副总司，以剿肇庆土匪阵亡，陈荣辉承荫云骑尉，投效水提中营，以战功历任碣石右营守备、南澳右营游击、署海口参将，护理琼州镇总兵，总统西路二十六营。后进赤溪大鹏副将，调补广州副将。陈荣辉为人性倔强，但语不及私，轻财好义。因事与琼镇总兵莫善喜龃龉不合，遂弃官归。薄游湖北，梁鼎芬延之。后殁于武昌，家贫无以为殓，由梁鼎芬为其营丧送柩归里。

陈氏之女陈兰征，名灵淑，字窈窕，号元始，自号糠斋，乃陈荣辉妾室所生。陈灵淑，得父之美德，又承母教，温静庄肃，慧不外露，临事机警，果决能断。虽未入塾读书，却因家庭环境熏陶，亦识字义，明声韵。人如其名，性情贤淑，亦善小学，能吟咏。

二、伉俪情深

光绪二十六年（1900），邓尔雅与陈灵淑成婚。婚后，夫妇感情甚笃。邓尔雅曾云：“尔雅弗事举业，惟治小学，习书画，不甚问家人生产事，恃中闺之能办也”。陈灵淑成为邓尔雅贤内助，其“长于家政，井然有条，事皆躬亲”“故事无巨细，大而婚嫁，小而米盐，并由孺人筹画之。内事咸

---

① 陈伯陶等纂修：《（民国）东莞县志》卷七十三，参见《中国地方志集成·广东府县志辑》据1927年铅印本影印，上海书店出版社，2003年，第722页。

理，为姻族所称美。”① 其妻的贤淑勤勉、全力持家，使得邓尔雅能心无旁骛、专心学问。

“执子之手，与子偕老”是每一对有情人的美好愿望。面对妻子的贤淑与付出，邓尔雅感怀于心。邓尔雅期待能与妻子白头到老。他曾拟在大埔购地筑园长居，尽享田园之乐、家庭和美。邓尔雅在《拟买山示内子》一诗中曰[P129－130]：

商量偕隐鹿车巡，方逯何非尽避秦。
私幸琴尊容闲作，浓知君我尚能贫。
天心实保长垂笑，山意归来学养神。
椎髻蓬头无不可，花如绣黻总相新。

然而天道不测，造化弄人，陈灵淑盖因过度操劳而身体欠佳，时常生病。邓尔雅细心照料病妻，常常为其作诗刻印，以宽怀其心，使其安心养病。

邓尔雅也常赋诗以赠爱妻，如《题内子窈窕媵匳之砚》《与内子合造象》《又题内子窈窕名印》《为内子窈窕画兰》《拟买山示内子》等等。如《题内子窈窕媵匳之砚》曰：“临摹钿阁印，试写玉台诗。书画唱随乐，繇来甚画眉。”

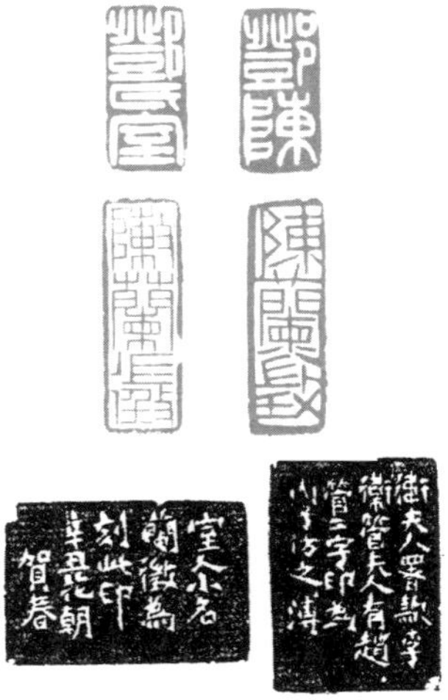

邓陈四面印及边款

他不仅为爱妻刻印颇多，而且还教习爱妻亲自刻印。有“嫰姚”“文窗”“灵淑”“糠斋”“邓陈灵淑”“邓氏室陈兰征”等，更多次把两人姓氏同刻一于印，曰“邓陈”，如“陈兰征邓陈”“邓陈皈依”等，其中“邓陈”四面印的边款“卫夫人署款，李卫管夫人有赵管二字印，为内子仿之。溥。”“邓陈”印边款为“邓林丈陈家紫心相印合二美，内子姓印尔疋名”。又曾以“邓陈”署名发表诗文。后邓尔雅东渡日本，游教桂林，陈灵淑都曾相陪相伴。

1928 年，陈灵淑病重，她口占“有弦不继非爱琴”诗句作为遗言，并

① 邓尔雅：《先室陈孺人事略》，稿本，由黄大德先生提供。

请邓尔雅预作悼亡诗。邓尔雅拗不过爱妻，只好赋诗四首曰[P83－85]：

同病呻吟当唱随，心魂恍忽与双飞。
向来斋惯浑间事，惟愿长能梦里归。

浸术多于粥饭缘，阁中卧病又经年。
生平悔不工针灸，何必营斋费俸千。

难追第一昔时欢，旧画眉痕不喜弯。
他日新人姑莫问，及时饱看故人颜。

有琴不御是知音，有弦不继非爱琴。
愿弦勿断琴勿碎，千春同此凤皇心。

是年七月初十，妻子陈灵淑因病去世，临终留下遗言："有弦不继非爱琴"，希望邓尔雅早日续弦再娶。邓尔雅悲痛不已，欲以诗悼之，却因悲痛过度而屡未成句。三年后，邓尔雅续娶叶氏，在续弦前写下十多首悼念亡妻诗，其中有云[P219－224]：

久忘称称寄寄诗，白头潘岳又哀辞。
从前梦好难为继，佳处须由事后知。

夜长惟觉眼常开，高卧仍难梦魔来。
起看窗梅花着未，似闻唨月翠禽哀。

小额亲题同梦栖，罗浮山下旧时闺。
吾乡绿鄂梅尤好，此外都非处士妻。

小学纯由耳学知，既明声韵未须诗。
君虽不读书能解，梅影横陈绝妙词。

良玉精瓷美印材，品题尤喜白皑皑。
相寅五色都非是，除洁何以此俭来。

看书虚扩月澂泪，伏枕匡床雨打心。
醇酒利于十五女，却嫌前意太荒淫。

惟饥下饭饮狂泉，独有糠斋同病怜。
力疾折枝亲我侍，昨宵疑似梦逻然。

不御绍华是妇客，自成馨逸称织农。
分明一觉罗浮梦，晓起难求仙婕踪。

无多世味费疑猜，桑海麻姑见几回。
悟得宽亲平等义，皈依净土不须来。

相期传得凤皇心，不续朱弦匪爱琴。
解合多胶难适性，良言辜负到而今。

阁中最喜女儿香，我愧当时冒辟疆。
经岁未能成忆语，也关病状费商量。

邓尔雅又书挽联一副：“偕隐名山有同梦焉，为感昔游足证生平心相印；不续断弦非爱琴者，辄思君语益令经夜眼常开。”

为了缅怀爱妻，邓尔雅撰《先室陈孺人事略》①，记载两人相识相知、相扶相携的点点滴滴，字字句句透露出邓尔雅对爱妻的感激和怀念。

① 兹录如下，以备省览：“先室陈孺人，讳灵淑，字窈窕。小名兰徵。同邑昆山参戎第三女。侧室罗宜人出。幼时事其继嫡母林太夫人孝。祥太夫人视之如男。参戎故儒将，工书能画，以艰荫世袭云骑尉，仕至协镇，居官廉洁，治事强毅，自奉俭约，而待人则恭惠。孺人生平似之，又承母教，温静庄肃，慧不外露，临事机警，果决能断，一切皆中法度规矩。家人为之语曰，使变男儿，飞上天矣。参戎泥陈眉公无才是德之说，不令诸女入塾读书，然陈孺人固识字义，明声韵，盖耳学也。先是吾两家与姻丈容青田进士，交好至密，因为媒。参戎以先考莲裳公，按察江西，民间有邓青天之称，喜曰：廉吏之后，可婿也。遂许字焉。时先孝方掌教广雅，孺人来归，年十七矣。先考顾谓先嫡妣张太夫人，及生母陈宜人曰；容止可观，吾家妇当以新妇为最。自先考弃养后，尔雅弗事举业，惟治小学，习书画，不甚问家人生产事，恃中闺之能办也。孺人长于家政，井然有条，事皆躬亲，即在病中，辄力疾指挥婢妪为之。以有洁癖故，卧病频年，沐浴威窬，必强起支持，临终犹然。虽肢体柔弱，而意志仍极坚强。昔与偕游，东渡扶桑，西至临桂，往来登顿，不喜倩人扶持。此外尤不喜时妆饰品，耳环固早废，脂粉更为妆次所未见。又有巧思，裁缝刺绣，剪采押绘，乃至划朱丝兰格子，亦工致异寻常。治馔及羔饼点心之属，葱寸肉方，都非市上所有。故事无巨细，大而婚嫁，小而米盐，并由孺人筹画之。内事咸理，为姻族所称美。积劳致疾，盖有由也。林太夫人先一年逝，孺人悲恸逾恒，病益深矣。前此尝患徵瘕，近又患宫瘤，虽获小愈，而已剧不易支，昏厥者屡，遂以不起，于戏惜哉。孺人生于光绪甲申五月廿七日未时，殁于戊辰七月初十寅时，存年四十有五。丈夫子二，曰尉，曰永，女子子三，曰飞，曰复，曰悦。长男长女已婚嫁，家媳姜，生孙女一，才弥月也。兹谨述其生平事略，陈诸当世立言君子之前。倘荷锡以诔联铭志，感且不朽。心绪恶劣，潦草成篇，伏惟亮察。不杖期夫邓尔雅泣述。”

第二章

问学中西　孜孜以求

邓尔雅幼承家学。家风熏陶，耳濡目染，固然是其学习艺术的有利条件，然而其充分利用既有条件，刻苦学习、锲而不舍、孜孜以求的钻研精神才是他走向成功的关键。少年长成的邓尔雅无论是师从名师何藻翔，求学名校广雅书院，还是游学日本，都没有停止主动学习和钻研，没有辜负难得的学习机会和青春时光。邓尔雅优越的学习氛围与际遇，再加上其问学中西、孜孜以求的学习精神，使邓尔雅能在深厚的文化积淀下，冲破僵化的模式，开拓出新的艺术境界。

第一节 师从何师

光绪二十四年（1898），为使邓尔雅能够顺利科考中举，邓蓉镜又为他觅得良师何邹崖。

何邹崖，即何藻翔（1865—1930），初名国炎，冠号溥廷，更名藻翔，字翽高，一字梅夏，晚号邹厓逋者。广东顺德马宁乡人。何邹崖学贯中外，沉毅有为。光绪十八年（1892）进士，授兵部主事，为官刚正。

何藻翔自幼好学，博览群书。十九岁入读应元书院，师从应元山长李若农，辞赋又为时任山长的廖廷相所赞赏，并亲得其指导学业。“廖山长教以为文治学，一守东塾家法”，“廖山长每相见论文，谆谆于伦脊经纬四字，一守东塾家法”，“时好读庄墨诸子，师戒以东塾遗识，子书恐有流毒。又好涉猎国朝经解，师曰，先专读注疏，正训诂，守郑学，毋旁骛，考据琐细，为国朝风尚，经学首微言大义，汉儒说经，如《春秋繁露》《韩诗外传》，乃真汉学也。余谨佩不忘。”[①] 此廖山长，即廖廷相，陈澧弟子，“好述东塾经纬伦脊之言，论文最严，于翔独沆瀣一气，殆香火缘也”，[②] 故何藻翔常自称是东塾再传弟子也。

光绪二十年（1894）五月，何藻翔延请赵峄山（宗坛）私塾其子鸿暻、鸿仪。赵峄山乃广雅书院山长朱一新入室弟子，传承师法，教学有方，尤

① 吴天任编撰：《何翙高先生年谱》，大利文具图书印刷公司，1958 年，第 6—9 页，沈云龙主编：《近代中国史料丛刊》第七十六辑，台北：文海出版社有限公司，1972 年。关于何藻翔事迹引文，皆引自此《何翙高先生年谱》。

② 吴天任编撰：《何翙高先生年谱》，大利文具图书印刷公司，1958 年，第 9 页。

留心时务。赵峄山曾掌教宁阳书院、荻海东河书院，教法最善。何、赵两人兴趣相投，经常在课馀闲暇时讨论学术。何邹崖曾曰："暇辄与峄山论郑君朱子学术异同，峄山于义理之学颇有心得，因相与研宋元明诸儒学案，钩元提要，胸中似有所得，始悟吾学真际，不在口耳，直指本心，脚踏实地，不闻此，虚读书一世。……与峄山同居，数月讲习，胜读十年书，贶我良厚。"何氏又从赵峄山习学算术、天文，在其指导下，何藻翔"数月能演九章细草、测量游戏"，"甫一月，观天象已瞭如指掌"，"能辨两极赤道、五星二十八宿，诸恒星缠次。"①

何藻翔对于西学是相当崇拜，"西人科学，事事征实，循途而进，人人能晓，似难实易，非词章变化、工拙难定者比。"②

他接触西学是在光绪十二年（1886），"再应春官试，过天津，见于侍郎晦若，访购津沪局译西书百馀种，是为余讲求西学始"。自此，何藻翔开始了解和研究西学，深为西学所折服。后曾与张元济、张荫棠等人在北京宣武门租赁民居创办学堂，"专讲泰西诸种实学"，"宣读西学源旨趣"，力图培养维新人才。学堂初名"西学堂"，后改名"通艺学堂"。所设课程有英文、天算舆地等，学科分为兵、农、商、矿、格致、制造等。光绪二十二年（1896），何藻翔又相约张菊生（元济）、张憩伯（荫棠）、陈简持（昭常）曾习经、周汝钧、夏偕复等八人结"健社"，习学英文。③ 追求"有用之学"，以达自强不息。所谓"有用之学"就是以英文、算术为两大内容。

光绪二十三年（1897）六月，何藻翔回粤守制，翌年到广州，被客居广州西关晚翠园的同乡苏棫农聘为教席，教其二子读书，"邓尔雅、黄仲谿附读"。④ 正是此时，邓尔雅开始师从何藻翔习学。

邓蓉镜与何藻翔相当熟稔。何藻翔十分钦佩邓蓉镜的为人及文才，"今观其所为文章，率自写胸臆，不为钩章棘句，不横使才气，一轨于正，以宋儒理学为师，而恬淡朗润，与缉雅分道扬镳，其古近体诗若干首，余尤

① 吴天任编撰：《何翙高先生年谱》，大利文具图书印刷公司，1958 年，第 11 页。
② 吴天任编撰：《何翙高先生年谱》，大利文具图书印刷公司，1958 年，第 11 页。
③ 吴天任编撰：《何翙高先生年谱》，大利文具图书印刷公司，1958 年，第 18 页。
④ 吴天任编撰：《何翙高先生年谱》，大利文具图书印刷公司，1958 年，第 20 页。

爱其五古，短章多借题寄光，无意于为诗，而弥见真性情，得陈白沙遗意焉。”①

爱屋及乌，加之邓尔雅勤奋好学，何藻翔对邓尔雅非常喜爱，二人也形成了亦师亦友的深厚感情，这在何藻翔写给邓尔雅信中可窥见。如《米贵书寄尔雅》一诗后何氏附记曰：

光绪戊戌（1898），尔雅从余读书苏氏晚翠园。岁饥，石米价银二元五毫，四乡皆赈粥。余语苏棫农曰：“米贵步步高若上楼梯然，恐无复下之。”棫笑曰：“先生真不知稼穑者，老父尝言，佃户批耕以谷百斗，价银一元为标准，若谷价常沽二元五毫，贫氓岂复活耶？”不幸余言中，米价竟涨至十元，真无死所也。夜不成寝，书此寄尔雅。②

邓尔雅也多次作诗唱和何师。据《何翙高先生年谱》载，1916 年 8 月：

朱子乔（庆澜）为广东巡按使，后改省长，以梁任公之荐，三造先生庐，邀任政务、警察两厅长，先生固辞，仅以乡绅资格，受聘为全省保卫团局长，兼顺德团局长。为朱九江先生请祠乡贤祠，并募金为置祭田。朱子乔首捐千金，倡导最力，先生有诗纪之。③

邓尔雅作《何邹崖师为朱九江先生请祀乡贤募金置祭田赡遗裔为长句记其事见示命同作》P80－81：

百越几先贤，谁为买祭田。
负薪良吏叹，衣葛后人怜。

① 何藻翔撰跋，参见邓蓉镜撰：《诵芬堂诗草》，1934 年东莞邓氏诵芬堂刻本。

② 《米贵书寄尔雅》：至人洞元化，沈几观物变。嗜欲苦不给，巧力暗相战。跤鲸食鲤鲫，鹰鹯搏雀燕。怨怼积日深，瑕衅觊乘便。慨自汽学兴，米贵傭率贱（自光绪十五年至辛亥，米涨四倍，三百年所未有，当道懵然）。厮役无舟车，织妇无针线（皆舶来品）。村农一食艰，市贾多财善。贫富太相悬，苦乐当递嬗。非经闯献乱，那得尧舜禅。混沌窍凿死，匕首穷途见。天地一癰疽，椎破血被面。世界大革命，豪猾流言煽。斗粟值百钱，朝夕官厨膳，黄金成泥沙，大酺三日宴，我欲乘飞车，五舟瞬游遍。

③ 吴天任编撰：《何翙高先生年谱》，大利文具图书印刷公司，1958 年，第 142 页。

独有简书感，无忘香火缘（师为九江再传弟子）。

邹厓衣带水（邹厓为明邹文定公访陈白沙艤舟处，在今顺德县东马宁乡，师为乡人，因自号邹厓逋者），遥溯九江船。

1920年秋，何藻翔赴香港执教。1922年邓尔雅迁居香港后，仍与何师保持往来。两人共同校理《东塾遗稿》。何藻翔晚年准备编定所作诗稿，先托崔百越[①]审删，后以全稿交予邓尔雅，希望邓尔雅为其整理刊行。邓尔雅慨然应下此事。1930年9月，“张唠丹与黄国芳携先生遗作诗稿送交邓尔雅謄正，盖先生嘱也。唠丹述，时尔雅寓新界大埔”。邓尔雅“曾于民国二十九年七月，检旧抄稿请杨铁夫整编，以备付刊云”[②]，印刷费由邓尔雅、冯江沅、崔师贯、张风颜等四人分担，所抄副本来由何藻翔之子何鸿平保存。

1930年农历八月二十四日晨，何藻翔在香港去世。对于何师的逝世，邓尔雅深感痛心。致挽联曰：“学海吾师，避地竟同李竹隐。邹崖逋者，著书遂老屈翁山。”邓尔雅长子邓橘亦致曰：“光绪宣统年间，外交不辱，如先生者有几人，公案至今称印藏。东塾九江门下，耆儒又逝，惜小子之生也晚，扁舟曾未舣邹崖。”（小门生邓橘）[③]

师从何师，邓尔雅不仅在传统国学方面得到提升，而且加深了对西学知识的认识，为其出国留学打下了基础。

第二节 求学广雅

一、广雅新风

光绪二十五年（1899），邓尔雅父亲邓蓉镜受两广总督张之洞聘请，出任广雅书院[④]山长（即院长）。

---

① 崔百越，即崔师贯。崔师贯（1871—1941），原名景元，字伯越，号今婴，又号北村，斋名诗篛。广东南海人。清末南海诸生。早岁受业于康有为之万木草堂，与陈荣衮同学。工诗词。在澳门设塾授课，兼收男女生。赖际熙主持香港大学中文学院期内，曾聘其担任中文系兼任讲师。1933年刊印诗词集《北村类稿》。

② 吴天任编撰：《何翙高先生年谱》，大利文具图书印刷公司，1958年，第170页。

③ 吴天任编撰：《何翙高先生年谱》，大利文具图书印刷公司，1958年，第169页。

④ 广雅书院旧址，在广州市荔湾区广雅路广雅中学内。学者周汉光《张之洞与广雅书院》一书中对于广雅书院的创建和历史演变皆做了透彻的研究。本文略做介绍，旨在说明广雅学风对邓尔雅的影响。

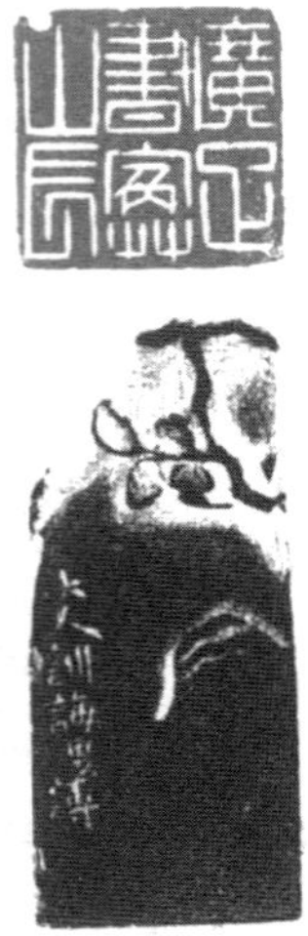

“广雅书院山长”印

广雅书院，乃张之洞督任两广总督时创立，目的是培养一批明体达用的人才。

众所周知，清代学术繁琐考证之风肆行。面对清代“家家许郑，人人贾马，东汉学灿然如日中天”的现象，面对西方文化和先进技术的冲击，清代统治者认识到：要想强国，必须改变这种以考据为主的教育，大力倡导经世致用的“实学”，培养一批明体达用的人才。于是全国各地相继出现了兴办学院之潮流。广东地区也不甘落后，纷纷兴办了很多书院，如广州的粤秀书院、越华书院、应元书院、学海堂和菊坡精舍，以及肇庆的端溪书院。但是，这些书院或地势褊狭，或经费不足、斋舍无多，不足以容纳多士，或专攻时文，局限颇多：“粤秀、越华、应元三书院专课时文，斋舍或少，或无肄业者，不能住院，故有月试而无课程”；学海堂和菊坡精舍则“用意精美而经费无多，膏火过少，又以建在山阜，限于地势，故有课而无斋舍”；肇庆的端溪书院虽有斋舍，便也仅“止四十间，大半敝漏，不足以容来学。每逢应课，大率借名虚卷，草率塞责”，而且“虽岁时封题课试，规矩纵弛，士气不扬”。① 这些书院实为士子课习制艺之所，其目的并不是为了培养实用的人才，仍是为培养学子考取功名而已。

有感于此，时任两广总督的张之洞，决定创建一个可以容纳两广士子的新书院，以培养经世致用人才。本着“博通古今，明智时务，期于体用兼备，储为国家桢干之材”的宗旨，光绪十四年（1888）张之洞建立了广雅书院。本着此办学宗旨，张之洞亲订学规《广雅书院学规》27 条，并勒石留存。② 该书院参照阮元所办学海堂设立学科，分为经学、史学、理学和经济，以经史为主，注意实学，设立经义、史事、身心、经济四科，还包括掌故和历算，废除章句课试，并对各科提出了具体的要求：

---

① 张之洞：《创建广雅书院折》，《张文襄公全集》卷二十二，民国刊《张文襄公全集》本。

② 广雅书院学规碑，高 2.13 米、宽 0.90 米。张之洞撰，王仁勘正书上碑。光绪十三年刻。学规分定居、尊师、分校、监察、分斋、恤远给假、敦行、专业、日记、习礼、考核听讲、课题、给书掌书、人役门禁、限制院规、守法、正习、附课、外课、杜弊、学成等 27 条，后又续增 10 条。此碑现为广州市文物保护。学规详细内容，收入蓝仁钧撰《广雅书院的掌故》，载《广东省立广雅中学旅港校友会庆祝母校八十一周年校庆暨本会有限公司首届职员就职典礼特刊》，1970 年 10 月 21 日，香港印行。

广雅书院局部图

> 经学以能通大义为主，不取琐屑；史学以贯通古今为主，不取空论；性理之学，以践履笃实不主，不取矫伪；经济之学以知今切用为主，不取泛滥；词章之学，以翔实尔雅为主，不取浮靡；士习以廉谨厚重为主，不取嚣张；其大旨总以博约兼资，文行并美为要。①

广雅书院教学形式较为灵活，对于所习课程，学生可以自己选择，随性之所近，择而习之，兼习词章之学。书院鼓励学生大胆提出学习上遇到的疑难问题。在每月初一时，开设答问课，由院长登堂，学生上呈功课簿，提出问题，院长临时可答则答之，不能答者则携回以笔批答。

为了扩大学生的阅读范围，自广雅书院创立之始，张之洞就设置了藏书楼和刻书处校书局，注重收藏和刊刻书籍以供学子们使用。早在光绪十三年（1887），黄士陵应两广总督张之洞、广东巡抚吴大瀓之邀赴广州广雅书局校书堂任职。② 黄士陵应邀参加广雅书院校书堂工作，负责编辑出版《广雅丛书》，此套丛书中有相当一部分是由黄士陵题签。广雅书院的创立后，广雅书局更是大肆刊刻书籍，充实广雅书院藏书楼，以供学子使用。至朱一新掌教广雅书院时，书院藏书楼藏量相当丰富，为了方便学子们使用，朱氏开始整理广雅书院藏书，可惜事未竟，朱氏已故。廖廷相继其事，

① 张之洞：《创建广雅书院折》，《张文襄公全集》卷二十二，民国刊《张文襄公全集》本。
② 张天弓编撰：《中国书法大事年表》，上海书画出版社，2012 年，第 448 页。

编成《广雅书院藏书目录》七卷，并为之撰序①，光绪二十七年（1901）得以刊行，是书包括两个部分，② 其一为“广雅书院都督署发存书籍目录”，402 种；其二为广雅书院藏书目录，卷一、卷二为经部 264 种，卷三为史部 306 种，卷四为子部 153 种，卷五、卷六为集部 426 种，卷七为丛书 95 种。

广雅书院设院长一人，总理院务。院长下设分校四人，分别讲授经学、史学、理学、文学。广雅书院传承着东塾学派的学风，所聘院长和分校多为东塾学派门人。广雅书院的前三位院长和所设九位分校中，有七人为陈澧弟子，可以说，广雅书院的学风仍然秉承了东塾学派。邓尔雅在求学期间受业老师何藻翔，也是陈澧门人廖廷相的弟子，所以邓氏可谓东塾先生再传。③

“九江东塾门下三传”印及边款

陈澧（1810—1882），字兰甫，号东塾。广东番禺（今广州）人。道光

---

① 廖廷相:《广雅书院藏书目录序》云:“院中藏书目录编自朱鼎甫侍御，而余为之整齐者也。凡分七类，四部之首冠以御制敕撰诸书。其一所撰而兼涉各部者，别出为杂著。合众人所撰而成一部者，别出为丛书。后附斋书各种，虽未大备，而应读之书略云具矣。编既竣。因谕诸生曰:读书所以求圣人之道也。道何在，在六经。《诗》以道志，《书》以道事，《礼》以道行，《乐》以道和，《易》以道阴阳，《春秋》以道名分。后世载籍纷纭蕃变，而所道终不越此数端，所谓百家腾跃，尽入环中也。故古人劝学必先宗经，治经者始于专终于通。读《易》如无《诗》，读《诗》如无《书》，读《易》《诗》《书》如无《礼记》《春秋》，用志不纷，乃凝于神，此专之说也。《诗》无达诂，《易》无达旨，《春秋》无达辞，论学可以悟《诗》，论《诗》可以悟《礼》，此通之说也。经者，事理之权衡也。权衡具，而后史之是非得失，理之情伪纯驳，文之浅深优绌，得其折衷。读书之法，昔人言之详矣。其大要有分人合，分者如东坡所云，欲求古今兴亡治乱、圣贤作用事迹文物，每一书皆作一次读之是也。合则多端，《春秋》与《诗》相表里，《诗》与《礼》相表里，非总群经不能澈一经。经有古今文，文有数家，非合众说不能定一说。惟史亦然，正、别、稗、杂，巨细各举，补正相资，此就各书言之也。纪、表、志、传，隐显互见，功过错出，此就一书言之也。子、集虽一家之言，然班志九流，必原所出，非参稽互勘，则学术渊源、文章流别亦无自而明，此合之大凡也。分则能贯一事之始终，合则能订诸家之同异，是故反复乎句读，沉潜乎训诂者，基之始也。记事者必提其要，纂言者必钩其玄者，业之卒也。虽然，尤有进焉，学贵自得，而非党同伐异之谓；学贵致用，而非急功近名之谓。欲见诸事业，必先体诸身心，使书自书而我自我焉，则无为贵读矣。夫骐骥一跃不能十步，驽马十驾功在不舍，圣人之道学而时习，诸生勉乎哉。”参见《广雅书院藏书目录》，光绪二十七年（1901）广雅书局刊本。

② 此藏书目录数量据《广雅书院藏书目录》统计，光绪二十七年（1901）广雅书局刊本。

③ 邓尔雅作《刻印寄许守白陈鲁广陈微尘》诗，言“儿孙门下辈可千，吾师邹厓亦再传”，邓尔雅著，东莞市政协编:《邓尔雅诗稿》，广东人民出版社，2007 年，第 116 页。

十二年（1832）举人。其对于天文、地理、乐律、算术、古文、诗词、书画，无所不通。曾为学海堂学长、菊坡精舍山长。著述颇丰，有《汉儒通义》《声律通考》《切韵考》《汉书地理志水道图说》等。陈澧讲学广东数十年，是广东近代学术史上的重要人物，岭南东塾学派创始人，其学术影响深远，张之洞曾评曰“庶几从此东塾学派流衍中原”。陈澧弟子众多，著名者有梁鼎芬、桂文灿、陈树镛、汪兆镛、徐灏、文廷式、廖廷相等。

梁鼎芬（1859—1919），字星海，一作心海，又字伯烈，号节庵。自幼有“神童”之誉，是陈澧的得意门生。陈澧掌教菊坡精舍时，梁鼎芬就学门下。梁鼎芬学养深厚。广雅书院成立，张之洞即聘其为广雅书院山长，①1888—1889 年在任，为期一年。在任期间，梁鼎芬将端溪书院的经古诸生并入到广雅书院，秉承东塾学派“经世致用”的学术主张，边讲儒家经典，边引进西方科学新知，推行“新旧兼陈”的教育体制。

梁鼎芬与广雅学子

梁鼎芬生平最嗜书，他每到一处，必创设书库，广储书籍。为了让广雅学子们拓展阅读范围，梁鼎芬在任期间，悉心搜罗典籍，充盈冠冕楼，“其通行本必备两部，供东西两省士人借阅”。对于藏书，梁鼎芬曾提出：“有书而不借，谓之鄙吝；借书而不还，谓之无耻。今之书藏，乃一府之公物，非一人之私有，不借不如不藏，不读不如不借。”“凡院内外生徒亲来借书，董事及掌书生徒皆是同乡、同学，务当待之以礼，勿有难色，勿有

① 唐明浩：《张之洞》，北京：人民文学出版社，2002 年，第 13—14 页。

慢词。”“学生来借书，必能读书矣，如借某一种，有可商量处，鼎芬当此书意义数语商之，此就鼎芬所知者言之，其不知者不能言也。”① 梁鼎芬主掌广雅书院期间也秉承此做法，常常鼓励学子们多借书，多读书，凡执经问难者，必乐为指导，循循善诱。

梁鼎芬善书。“梁氏之书，风骨棱棱，颇如其人。初学柳公权，用笔多侧锋入，斩截峻峭，精神显露，力破馀地，表现出一种刚劲的气势。其于字末捺笔，时参褚法，故更爽健不凡。中年以后，略取黄庭坚的体格，撇捺加长，用笔更多褚意，甚至接近‘瘦金体’，但丝毫不觉细弱，真可谓‘细筋入骨凌秋鹰’，别具特殊的韵味。”② 梁鼎芬与邓蓉镜十分熟稔，经常在一起切磋书法、赋诗论道，对于旁观的邓尔雅也多有指导。

第二任院长为朱一新。朱一新（1846—1894），字蓉生，号鼎甫。浙江义乌人。光绪二年（1876）进士，入翰林院庶吉士，翌年为编修，后因“以御史疏谏筑颐和园，语侵孝钦”而罢职，返粤主端溪书院讲席。后张之洞聘其为广雅书院第二任院长，1889—1894 年在任，历任五年。“一新博极群书，洞知两汉及宋明儒者家法，论史亦深明其义，例自湘绮而外，近世学者罕有其匹，而笃好朱熹学，引申回护，词费理拙。”③ 朱一新认为“当今多事之秋，治经不如治史之尤要”，因此在接任院长后，为了打破传统的教育模式，对广雅书院的课程设置进行了改革创新：“课程设置有经学、史学、理学、经济及词章四斋，诸生可以随性情相近者，选择一门或多门学习。而且要求经学经能通大义为主，不取琐细；史学以贯通古今为主，不取空论；性理之学以笃实为主，不取矫伪；经济之学以知今切用为主，

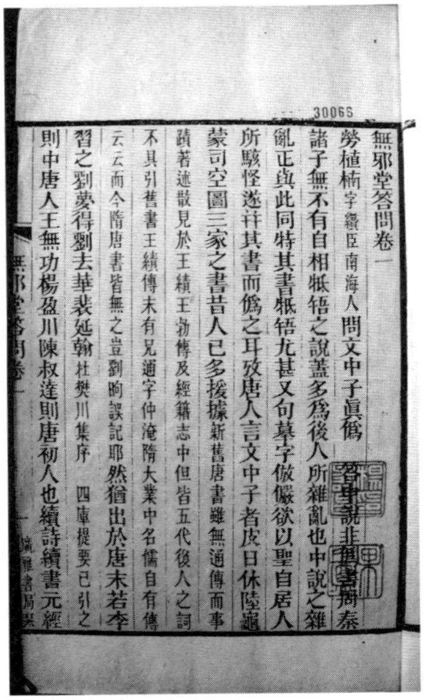
30065
無邪堂答問卷一
勞植楠字纘臣南海人問文中子眞僞答中說非[illegible]書[illegible]秦
諸子無不有自相牴牾之說蓋多爲後人所雜亂也中說之雜
亂正與此同特其書牴牾尤甚又句摹字倣儼欲以聖自居人
所駭怪遂并其書而僞之耳攷唐人言文中子者皮日休陸龜
蒙司空圖三家之書昔人已多援據新舊唐書雖無通傳而事
蹟著述散見於王績王勃傳及經籍志中但皆五代後人之詞
不具引舊書王績傳末有兄通字仲淹隋大業中名儒自有傳
云云而今隋唐書皆無之豈劉昫誤記耶然猶出於唐末若李
習之劉夢得劉去華裴延翰杜樊川集序 四庫提要已引之
則中唐人王無功楊盈川陳叔達則唐初人也續詩續書元經
無邪堂答問卷一 一 廣雅書局栞

《无邪堂答问》书影

① 梁鼎芬：《丰湖书藏四约》，光绪十四年（1888）刊本。
② 陈永正：《岭南书法史》（修订本），广州：广东人民出版社，2011 年，第 183—184 页。
③ 费行简：《近代名人小传》，参铜陵周骏富辑：《清代传记丛刊（附索引）》，台北：明文书局，1985 年，第 496 页。

不取泛滥；词章之学以翔实尔雅为主，不取浮靡。书院设四分校，各延主教。”① 朱一新又整理课堂上师生答问成《无邪堂答问》五卷，内容非常广泛，或涉及立身处世，或求学问道，或治国经世，供学子们学习与借鉴。对于西学，朱一新十分了解，也很重视，提出“治西学须明其地势，考其政俗，以知其人之情伪为驾驭之资”，他亲自给学生讲述自然科学、西方经济等，使学生们的学术思路得到开阔。朱一新所推行的一系列改革措施可谓广雅书院一大创举。在广雅书院历任院长中，朱一新是任期最长、督教最严的，可谓鞠躬尽瘁，最后在广雅书院中逝世。

第三任院长为廖廷相。廖廷相（1842—1897），字泽群，号子亮。广东南海人。光绪二年（1876）进士，改翰林院庶吉士授编修。光绪二十一年（1895），廖廷相接任广雅书院院长，1894—1898 年在任，任期四年。与时俱进，廖廷相对广雅书院进行了一系列改革。按张之洞制定《广雅书院学规》，最初入院学子“肄业无期限，惟乡试中试者出院”，后来随着学院的发展，学子越来越多，却“以额数有定，愿学者苦不得门而入”，廖廷相对此校规进行了改革，“因本学记大成之数，以九年为断”。② 后又将广雅书院冠冕楼藏书编成《广雅书院藏书目录》以便学子借阅。

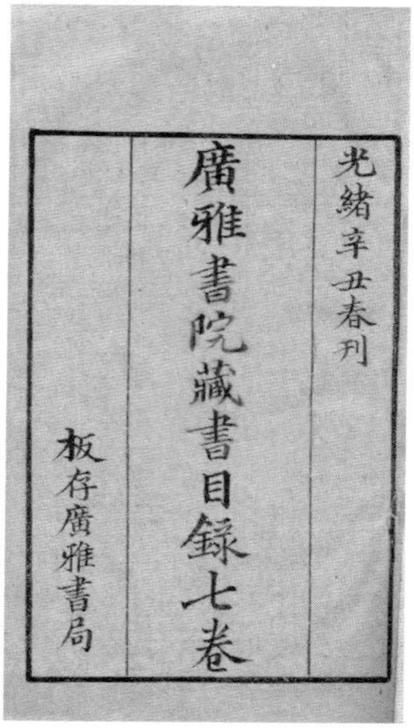

《广雅书院藏书目录》书影

梁鼎芬、朱一新、廖廷相，这三位院长皆出身翰林，为当时饱学之士，他们的品格和学养，对于广雅学子都起了很大的作用。

光绪二十五年（1899）年，邓蓉镜成为广雅书院第四任院长，1899—1901 年在任。邓蓉镜主广雅书院期间，主张道德与学问并重，提出读书以明礼为主，其次则在网罗百家。邓蓉镜对广雅书院的体制也做出了一些改革创新。

广雅书院除院长外，还有分校、提调、监院者，大都为饱学之士。下

① 朱荃宜、朱恺元：《直臣名师：朱一新传》，杭州：浙江人民出版社，2008 年，第 118 页。
② 廖廷相：《广雅书院同舍序》，光绪二十三年（1897）刊本。

表中的名士均为广雅师长，正是这些饱学之士造就了广雅深厚的学术底蕴，为来广雅求学者提供了厚重的学术氛围：

		姓名	籍贯	教育	出身	仕历
分校	经学分校	黄涛，号子鹏	广东番禺	学海堂专课肄业生	县学贡生	
	史学分校	林国赓，字敭伯	广东番禺	学海堂专课肄业生	光绪十四年举人，十八年进士，选翰林院庶吉士	吏部文选司兼验封司主事
	理学分校	马贞榆，字觉渠，号季立	广东顺德	学海堂专课肄业生	廪生	荐举经济特科，召试未应，终身讲学
	文学分校	黄绍昌，字懿传，号屺香	广东香山	少从陈澧游学，问作文法	光绪乙酉科举人	曾入闽省制军何璟幕府
	经学分校	陈庆龢，字公睦，号茗龕	广东番禺	学海堂专课肄业生	光绪辛卯科副贡	曾任安徽候补知府晋直隶候补道。广雅书院斋长
	经学分校	漆葆熙，字荫宗，号少台	广东番禺	学海堂专课肄业生	光绪十七年举人	广雅书院斋长
	文学分校	江逢辰	广东归善	师从梁鼎芬。光绪十四年自丰湖书院选入广雅书院	光绪十五年举人，十八年进士	吏部主事
提调	提调	王秉恩，字雪澂	四川华阳人		同治癸酉科举人	二品衔，广东候补道，前广东候补知府
	提调	方功惠，字柳桥	湖南巴陵			二品顶戴，广东候补道，前广东候补知府
	提调	王存善，字子展	浙江仁和			二品顶戴，广东补用道，即补知府

		姓名	籍贯	教育	出身	仕历
监院	监院	徐铸，字巨卿	广东番禺		光绪乙酉科举人	
	监院	陈庆修，字念孙，号心梅	广东番禺		光绪乙酉科举人	
	监院	朱师诚，字实甫，号澄斋	广西临桂		光绪丙子科举人	

光绪二十四年（1898）戊戌变法，力倡废除八股，废除科举，大力兴办学堂。虽然变法以失败告终，但其中有些兴西学以强国的主张得以保留。与时俱进，邓蓉镜在广雅书院正式增设了西学堂，率先开始西学课程，并积极收藏西学图书。邓蓉镜“主广雅书院，凡四年，讲道论文，昕夕不倦”，取得了优异的成果，“庚子优贡榜，发额选四人，皆院中肄业生也。”①

据邓尔雅回忆曰：“时在光绪己亥至辛丑间，先大夫掌教广雅书院，同时香山黄芑乡丈，分校史学科；番禺陈公睦丈，分校经学科；归善江密庵丈，分校文学科；公睦丈令弟公辅丈，监理院事（广雅书院制度，掌教称山长，如今大学校长，分校分科，如今大学教授，监院则包括教务舍监收支庶务，广东广西各一人，又图书馆二人，后复增加英文、算学，为游学之预备）。”②

邓蓉镜掌教广雅书院时，邓尔雅离开何师，跟随父亲来到广雅书院，在此开始了自己正式的求学生涯。这一时期，对于十五六岁的邓尔雅来说，正是求知欲望膨胀之时。在广雅书院，他沐浴在厚重的学术氛围之中，更从广雅饱学之士身上受益匪浅，其中黄绍昌就是邓尔雅难以忘怀的一位饱学之士，一位良师。

黄绍昌（1836—1895），字屺香，一作屺芗。广东香山（今中山）人。光绪十一年（1885）乙酉科举人，官至中书。“幼有神童之目。少从番禺陈

① 陈伯陶等纂修：《（民国）东莞县志》卷七十三，参见《中国地方志集成·广东府县志辑》据1927年铅印本影印，上海书店出版社，2003年，第721页。

② 邓尔雅：《追忆广雅书院旧游记昆仑先生》，《昆仑》，1948年1月13日。

澧游，问作文法。弱冠受知于刘融斋。性沉默寡言，工书善画，尤长于诗及骈体文。"① 毕生致力于经史研究，善诗文，工书画。同治十三年（1874），在香山小榄第一届菊花会诗赛中夺冠，被誉为"菊花状元"。黄氏藏书甚富，建有"寿香楼"藏书楼，同时也喜爱收藏书画、古钱币，建"秋琴馆"以藏。

黄绍昌以经史、词章之学而著称。黄绍昌曾任教于学海堂菊坡书院、丰山书院。广雅书院成立，张之洞聘其为广雅书院文学馆首任分校，讲授词章。

黄绍昌对于邓尔雅的细心教导，令邓尔雅终身难忘。在邓尔雅的一些诗作中，多有提及黄师的教导。如在1952年所作的《题屺乡丈秋琴馆诗集》云[P689－690]：

牡丹鹦鹉及前贤，不待藏山已足传。
奇句能令真宰泣，六丁将半上青天。
为我精详述汉官，香山何但主诗坛。
无邪堂外多花木，回首真如天上看。

此诗后自注曰："先大夫掌教广雅时，丈任分校，尔疋方童年，初学捉刀，以所刻呈教，屡承诲示，不啻问景师也。"②

除黄绍昌之外，对于邓尔雅求学经历影响较大者，还有陈公睦、江逢辰等人。

陈公睦（1871—1959），原名庆龢，字公睦，以字行。经学大师陈澧长孙。光绪十七年（1891）优贡。民国后任北京政府交通部秘书、外交部秘书等职，建国后任职新中国中央文史研究馆。工词章。著有《述训》《容园杂抄》等。邓蓉镜掌广雅书院期间，陈公睦任经学分校，并兼任广雅书院斋长。

① 何文广：《黄绍昌传　广东历代文学家传之一》，参见《中山文史第8—9辑合刊》，中国人民政治协商会议广东省中山市委员会《中山文史》编辑委员会，1986年，第88页。
② 容庚编选：《绿绮园诗集》，1960年稿钞本，第129页。按，《邓尔雅诗稿》中此诗中无此自注。

江逢辰（1859—1900），字雨人，一字孝通，号密庵。广东归善（今惠阳）人。聪颖好学。曾师从梁鼎芬就学于丰湖书院、广雅书院。后经梁氏举荐，与梁入为张之洞幕僚。光绪十一年（1885）举人，十八年（1892）进士，官吏部主事。曾主讲赤溪书院。工诗文词，善书画。著《孤桐词》《华鬘词》《密庵词》各一卷。江逢辰主讲广雅书院时，任文学分校。

他们当时皆在广雅书院任教任职，皆师承东塾学派，可见邓尔雅在朴学方面也是受到东塾先生学术思想的影响。

三、同窗好友

在广雅书院，邓尔雅不仅遇到了良师，也遇到了益友。广雅书院期间，邓尔雅的同窗好友有陈澧之孙陈之达、黄绍昌之子黄冷观。

陈之达（1889—1941），名大我，号微尘。岭南名儒陈澧的曾孙。受家学熏陶，自幼对国学有很深的造诣。陈之达为人端方正直，疾恶如仇，有着极强的爱国心。十六岁时，即与友人创办报刊，投身民主革命。后来东渡日本，在孙中山的介绍下加入同盟会。

陈之达，是邓尔雅的总角之交，亦是广雅书院的同窗好友，两人感情非同一般。正如陈之达所言："东官邓子尔雅，与余订交十六年前，其时君未弱冠，余甫成童耳。芸窗暇日，刻意吟咏，得闲复唱和以为乐，相视而笑，莫逆于心。"① 可见其间默契。可惜，这对好友，却不能常常见面、赋诗嬉戏。陈之达对于时局极为不满，满腔救国救民的革命热忱。家人害怕出事，于是在1913年，多方托人争取到一个直隶省官费留学生的名额，因此陈之达被派遣去到德国柏林工科大学，学习土木工程，学时三年半。②"其后十数年间，东西南朔，奔走问学。"③

1914年，陈之达从德国归国，即刻来访邓尔雅，可惜邓尔雅当时养疴乡里，陈之达只好留函于几案。也许老天垂怜，也许心灵相通，养疴乡里的邓尔雅竟然梦见陈之达，梦中陈之达从柏林回来，绕道广州来看他，还

① 陈之达：《邓尔雅诗序》，邓尔雅著，东莞市政协编：《邓尔雅诗稿》，广州：广东人民出版社，2007年，第1—4页。

② 《民国二年三月驻德学生监督处报告》，《教育部编纂处月刊》第1卷第4期，1913年，载于刘真主编：《留学教育——中国留学教育史料》，1980年。

③ 陈之达：《邓尔雅诗序》，邓尔雅著，东莞市政协编：《邓尔雅诗稿》，广州：广东人民出版社，2007年，第1—4页。

说要在此小住三日，再去天津省亲。梦醒以后，邓尔雅立刻返家，果然见到了陈氏之留函，知陈之达已至“逆旅”。邓尔雅立即前往寻访老友。两位老友，相见无语，唯有两泪纵横，百感交集。可惜时日太短，只能相聚三日。这三日里两人抵足而眠，说不完的话，赋不完的诗。三日作别，依依不舍，两人“濒行约互序之，盖非余不能序尔雅诗，非尔雅不能序余诗，以彼此相知之雅，而篇章酬唱十六年来又未尝间辍也。”① 时日苦短，三日之别后，邓尔雅仍对其不舍之情难以释怀，赋诗曰[P44－45]：

神交入梦座为惊，认押开封审姓名。
积瘴不斟今喜竖，通家屡世弗寒盟。
竭来车马全无用，说到邻鸡以次鸣。
姑舍岐言离白句，却将尊酒醉高城。

至竟言愁始觉欢，八年离索喜盘桓。
人民城郭都非是，分道思惟孰易难。
左语仓佉诗对译，冲刀籀许印谁看。
心知饮啄皆前定，尊右灯前且自宽。

昔日过从，今宵联句，别离相忆之情，相见惊喜之状，萃于一诗，挚友情深、不言而喻。短暂的相逢，没想到竟然是终生最后一别。陈之达回国之后，因常年定居济南，未再南下，邓尔雅与陈之达之间只能靠鸿雁传书。

1918年，邓尔雅打算整理自己的诗稿，刊印出版，按两人的约定，此

① 陈之达：《邓尔雅诗序》，邓尔雅著，东莞市政协编：《邓尔雅诗稿》，广州：广东人民出版社，2007年，第1—4页。

诗稿的序必须得陈之达来写，陈之达当即撰序一篇以寄。①

两人不能谋面，只能屡萦魂梦，邓尔雅每次梦到陈之达均系之以诗，综观《邓尔雅诗稿》，邓氏所作思念陈之达之诗多达十几首，如：

1922 年作《壬戌月当头夕寄微尘》：“遥想登楼睇八荒，神交一万里秋光。老妻便是陈惊坐，佳句应思朱野航。灵府有香敌兰蕙，故人与月见羹墙。追随愿假双飞翼，直到尊前笔砚旁。”P115

《夜梦微尘晓起书至》：“縢函聊复致玫瑰，宁止思君动百回。之子如能长总角，居诸遮莫断肠媒。当时愉快何曾有，其实追寻在未来。十二万年难得再，先知算事不须猜。”P60

《梦微尘旋即有书至》：“识路能来当尽欢，相期良觌努加餐。每回朕兆皆符合，千百过从肯意澜。比耦梦为耕伲伲，焦思羸得瘦栾栾。空书叠寄心逾紧，描写离悰下笔难。”P82

1928 年作《梦与微尘联句》云：“思君十七八年中，惊喜交并梦复通。旷劫饱看疑隔世，壮夫弹指各成翁。过从在昔何曾约，联句于今可益工。将布千杯无一语，长笺孏墨印泥红。”P242－243

1931 年作《刻印寄许守白、陈鲁厂、陈微尘》：“东塾先生经师贤，有

① 兹录陈之达撰序全文，以备省览。序曰：“东官邓子尔雅，与余订交十六年前，其时君未弱冠，余甫成童耳。芸窗暇日，刻意吟咏，得闲复唱和以为乐，相视而笑，莫逆于心。其后十数年间，东西南朔，奔走问学，犹邮筒诗简，络绎于道，以余等之于诗，好之深而为之切，每每流露于不自觉也。夫遭变而有黍离之悲，入梦而得春草之句。诗者，乃生于情而能发扬其情与学者也，故曰，诗缘情而绮丽。尔雅之诗，刚凉沉实，荡逸明华，合其殊观，均归壮丽，知其缘情实沉，且往往融化古意于融畅圆美中，又得加于学间者矣。岁甲寅，余自欧洲返里，与尔相见于逆旅中，娓娓谈诗，三日而别，濒行约互序之，盖非余不能序尔雅诗，非尔雅不能序余诗，以彼此相知之雅，而篇章酬唱十六年来又未尝间辍也。息壤在彼，及今又四年于兹矣！文字关河日暮途远，虽烟云月露之情，凄楚蕴结之感，无异畴昔，而天涯烟树会合，不知又在何时。今者尔雅以余诗稿之序远道见遗，复谓已将诗集编定，余乃述余两人交谊及所知者如此，至谓颂之兴感，由风运骚雅之变，激始忧伤，今日之诗于何取径，则知诗者自能解之，乃自抛心力，勉作词人，人间何世，盖有同感矣。戊午端阳，番禺陈之达序，时客济南。”序后又为邓尔雅所藏绿绮台琴撰长歌一卷《题绿绮台》：“胜友之桐生峄阳，蜀轸虞丝发铿锵。武德旧制湛若宝，人间历尽千星霜。邓君素识太玄字，博雅好古能文章。得琴为宝书满室，哦诗十载声浪浪。一鼓一洗筝笛耳，再鼓清风仪凤凰。君诗慷慨逸琴操，落花流水含清商。总角识君记广雅，灯前斗句惊才狂。潮舠荷花丽且艳，桂影摇曳清佳堂。中间历劫十寒暑，诗筒驿站吟寒香。君游倭东我欧北，波罗的海风泱泱。客途余亦能高咏，每得君简知琳琅。我输君勤愧君博，但有感慨无哀伤。名章俊语道络绎，星球南云苍茫。杂花生树诗境似，群莺媚日歌芬芳。天下之才信有数，十斗分配谁评量。今度别君又三载，神交梦影环珠江。寄我新诗过千首，云烟满纸鸾凤翔。十首敢向旗亭赌，千篇端合名山藏。君才如海俯同辈，亦如绿绮台琴千载含光。我序君诗愧才捷，齐烟客感惊回肠。何当与君一把酒，挥毫落纸倾千觞。”

清中叶之儒先。皣如皓月开南天，许氏小学颛门专。儿孙门下辈可千，吾师邹厓亦再传。小时不识私拳拳，十三已窥摹印篇。守白、鲁厂通源渊，微尘与我皆童年。吾兄叔子相随肩，别来印盟十许年。当头夜梦看圆员，我有春心未敢鐫。偶弄大斧班门前，致问用代琅玕坚。”P116－118

1932年作《寄微尘》：“岭外难为南雪天，手生下笔已芒然。蕉来旧雨将毋梦，梅坐春风且勿宣。岂不苦（去声）寒疑割指，明知总角会华巅。商量诗事从何说，一字吟成每隔年。”P285

又作《寄微尘》：“风鸣铁马四边嘈，中有铦锋切梦刀。不寝镫屑自亲热，相思玉体愿坚牢。阴阳无极从千变，晷度令人忽二毛。频起身来坐幽窈，夜分仍写宿纯毫。”P146－147

1934年作《炎暑寄微尘济南》（甲戌大暑，挥汗写梅寄微尘，时济南寒暑表异至百廿五度）：“今年日乌所见希（三足乌即日中黑点作三足形），汞银百度廿有奇。遥惟旧雨兴居吉，寒梅写春寄一枝。领南皓月□轮满，独游对影能勿思。”P386－387

1938年作《戊寅岁莫梦陈大我》：“神交入梦似寻常，识路今番弟几场。春雨湖舠思总角，胡沙烽火怯回肠。须眉各见垂垂老，寤寐相思历历长。回首廿年疑昨夜，月痕又在屋之梁。”P481－482

1941年，陈之达病逝，至此，两人皆未能相见，令人唏嘘。

邓尔雅在广雅书院另一位同窗好友是黄冷观。

黄冷观（1883—1938），原名显成，字君达，别字仲弢，号昆仑。黄绍昌长子。黄绍昌掌教广雅书院时，亦携子入学。因此与邓尔雅成为同窗，共同受教于黄绍昌。黄冷观幼承家学，深受父亲影响，喜经史、词章。在父亲耳提面命之下，冷观所学，青出于蓝，为同辈所赞许。后来，他参加了同盟会，追随孙中山，积极投入爱国革命中。清末光绪宣统年间，黄冷观与李怜庵、郑彼岸等创立《香山旬报》和《香山旬刊》，黄冷观任《香山旬报》笔政。辛亥革命后，此报改名为《香山纯报》，黄冷观担任编辑兼发行人。此报针砭时弊，抨击帝制，受到当时朝政禁查，于是该报改名为《岐江日报》，抨击帝制更为强烈，最终黄冷观被捕入狱。在狱中，黄冷观仍坚持写作，著《十年旧梦》《廿年心影录》和《军狱琐记》三书。1916年3月出狱后，黄冷观积极向各大报刊投稿，曾主持香山《民华报》，担任《大光报》主编，为《华字日报》《循环日报》《中华民报》《中和日报》和《超然日报》等报刊积极撰稿。黄冷观对于教育活动也是比较热衷：主政《香山旬报》时，兼作中山长洲小学校长，开设工艺传习所；1926年春，又在香港创办香港中华中学。

邓尔雅与黄冷观为广雅同窗，情深意厚，一生至交。邓尔雅流寓香港时，黄冷观邀其在中华中学任教（1926），并聘其为中华中学校董会校董（1934），使邓尔雅有了一定的经济来源。后来，黄冷观之四子黄祖雄、五子黄祖耀皆师从邓尔雅门下。

在广雅书院的日子，最令邓尔雅难忘。1913 年，曾应好友黄节的邀请，邓尔雅再次回到了广雅书院（当时已改名为广雅中学，黄节时任校长）。在广雅书院，回忆当年的生活，看到曾经学习过教室、藏书楼、住过的宿舍等，感慨万分，赋《重至广雅书院》诗四首：

讲堂冠冕楼

席前函丈栖蝙蝠，楼上残篇饱蠹鱼。
第一难忘春诵美，十年重访旧时居。

莲韬馆

白云回头损朱颜，急景催年鬓易斑。
湖目有心替垂泪，料应何止泾青山。
（湖目，莲子也。见苏东坡范石湖诗。）

清佳堂湖舫

湖舫学钓俯春池，看大芭蕉与竹枝。
如此清佳粗领略，令人深悔是儿时。

岭南学派起崇祠，惟见苍苔日有滋。
童壮雕虫无一是，只今深信读书迟。

岭南学派起崇祠，唯见苍苔日有滋。
童壮雕虫无一是，只今深信读书迟。

第三节 东渡日本

一、父亲病逝

邓蓉镜掌教广雅书院期间，国内的义和团运动日益发展壮大，列强强

迫清朝廷镇压义和团。于是光绪二十六年八月十四日（1900 年 9 月 7 日），慈禧太后逃亡到山西后发布上谕，严令各地镇压义和团，声称“此案初起，义和团实为肇祸之由，今欲拔本塞源，非痛加铲除不可”。① 两广总督李鸿章遂命邓蓉镜总办广东全省团练总局，以巩固东南，规划筹商。年事已高的邓蓉镜，在往返筹商奔波中，积劳成疾，又因形势紧张，军务繁重，竟一病不起，只好辞去广雅书院院长之职，告病归家。

是年，18 岁的邓尔雅与陈灵淑成婚。按照古礼，男子二十弱冠成人，可取表字。可是父亲邓蓉镜病重，恐怕等不到他成人那天。因此，父亲给邓尔雅取表字“宠恩”，希望他永承恩露，仕途顺利。光绪二十七年十二月十四日（1902 年 1 月 23 日），邓蓉镜病逝。临终前，邓蓉镜知自己时日不多，挣扎着为自己手书挽联一副曰：“夙读圣贤书，亦知归去难成佛；强行忠恕事，尚幸生平未负人。”并给子孙留下《家规六则》，② 希望子孙不仅传继家学，更能传承家风，做到孝友、勤俭、本分、戒贪、课税等，做到“食德服畴，恪遵家法，勉为良民”。

---

① 路遥主编：《义和团运动文献资料汇编》（中文卷下），济南：山东大学出版社，2012 年，第 525 页。

② 兹据邓尔雅撰《家风述闻》稿本，录《家规六则》如下：一曰孝友，孝友为人生大本，不孝不友，与禽兽何异。人莫不欲养子，苟所养之子，他日不孝不友，有不□然伤心者乎？人同此心，己之心如是，父母之心亦如是也。欲尽孝友之道，当自返求诸心始。一曰俭。博弈、饮酒，随手挥霍无论矣，若衣服、饮食，趋时似尚无妨，不知嗜欲一开，举家尤而效之，日甚一日，其败亦可立待。汝辈今日之衣食，皆余节俭所积也。余任粮道时，每日连米薪食钱一百六十文。人以为太薄，昔彭刚直公为中兴功臣，官至尚书，犹粗粝，余何功德，窃自以为过丰矣。此虽小事，亦可类推。惟俭以持已则可，刻以待人则不可。若遇有善举，及周恤穷乏，则又当别论也。一曰勤。民生在勤，不止读书之宜戒荒嬉也，亦不止男子之宜戒荒嬉也，妇人职主中馈，亦当随事捡点，庶不愧为内助。早眠晏起，事事付之奴仆，其流弊有不可胜言者矣。昔先祖慈张太夫人，暨先慈何太夫人，皆年逾六旬，犹朝夕纺织不辍，中馈事亦莫不身亲料理，故举家咸蒙其福。惜哉汝辈未及见也。一曰谨守本分。素位而行，为圣贤持身第一要义。余官京师十余年，未尝有所营钻，卒能循资开坊，京察记名外放，而营钻者或反不及焉。违天而获咎，诚不若信天翁之嚣嚣自得也。居官然，居家何独不然？一曰勿占便宜。人生莫病于贪，事事要占便宜，谁则甘于吃亏？故余官江西时，屡次函嘱，凡产业来历不甚分明者，价虽极廉，亦不宜买。我既便宜，他人必不免于吃亏。放利多怨，子孙当永戒之，更有欲占便宜而受人所愚，反致自己吃亏者，尤当戒也。一曰早完国课（即国税）。我家自参藩祖递传十余世，所有尝产，皆系上忙完纳钱粮。汝辈食德服畴，自当恪遵家法，勉为良民。故轮收祭产规条内，已酌定上忙完粮限期，此复重言以申明之。

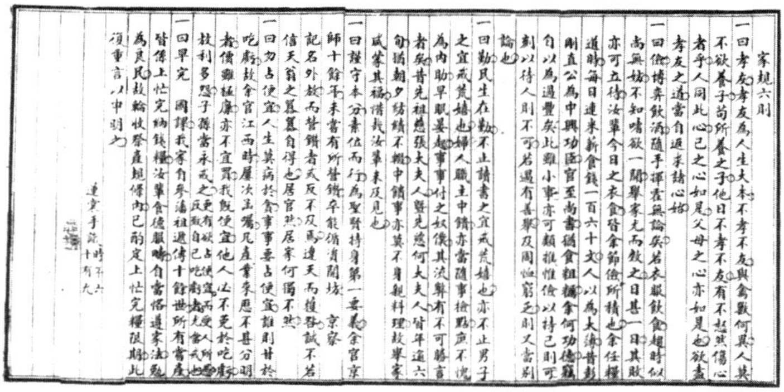

家規六則

一曰孝友。孝友為人生大本，不孝不友，與禽獸何異。人其不欲養子則已，苟所養之子他日不孝不友，有不怒然傷心者乎？人同此心，己之心如是，父母之心亦如是也。欲盡孝友之道，當自返求諸心始。

一曰儉。博弈飲酒，隨手揮霍，無論矣。若衣服飲食，趨時似尚，無妨。不知嗜欲一開，舉家无所敢之日甚一日，其敗亦可立待。汝輩今日之衣食，皆余節儉所積也。余任糧道時，每日連米薪食錢一百六十文，人以為太嗇。昔彭剛直公為中興功臣，官至尚書，猶食粗糲，余何功德，竊自以為過豐矣。此雖小事，亦可類推。惟儉以持己則可，刻以待人則不可。若遇有善舉及周恤窮乏，則又當別論也。

一曰勤。民生在勤。不止讀書之宜戒荒嬉也，亦不止男子之宜戒荒嬉也。婦人職主中饋，亦當隨事檢點，庶不流為內助。早眠晏起，事事付之奴僕，其流弊有不可勝言者矣。昔先祖慈張大夫人，暨先慈何大夫人，皆年逾六旬，猶朝夕紡績不輟，中饋事亦莫不身親料理，故舉家咸蒙其福。惜我汝輩未及見也。

一曰謹守本分。素位而行，為聖賢持身第一要義。余官京師十餘年，未嘗有所營鑽，卒能循資開坊。京察記名外放，而營鑽者或反不及焉。違天而種誠不若信天翁之蓋蓋自得也。居官然，居家何獨不然。

一曰勿占便宜。人生莫病於貪，事事要占便宜，雖則甘於吃虧，故余官江西時，屢次主講，凡產業來歷不甚分明者，價雖極廉，亦不宜買。我既便宜，他人必不免於吃虧。救利多怨，子孫當永戒之。更有欲占便宜，而受人所反致自己吃虧者，尤當戒也。

一曰早完國課。我家自參議祖遺傳十餘世，所有當產皆係上忙完納，錢糧汝輩食德服疇，自當恪遵家法，勉為良民，故輸收登產規條，向已酌定上忙完糧限期，此須重言以申明之。

蓮實手識，時年六十有九

家规六则

父亲去世后，年轻的邓尔雅在悲痛之馀，希望自己能够继承父业，传承家学。他一度流连于父亲的藏书中，终日与古籍、书画、篆刻为伍。但是，在动荡的岁月如何实现安身立命？刚刚成家的邓尔雅更需要考虑立业的问题：现实生存已经成了一个真正的问题，而科举出仕的道路已经行不通了，况且邓尔雅对于科举也早已失去了兴趣，未来的道路在哪里？这时，邓尔雅想到了东渡日本求学。

之所以有此考量，一方面，是因为当时邓尔雅虽然幼承家学，但他并不是抱残守缺的传统文人，在其成长过程中尤其在广雅书院的学习经历，使他对于西学持有非常开明的态度；另一方面，维新运动后，内忧外患、国将不国，有志的年轻人胸怀救国理想，纷纷把眼光投向西方文明，希望从西方那里找到解救中国的良方，加之不少爱国知识分子认为“世界文明之极轨，惟有医学无有他学”，提出振兴医学，以期西医救国。当时这种医学救国思潮以及爱国留学潮在年方二十三的青年邓尔雅心中激荡，促使他决心东渡日本习学西医。

当然，邓氏家族对于邓尔雅东渡日本学医的想法也是非常支持的。盖因见邓尔雅无心“事举业，惟治小学，习书画，不甚问家人生产事”，恐其无以养家；另外邓尔雅祖上曾依赖一味中药养家，即“秋石”，[①] 熬制“秋石”为邓氏家族副业，世代相传。据载，“秋石”之方：

> 取童便，然桑柴煮之，旋干，旋添，至坚硬为度，入火煅透红，

① 相传邓氏十四世祖邓云霄曾得一道人传授炼丹之法，邓氏炼制成功，将所炼制的丹药取名为“秋石”，此丹屡治有效。明万历皇帝曾因患虚劳水亏火旺之症，服用此药，则虚火渐退，秋石丹因而名震一时。

提净杂质，灭杀恶臭，复以秋露水久浸，滤去渣滓，再煮为盐，佳品作块状，而丹成，隔一年乃可入药，久留更佳。取秋露法，用大布一幅为袱为幔，乘黎明于禾端挹收，绞得其液，禾经挹露乃已枯萎，是禾乃专为此而种者，所费太昂，后乃以山泉杂柴煮之，然功效远逊矣。前此每隔岁煮一次，今物料值昂，十馀年未煮矣。起八月朔至晦日止，故曰“秋癸”，实如石，故因石煎炼而成，故曰丹。①

邓氏家族也希望邓尔雅赴日学医，将“秋石”药业发扬光大。于是，邓尔雅带着让邓氏家族“秋石”药业更加发扬光大的嘱托，胸怀西学救国的青春梦想，踏上了东渡日本求学的旅途。为此，邓尔雅戏称自己是“秋石方士”，并刻章记之。

“秋石方士”印

二、东渡日本

1905年，邓尔雅出发至日本。开始研习医学，但是医学名词对于幼习小学、书画篆刻的邓尔雅来说实在是繁多难记，性情和兴趣也实在相差太大，他逐渐失去兴趣，开始转向研习日本美术。

入乡随俗，邓尔雅到了日本后，剪掉了自己的长辫子，改穿日本和服，并作诗以纪之，如《劗发口占》[P16]：“未必豪无憾，明知发受恩。一齐向上涤，今者瞎为尊。”又如，《自题倭服像》[P23]：“非因徐市访神仙，奇服能令人少年。犹有汉官仪在目，花源甲子属何天。”

邓尔雅和服像

1907②年底，邓尔雅携带妻子和长子同赴日本。再次进入日本境内，他感慨颇多，作《之倭

① 邓尔雅撰：《家风述闻》，稿本。

② 邓尔雅东游日本时间，有1905—1906年说，也有1907—1908年说。容庚《绿绮园诗集》跋曰：“光绪乙巳丙午间，同游学日本，学美术”。查邓氏《绿绮园诗集》所收诗皆按撰作年代排列，《委奴竹枝词》属于丁未年（1907），且“笈游”诗下有注：“戊申（1908），偕内子，大儿同游日本，赁小楼适面富士山。”另1907年《时事画报》十二期发表邓尔雅《新国风》诗十首。其中有云“中原有女儿，倾国复倾城。园肤长六寸，行步自轻盈。生少爱国家，多情似无情。三更四更夜，潜自告精诚。妾身愿归国，与国同死生。”从此诗中可以看到，当时他仍在日本。实际上，1905—1906年说乃其第一次东渡日本，而1907—1908年说是其第二次去日本。

舟中》P21：

義和兄弟辨浑员，早见坤舆作轴旋。
着我乘风通帝座，沧凉直接混茫前。

童男丱女六千人，篋衍相随号辟秦。
应笑桃源入山密，不知世外立新春。

到达日本，适逢日本下大雪。邓尔雅睹物思情，想到当年在江西粮署时逢大雪纷飞的童趣生活。又忆及回到广东后，久未见雪，而现在突遇大雪，不由感慨，作《倭都雪夜》P22：

车马喧阗忽地无，方知有雪布倭都。
窗栊棉纸泥方格，炭墼红星迸锦毹。

水瘦山肥畴昔梦，琼思瑶想一时苏。
睽携玉戏十年久，顿触童心九九图。

第二天，邓尔雅在朋友的帮助下，赁小楼而居，楼对面即为日本富士山，富士山又名不二山，因自号“不二居士”。当即作《笈游》P29：

千叶朱樱海上看，笈游壶峤唱随安。
山楼如画宜裙屐，春服加身换袷禅。
不二香炉陈举举，等双松盖立丸丸。
秦时明月清辉在，携手何曾玉臂寒。

（诗中自注曰：《清异录》博山炉又名不二山，今富士山又名不二，日本语“不二”与“富士”音近，疑本名“不二”后以同音别写作“富士”耳。盖山状正如汉时博山炉制度也。）

1908年1月8日，由清朝驻日本公使馆出面介绍，邓尔雅正式入读日

本成城学校，学费自理。成城学校①乃日本明治十七年（1884）年，由日本后备军要员、陆军步兵军曹日高藤吉郎创办，初名“文武讲习馆”，开设修身学、独逸、语学、汉文学并体操等，旨在培养德智体全面发展的人才。明治十九年（1886）8月改校名为成城学校。1917年1月，改名私立成城中学校。

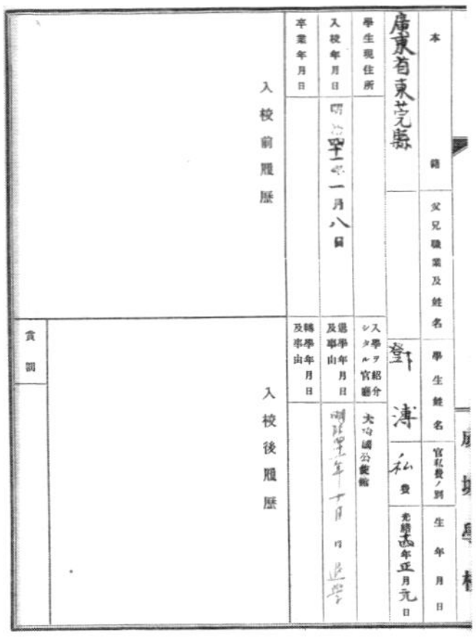

邓尔雅成城中学学籍表

该校也开展留学生教育，主要收录韩国和中国的学子。两国课题设置也不一样。对韩国留学生设置“几何初步、代数、平面几何、化学、图画、体操等”，还包括“各个教练、柔软体操、器械体操”等。而对于中国清朝学子设置课题为“日本语文、英语、地理地文、数学、博物、物理、化学、图画、体操等”。邓尔雅就在此校自费攻读美术。

三、日本赋诗

邓尔雅两次东渡日本，每次居留时间不长，可是他喜欢游历，喜欢留心当时的风俗风情。因此，到了日本，邓尔雅利用课馀时间，多去游览日本风光。

受中国唐朝文化的影响，日本有很多地方保留和借鉴了中国文化，也有着他们自己的风土人情，对此邓尔雅多有所感，时有创作。这一时间，邓尔雅主要用“竹枝词”的文体形式来记录日本风俗和在日杂感，共写了一百多首。通过这些诗作可以体察到日本风土人情，如日本人姓名的特点，日本“委奴国王”金印掌故，日本的俗语，日本的国技相扑活动，日本语的字母假名等等，都有所体现，邓氏还附以小注加以说明，使人可以详细了解日本风俗情况。如：

麻姑沧海何须买，日浴咸池任饱看。
船入神山天上坐，眼中疑似汉衣冠。

① 关于成城中学资料，参见“成城学校八十年”编纂委员会编《成城学校八十年》，日本昭和四十年（1965）东京都新宿区原町三丁目八十七番地成城学校印刷，第1—39页。

东道蓬莱别是春，禁书秘本目陈陈。
姚江学派朝闻道，徐福儿孙可姓秦。

复姓胡为五字长，三郎称谓太郎当。
阿房莫指鹿为马，颂祷惟龟至吉羊。

居然三子同二屐，客至随时倒屐迎。
户外不知几双屦，户内不闻私语声。

正襟危坐足承尻，举案齐眉献玉醪。
礼失犹容求在野，鞠躬磬折敢辞劳。

相逢花见小袖幕，待合非关下女贻。
衫袷黑烧煎灼地，年来怪得苦相思。

信州荞麦好油油，迟煞情郎镇日愁。
更祝情郎似荞麦，年年颜色有新秋。

虽非郁垒对神荼，刚卯奇觚与祓除。
犹见汉家花甲子，何从文化外仓沮。

己三亥豕鲁为鱼，篆刻能为小学疏。
私淑窸斋惊补籀，近来着意到殷墟。

夫子无违莫怨嗟，如宾相敬便宜家。
唱随自是东方俗，奥样难为唤旦那。

牡丹踯躅各雄妍，菊类尤繁子目千。
归去甘为彭泽令，兼收异种植篱边。

木苏苏外水苏苏，如此风光未必无。
底事相斡卿不忍，小名故意号西湖。

狂搜无可据编年，芒昧周秦有国前。
传说神仙成秘史，君房羽化实登仙。

贤才亢古出巫医，方士神明未足奇。
吴女吴儿何处著，非徒初墓使人疑。

邓尔雅还在诗下自注自己的体会和心得，如“东道蓬莱别是春”后注[P24]：

“日本有雕塑玩具，作蓬莱仙山、宫室、松、竹、梅、龟、鹤及仙尉、仙姥，庆祝往往用之。”

这些小注，不仅体现了邓尔雅对日本风俗的独到观察，而且还能从中看出他对于日本的强盛之道，也有着自己独到的思考：日本人虽然花大力气学习西方技术，但仍“狂搜中国古书秘籍”，其对于中国文化的渴慕从未消减。如在“姚江学派朝闻道，徐福儿孙可姓秦”诗句后自注[P24]：“日本人狂搜中国古书秘籍，自宋元旧版至清初焚毁禁书，咸重视之。日本尚阳明学，自云强盛全在此，仿效泰西者仅其表耳。”他认为日本强盛之道，学习西学仅是表面，重要的是其对阳明学的重视使然。故而，邓尔雅对于保存国学、传承中华文化对于国家发展的重要性有了清醒的认识，从而也坚定了自己“以学立国”的人生志向。这也是他于 1906 年参加邓实、黄节等所组的国学保护会，并穷其一生保护国粹的原因。

可惜，邓尔雅第二次东渡日本求学，时光太过短暂。光绪三十四年（1908）十月，邓尔雅母亲张氏去世。消息传到日本，邓尔雅悲痛万分，随即匆匆偕夫人以及长子邓祖尉回国奔丧，结束了他在日本的留学生涯。

第三章

教书育人　诲人不倦

邓尔雅青少年时期，正是清末民初，社会动荡、外敌入侵的年代，国家危机日益深重。各界人士纷纷自发地担负起救亡图存的使命。知识界不少人希望通过传播西方科学技术和文化思想来进行强国富民，主张反思传统教育，号召新式教育。青春年少、血气方刚的邓尔雅，同样受这种教育救国思潮的影响，他充满热情的投入到教书育人的事业中去：先是早年创建新式小学，改革教育教学，继而年长更以教育为己任，诲人不倦，培养出一批杰出国学人才，自身也逐步成长为一代名师，受到后人的敬仰与怀念。

第一节　创办新学

中日甲午战争之后，民族危机加深，资产阶级领导的维新运动蓬勃兴起。维新派普遍认为改革教育，培养新式人才是实现变法维新的基础，因此，维新教育运动就成为维新运动的基本内容之一。

当时，在广州宣扬维新教育运动声势浩大者，为康有为的万木草堂。光绪十六年（1890），康有为在广州讲学授徒，弟子有陈千秋、梁启超等。翌年春，租赁长兴里（位于今广州市中山四路）邱氏书屋，设立讲堂，称“长兴学社”。光绪十九年（1893）冬，选定仰高祠（位于今广州市文明路）为正式讲舍，定名为万木草堂，学生达100多人，以陈千秋、梁启超为学长。光绪二十三年（1897），万木草堂达到极盛时期。万木草堂继承了传统书院的办学方式和教学方法，但在旧形式中注入了新内容。教学内容虽沿用了义理、考据、经世和文字之学的传统提法，但包括了西方哲学、万国史学、地理学、数学、格致、外国文字等学科内容，培养了一大批维新人才。

光绪二十四年六月十一日（1898），支持变法的光绪皇帝发布《明定国是诏书》，宣布维新变法正式开始。光绪皇帝在《明定国是诏书》中明确宣示，从今以后，王公大臣、士子以及庶民百姓，都要兼习中、西学问，“以圣贤义理之学，植其根本，又须博采西学之切于实务者，实力讲求，以救空疏迂谬之弊”。[①] 嗣后，光绪皇帝又令各地方官将各省厅州县之大小书院，一律改为兼习中学、西学的新式学堂，以省会之大书院为高等学堂，郡城之书院为中学堂，州县之书院为小学堂，地方自行捐资办理的社学、义学等也要一律中西学兼习，凡民间祠庙不在祀典者，也一律改为学堂，并鼓励绅民捐资兴学。中小学所用课本由官设书局统一编译印行，势在造成一种“人无不学，学无不实”的局面。光绪皇帝还下诏废除八股考试，改革科举制度。

不幸的是，变法很快夭折。但是，百日维新中那种“人人谈实务，家家言西学”的局面，激荡起一股思想解放的潮流，放眼世界、渴求新知，也成为不可遏制的士林风尚。

在这种背景下，光绪二十四年（1898），邓尔雅就与冯智能、杜清贻在广州西横街创办的一所新式小学堂。冯智能（1885—1918），字春风，一字次伟，广东番禺人，民国后任广东教育会副主任，并在多个报馆任笔政。杜清贻（？—1924），名棻，号枚叔，番禺诸生，是当时番禺县一名老秀才，曾长期在广州新城西横街的狮子禅林（在现在北京路附近，看清末地图，西横街应在今天的北京南路西横里）里的一间中蒙馆任教。在新学思潮的影响下，杜清贻、冯智能与邓尔雅把该中蒙馆改成了小学堂，并名之为“启明学堂”，成为广州最早的小学。当时参与办校的还有杜清贻的弟弟杜苹（即杜鹿笙）和妹婿陈诗仲，其中杜苹素习英文，陈诗仲主笔《中国报》。他们均对启明小学堂的创立都投入了极大的热情和精力。这间学堂虽然是由旧时的中蒙馆改造而成的，但在他们的积极投入下办理得较有生气。据载：“此数人皆年青有朝气，相助办学，且备置铜鼓喇叭，训练有铜乐队，每逢运动会皆出场吹奏，风头颇劲”。[②] 邓尔雅曾在诗中有“书声烂熟荒庵里”[③] 句提及当年办学的情境。

邓尔雅等创办的启明小学堂，无论从教学内容还是从教学方法上都具

① 《著明定国是变法维新谕旨》，参见北京大学、中国第一历史档案馆编：《京师大学堂档案选编》，北京：北京大学出版社，2001 年，第 16 页。

② 《广州的书院与学堂》，参见政协广东省委员会办公厅、广州省政协文化和文史资料委员会编：《广东文史资料精编》下编第四卷《民国时期文化篇》，北京：中国文史出版社，2008 年，第 35 页。

③ 邓尔雅：《哭杜清贻》，邓尔雅著，东莞市政协编：《邓尔雅诗稿》，广东人民出版社，2007 年，第 134 页。

有鲜明的新学特点。正如其校名所示，这所小学自成立之时就预示其发展新式教育的主旨。之所以发展新式教育，是因为当时少年儿童所受的教育多是旧式私塾教育。教学内容、教学方法、教学手段都有诸多弊端：教学内容为脱离少年儿童生活深远的教条，教学方法为教师单方面的教，学生死记硬背，教学手段极为单一，少年儿童所受的教育生活是极其乏味、单调、无趣的。

邓尔雅虽然生于书香门第，为晚清书宦世家，其家族世代皆习举子之业，但是他在新学教育思想影响下，对晚清科举考试制度及其为科举考试为目的的私塾教育有了一定的反思，决心改革传统私塾教育，追求新学教育。年方十六的邓尔雅协同他人一起建立新式小学，正体现了他关于教育的智慧，正所谓“自古英雄出少年”。

十年之后，即 1908 年 10 月，母亲张氏去世，邓尔雅被迫中断在日本的学业，回到东莞丁忧。在东莞的家中，邓尔雅料理完母亲的后事，睹物思人，唏嘘不已。1902 年父亲去世，六年后母亲也离世。双亲相继离去，也让年方二十六岁的邓尔雅在悲痛之馀，更加意识到自己肩上的责任和担当，他决定以教书育人来作为自己的职业。于是在征得家人的同意后，他收拾好行李，重新来到自己十年前参与创办的启明小学堂，担任国文科教师。

这时的他不仅有当初创办新学校、推动新教育的热情，而且，他经过这十年的思考、观察以及生活的历练，尤其在留学日本的阅历，使他更多地接触到了外国的一些治学和教育方法，进而形成了先进有效的教育思想。这些思想在他任教启明小学、东莞中学、桂林中学、香港中学时得以充分地体现。下节我们以他在东莞中学期间发表的系列教育教学文章为例，分析他对传统教育教学的反思、批判与创新。

第二节　创新教法

1913 年　邓尔雅任教东莞中学。这一时期，正是邓尔雅教育思想成熟的时期。1914 年，邓尔雅先后发表了《小学校科书私议》①《学生文字之游戏》等文章，针对当时教育中存在的弊病，提出了一系列的改革思想。对于当时小学所使用的教材，从体裁、用字，甚至所用纸张等各个方面，进行了比较和分析。

很明显，他对广东当时流行的小学教科书极为不满，针对存在的问题逐一指出，如“广东所出之蒙学用书，往往文俗不分，以致学生课文，满纸俗字，误人子弟极矣。”提出应该重新编写，以免对于少年儿童产生误导。

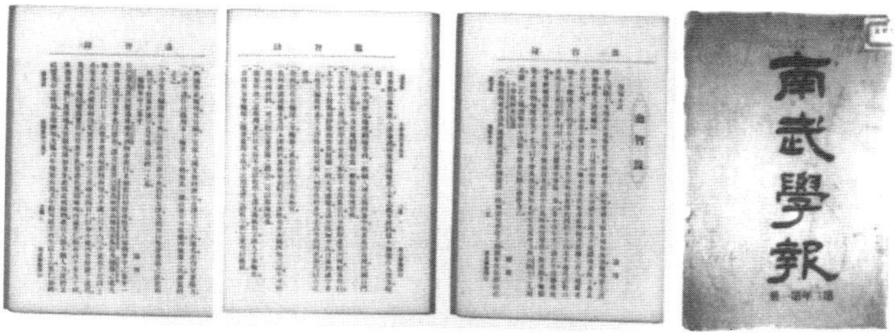

南武学报

又如，“极深之字、极僻之典，于小学不甚相宜”，建议向外国教科书学习，多用童话故事，使得教科书内容更加生动有趣，贴近小学生兴趣，贴近小学生的生活。“小学教科书多仿外国体裁，随意杜撰童话一段，如张儿、李儿之类，诸生往往即以此等事实，引为典故，入诸论说。窃案吾国历史上，不乏此等材料，似不如选古人实事，较为妥”。②

---

① 兹辑录邓尔雅《小学校科书私议》中论教科书一段，以备省览：“一、近年小学，将历史、地理、动植等科，一概编入国文教科书中，取其易于教授，然纲目门类过于混乱，似不及史、地、动、植各为一书，较为条理整齐。一、文法书中之九种词，初学者未易了解，似不若用旧法，只分动静虚实四种，较易明白。一、文字中有对偶，则舒徐而齐整。对联一科，未可尽废，且诸生即解平仄，自易于识字审音，然另编教科书，又太费时日，似可编入初等教科书中，至高等教材书，则代以古近体诗。一、教科往往有极深之字，极僻之典，似于小学不甚相宜。一、教科书销流极多，当用本国纸料，其他如衣帽文具亦然，苟非本国所无之品，不可轻用外国材料，一可引起儿童爱国之观念，二可以塞漏卮也。一、广东所出之蒙学用书，往往文俗不分，以致学生课文，满纸俗字，误人子弟极矣。一、教科书宜有极精之图画，并用小楷，不宜用宋体之铅板字，使儿童可以临写。一、外国历史、地理，宜另编，不宜混入国文教科书中，且译音之人名地名，亦费儿童脑力。一、小学字课，往往购用市上极劣之字格，始基一坏，以后不可救药，即执笔之法，亦当纠正之。一、小学宜另编简易字典，近日所出之新字典，仍似太深，尤须加以双声叠韵之法，使明反切，不特易于识字，且可为言语统一之基。”参见《南武学报·沦智录》，1914 年，第 22—23 页。

② 《小学校科书私议》，《南武学报·沦智录》，1914 年，第 22—23 页。

他还认为“近年小学，将历史、地理、动植等科，一概编入国文教科书中，取其易于教授，然纲目门类过于混乱，似不及史、地、动、植各为一书，较为条理整齐”，[①] 主张学习西方的分学科教学。

邓尔雅主张教科书用纸、衣帽文具等皆多用本国材料，一方面可以加强儿童的爱国观念，同时也可以减少外货输入，如“教科书销流极多，当用本国纸料，其他如衣帽文具亦然，苟非本国所无之品，不可轻用外国材料，一可引起儿童爱国之观念，二可以塞漏卮也”。[②]

针对传统私塾教育枯燥乏味的现象，邓尔雅又提出一种“兴趣教学法”，他指出：“学生课馀，伏案温习，未免太苦，惟有游戏，可以引起儿童兴趣”，并就如何提高儿童学习文字兴趣提出了十多种游戏方法，并认为“知之为教育家”。这种使用平常所见的器物来教授孩童习学数学算术的方法，可以寓教于乐，孩童也乐于接受，比起单纯的数字来说，不再枯燥了。

对此，他专门撰写了《学生文字之游戏》[③] 之论文，该文详细探讨了如

---

① 《小学校科书私议》，《南武学报·沧智录》，1914 年，第 23 页。

② 《小学校科书私议》，《南武学报·沧智录》，1914 年，第 23 页。

③ 兹录邓尔雅《学生文字之游戏》论文中若干片断，以备省览：“七巧板△七巧板本于三角勾股之术，江浙间以七巧板为儿童思物，坊间有七巧图出售。然图中所排皆庶物之形，商务印书馆所编之儿童教育画，有以七巧板排作文字者。前年予曾仿其法，得上大人小山等字寄去，近日复得百数十字，凡笔画稀少者皆可，制板以木，或以硬纸为之，大小共七块，两大两小一中，皆三角形，中得大之半，小得中之半，又一方一斜，则合两小而成，七块合排成一方形，或两方形，其他庶物，长短广狭，随意集合，无不毕肖，可助巧思。”“射覆△射覆为酒令之最古者，通常以室内及席上之物为限，昔人只用一字之物名，今人多用两字者，如题为〇诗〇阵，暗藏毛笔二字则答以一〇〇削，不得明言毛笔也。如题为〇胎象〇，暗藏墨牀二字，则答以〇兰剥〇，不得明言墨牀也，如题为〇臂〇桥。暗藏黑板二字，则答以〇齿宋〇，不得明言黑板也，余可类推，但此只宜高等学生，若初等学生，腹笥太枵，不甚相宜，可改用一字之物名，所用之典，宜浅而易知者。”“一字数声△随意举一字，兼有数声者，以多为胜，如恶字可读平声，又可读去声。行字平有二声，去有二声。不字有平上去入四声之类。”“双陆△双陆即骰子，始于唐时，本算术游戏法，与牙牌仿佛，初不以为赌具也。近日商务印书馆，有运动铁道航路环游世界等图，又江浙间有游西湖图，及红楼梦图，今可仿其意，改以历史事实，如战国三国之类，但商务书馆各图系仿自日本，只用骰子一枚，嫌其无甚变化，似不如六枚为妙。”“九九牌△数之中惟九最奇，如二九一十八，一八九也；三九二十七，二七九也；四九三十六，三六九也；五九四十五，四五九也；六九五十四，五十四九也；七九六十三，六三九也；八九七十二，七二九也；九九八十一，八一九也。推而至于百千万亿，莫不皆然，离之而九，合之而九，益之而九，损之而九，纵之而九，横之而九，惟九为然，八以下皆不能然也。予因此忆俞曲园丛书中有八卦牌，故仿其法，作九九牌，以硬纸百张，书亚剌伯数字，自一至九，每字十张，每人取九张，为首者多取一张，以总数配成九数为胜，如十九二十九三十九，或暗九二九十八三九二十七之类，此可为练习算术之用也。”《南武学报·沧智录》，1914 年，第 29—31 页。

何运用七巧板、射覆、骰子、九九牌等生活中的寻常器物引导学生通过游戏的方法来学习。

不难看出，邓尔雅对于教育具有卓远的思考和丰富的实践。他曾在广州、东莞、桂林、香港等地执教，始终贯彻其教育思想，影响了一大批学子，也培养出不少杰出人士。比如余仲嘉、刘玉林、莫铁、伦鸾、张祥凝、曾宗麟、陈少汉、邓祖杰、黄苗子等。这当中，也包括他对其外甥容庚、容肇新、容肇祖三兄弟的指导和影响。

邓尔雅与四大弟子合照
（左起：曾宗麐、陈少汉、唐悦灼、李乔峰）1953 年 3 月合摄于香港湾仔。

第三节 助益容家

一、东莞容家

容家亦是东莞一个显赫的家族。与邓家一样，也是官宦之家、书香门第。光绪十四年（1888），东莞县莞城镇容家之次子容作恭迎娶邓蓉镜之女邓琼宴（即邓尔雅的姐姐）为妻，自此邓、容两家联姻。

容延华，字谦吉，一字璞存，号秀石。容庚的高祖父。道光十一年（1831）贡生，曾官嘉应州长乐县（今五华县）儒学训导。课诸生，循循善诱。后里居收徒，成就甚重，庭训犹严。著有《镜花轩诗文稿》。

容鹤龄，字翥云，号青田。容庚祖父。少承家学，有文名。咸丰十一年（1861）辛酉科并补行戊午科举人，同治二年（1863）癸亥科进士，殿试三甲第八名。容鹤龄虽得金榜题名，官拜七品，但是他却弃官回乡侍母。朝廷为表彰其孝行，改授他为韶州府学教授，后又任命他为东莞龙溪书院及顺德凤山书院院长，使其有机会可以发挥自己的才华。容鹤龄掌教书院时，兢兢业业，千方百计聘请著名学者如陈澧等到书院讲学，开展学术讨论，培养的人才更是层出不穷。后世人赞其“做了十几年龙溪书院的院长，

成就的人才甚多，俨然为当时士大夫阶层的领袖”。[①] 掌教书院的同时，又组织凤台诗社。莞邑当时文人学士，多出其门。著有《师竹山房诗稿》。

容作恭（1875—1908），字朝昌，一字郸南，行二。容庚父亲。天资聪颖，自小喜钻研历史及治国之略，且诗词歌赋无一不通。光绪二十二年（1896）3月，由广东提学使保送“补”入广雅书院学习，“历科学宪咨送，经甄别复试取入院者”称为“补”，入住广雅书院东省图字斋第七舍。[②] 翌年中丁酉科拔贡。容作恭为人志气明快，博闻强识，喜治史学，雅好词章，藏书万卷，是东莞当时知名的才子之一。可惜光绪三十四年（1908）5月，容作恭因感染鼠疫，不幸英年早逝，年仅36岁，让人扼腕。对其早逝，邓尔雅十分痛心，曾为其遗稿赋诗一首：“心肝欧尽锦囊笺，泰半六丁收上天。尚有英灵到家学，大儿精审小钩玄。”[③]

容作恭的早逝，妻子邓琼宴不得不担负起家庭的重担。

容庚母亲像

出身于书香门第的邓琼宴在家庭的熏陶下，自幼就饱读诗书，处事严谨，性格坚毅。

嫁入容家后，邓琼宴为容家诞下三男四女，分别为长女竹孙、长子肇庚、二子肇新、三子肇祖以及三个妹妹七婄、八媛、九娴。她对于子女要求严格，尤其对三个儿子抱有厚望，希望他们能够承继家学，有所作为。为此，她积极为容氏三兄弟创造学习的条件，尽可能使他们接受名师的教育与指导。另一方面，容作恭，平生喜藏书，家中藏书颇多，为容氏兄弟初入学门提供了较好的条件。

在容氏三兄弟幼时，邓琼宴就开始引导了他们习学《三字经》《百家姓》《千字文》。容庚六岁时，伯父容作求聘请邑中生员张鸿安教其子学习。邓琼宴借此机会，让容庚兄弟也一并受教于张鸿安，跟随张鸿安诵习《礼记》《诗经》《左传》等典籍。张鸿安受康有为、梁启超变法维新思想影响

① 清渠：《民国十大藏家》，北京工业大学出版社，2014年，第102页。
② 廖廷相：《广雅书院同舍录》，光绪二十三年（1897）刊本。
③ 邓尔雅：《题容郸南姊壻遗稿》，邓尔雅著，东莞市政协编：《邓尔雅诗稿》，广东人民出版社，2007年，第115页。

颇深，平时言论比较激进，虽然教学内容仍是诵读《左传》《诗经》《礼记》等，但是在教学方法上不泥守旧规，释有新义，颇受容氏兄弟欢迎。

光绪三十一年（1905），容庚 11 岁，东莞莞城西北隅安良局创办“西北隅两等小学”，容庚伯父容作求被推荐为校长，容氏三兄弟也顺利入学，容庚与他的弟弟容肇新入高小班，容肇祖入初小班。此学堂为新式小学堂，主要习学国文、算术、植物等科目。兄弟三人努力学习，成绩优异。他们的班主任邓文瀚老师教学认真，引导得法，不仅教学质量良好，也让学生获益匪浅。可惜这所小学创办仅两年，因经费困难，被迫停办。光绪三十四年（1908），容作求延请张福清仍在西北隅两等小学校址，教容氏子弟读书。张福清教读《朱熹四书集注》，并口授《通鉴纪事本末》。学生没有书，就只能坐着听老师讲课。虽然条件艰苦，但在母亲的鼓励与主持下，容氏三兄弟都能坚持学习。

然天有不测风云，父亲容作恭英年早逝，容庚兄弟回家守丧。是年张福清老师也病逝，容氏兄弟也就因此失学。

父亲的去世对容家无疑打击很大。容庚的母亲邓琼宴一个人带着七个未成年的儿女，生活的艰辛可想而知。而此时的容庚年方 15。父亲去世让他顿失方向，逐渐趋向堕落，荒疏学业。在外力的影响下，这时的容庚“嗜赌博，纸牌、天九、麻雀、骰子、象棋之属靡不喜。闲复吸鸦片、饮酒为乐”。[①] 母亲知道后，痛加责备，督促容庚改邪归正。容庚虽然应允母亲，但是因所处环境影响，并不能全改。邓琼宴为给儿子选择一个好的学习环境，于宣统元年（1909）携容庚及其弟妹离开东莞，至广州投奔邓尔雅，在邓尔雅的安排下，容庚兄弟进入启明小学堂读书。邓尔雅对容氏兄弟的助益自此开始。

二、容氏兄弟

邓尔雅对容氏兄弟的教导，直接影响了他们的学术道路。容家三兄弟，除了容肇新英年早逝外，容庚、容肇祖都成为享有盛誉的杰出学者。他们之所以能够成名成家，除了他们的家学渊源、自身禀赋与后天的勤勉努力外，还与其母亲邓琼宴倾心教养以及四舅邓尔雅的引导密切相关。邓尔雅除了教授国文、诗文外，还特别教授了容庚三兄弟书法、篆刻等。三兄弟

① 容庚：《颂斋吉金图录序》，曾宪通编选：《容庚选集》，天津人民出版社，1994 年，第 367 页。

在邓尔雅的指导下都找到了各自的学术领域，容庚学金石，容肇新学刻印，容肇祖学古文，他们都在自己的领域取得了非凡的成就。

容庚像

容庚（1894—1983），原名肇祥，又名肇庚，字希白，初号容斋，后改号颂斋。1926年容庚从北京大学研究所国学部研究生毕业，留校任教，次年任燕京大学教授，并主编《燕京学报》。1946年任广东私立岭南大学教授兼中文系主任，主编《岭南学报》。1952年广东高校调整，容庚为中山大学中文系教授。容庚在古文字学、金石学、考古学等方面均有很高造诣。先后发表专著三十多种，论文七十多篇，其中《金文编》《金文续编》《商周彝器通考》等尤为海内外学术界所推崇。马国权《近代印人传》有传。世人又称其为“甲骨四少”之一，此称谓出自1923年王国维为商承祚《殷墟文字类编》所撰序，序中曰：“今世弱冠治古文字学者，余所见得四人焉：曰嘉兴唐立庵友兰，曰东莞容希白庚，曰胶州柯纯卿昌济，曰番禺商锡永承祚。”此时四人年方20出头，已深入甲骨研究领域，取得成就颇丰。

容肇新（1896—1915），字仲铭，一字希朱，号千秋。容庚二弟。勤敏笃学。少年才华出众，善书法篆刻。书法初学颜真卿，后改攻北碑，兼习篆、隶。随舅父邓尔雅学习篆刻，不足两年，规模即具，白文仿汉印，朱文仿周秦，小玺间参以钟鼎彝器、镜币、瓦壁之意。《广印人传补遗》《东莞印人传》皆有传。容肇新爱护幼弟，常给弟弟肇祖讲读《韩非子》《文选》等。可惜容肇新英年早逝，享年20岁。

容肇祖（1897—1994），字元胎。容庚三弟。著名学者。1922年考入北京大学，毕业后留任北京大学哲学系教授。著有《明代思想史》《李贽年谱》《王安石老子注辑本》等。偶治印，《广印人传补遗》有传。

容氏兄弟的成长离不开邓尔雅的悉心指点。邓尔雅对于容氏三兄弟可谓是倾尽心力，引导他们逐步走上了学术之路。邓尔雅循循善诱，授业解惑，重视容氏兄弟国学根基的培养，引导他们习文字篆刻，浏览各类文史书籍。容庚的弟弟容肇祖在《我的家世和幼年》一文中写道：“四舅（尔雅）教国文多所启发，我们于阅读文学书，旁及书法、篆刻，一改以前墨守拘泥的旧习。”① 在邓尔雅的指导下，容庚对金石古文字兴趣大增，邓尔雅对容庚的志趣给予了极大的鼓励和指导，把容庚引入了一条成为古文字学家的道路。

1913 年 2 月，容氏兄弟考入东莞中学就读。邓琼宴就带着一家人从广州回到东莞娘家，受到了娘家人的热情相助。据容肇祖回忆，“母亲以邓氏外家离东莞中学较近，移到邓氏外家附近居住，以便我们就读”，“不久四舅尔雅一家回东莞住，我们兄弟常往请益。大家并习国画，二哥善书法，习北碑，我时或作诗，而都随四舅刻印章。我们间或谈笑，自认为我们兄弟所学，画诗书三绝都备，一家文艺不用他求了！这时我们兄弟因在中学故，与外家结邻，比在旧家中易受旧习的熏染为易于在学术上的进益。大哥在二舅汝霖、表兄懋勋所收藏书画的品评互相砥砺；二哥为二舅书画多作题签，兄弟三人皆随四舅学习篆刻。大哥以后不久，即随四舅草创《金文编》；二哥于书法外，以刻印称；我随四舅学诗，为以后教文学的基础。这都是移居近中学和近外家之所得益。”②

同年，邓尔雅受东莞中学之请，到该校任教，教授国文。为了方便管教容氏兄弟，邓尔雅客居容家。据容庚回忆，“民国癸丑同寓吾家，舅氏治小学，攻篆刻，余兄弟从之学。”③ 又曰：“余十五而孤，与家弟肇新、肇祖从四舅邓尔雅治《说文》。民国二年（1913），余读书于东莞中学，四舅来余家，余兄弟课馀，恒与据方案而坐，或习篆，或刻印，金石书籍搁置四侧，心窃乐之。读《说文古籀补》《缪篆分韵》诸书，颇有补辑之志。”④

邓尔雅在教其习学古文、国文之外，也教其治印。容庚少年即从邓尔雅习治印，受邓尔雅影响，刻印取法邓石如、黄牧甫等，其关于篆刻的理论，也与邓尔雅一脉相承。例如，邓尔雅有“俗伧不识字，捉刀非英雄”之论，意在说明文字学与篆刻之关系。容庚在文字学与篆刻关系问题上，亦有类似的观点“学篆刻必须首先通《说文》，正篆字；字正确是最基础的；所以用篆人印，至少要查有根据；阳文宗古玺、封泥、阴文宗汉印，

① 容肇祖：《我的家世和幼年》，东莞市政协编：《容庚容肇祖学记》，广东人民出版社，2004 年，第 242 页。

② 容肇祖：《我的家世和幼年》，东莞市政协编：《容庚容肇祖学记》，广东人民出版社，2004 年，第 244 页。

③ 容庚：《绿绮园诗集跋》，容庚编选：《绿绮园诗集》，1960 年稿钞本，第 135 页。

④ 容庚：《金文编序》，容庚编撰《金文编》，中华书局，1985 年，第 19—20 页。

章法自然入轨。”①

邓尔雅在教授容庚刻印的同时，不失时机地引导容庚研究文字学，可以说是邓尔雅将容庚引领上古文字治学之路。在邓尔雅的指导下，容庚对金石古文字的兴趣大增。随着年龄的增长和学习的深入，容庚发现《说文古籀补》所收资料并不完整，遂逐渐萌生了辑补《说文古籀补》的想法，他把这一想法告诉四舅邓尔雅，这令邓尔雅非常高兴，为鼓励容庚，邓尔雅特刻“有饭蔬衣练，穷遐方继域，尽天下古文奇字之志”（宋李清照的《金石录后序》）印以赠。

“有饭蔬……”印

容肇新小长兄容庚两岁，因邓尔雅名万岁，他自号千秋。肇新才华出众，六书、篆隶之学无所不窥。1914 年从邓尔雅学篆刻。习印才两年，就初具规模，得到了邓尔雅的称赞。除治印外，容肇新于经史理文之学，金石书画之艺，皆有夙慧。

对于舅父邓尔雅的教益，容肇祖可谓感触最深。据其回忆：②

> （四舅）擅长诗词美术，篆刻书法，于金文、甲骨文均有研究，文学造诣也深，经常喜爱写小说投当时地方报纸；因他对中国文字学问有深刻钻研，善刻印章，偶尔搜集地方方音方言，联系他已有的文字学识，融会贯通，深入浅出地解说其渊源，思想新颖，名震一时。由于旧社会对知识分子的限制压抑，没能充分发挥他的才智、文艺造诣，但对我和我兄长等的旧学指导，费了不少精力，像雨露滋润着幼苗的生根发芽。他为容庚兄研究殷周铜器文字创造了难得的条件。他为容庚兄借了许多稀有难得的金石文字书籍。

在容肇祖看来，“舅父邓尔雅自广州辞去小学教席回东莞居住，他对我兄弟的指导教益巨大，影响也是深远的。”

---

① 张振林：《容庚先生与书画篆刻》，东莞市政协编：《容庚容肇祖学记》，广州：广东人民出版社，2004 年，第 118 页。

② 容肇祖：《容肇祖自传》，东莞市政协编：《容庚容肇祖学记》，广州：广东人民出版社，2004 年，第 261 页。

容肇祖还对邓尔雅独到的教学方法深有体会：

> 邓尔雅舅父重视治学的基本功奠基工夫，在教育方法上顺应青少年记忆力强的特点，对历史事实和优秀文学、诗、词等引导我们讨论记忆，至今许多名著我尚能记诵，使我终身受益匪浅，对我后来在大学学习和教文、史、哲等科起着巨大的影响。他循循善诱，根据当时我们青少年的好奇特点和具有的潜在活动能力，以多种方法鼓励、肯定、激发我们不断向前奋斗的斗志和克服困难的勇气。他深刻理解我们青少年酷爱刻印章的心理，启发我们深入领会要有一定文字学的基础，必须懂得祖国文字的渊源变化，要解决这个问题，就要重视文字工具的研究，翻阅许慎《说文解字》，吴大澄《说文古籀补》和段玉裁《说文解字注》等书。为了刻印章，还要参考秦汉金文、古铜印谱、封泥，下及邓石如、赵之谦、黄士陵等印谱。为了读古书，还要注意古篆隶字形演变和字音的假通关系，翻阅阮元《经籍纂诂》、朱骏声《说文通训定声》、王引之《经传释词》、王念孙《读书杂志》、俞樾《古书疑义举例》等著作。从刻印的兴趣，他步步深入地把我们的学习中心纳入正常轨道，使我们青年好奇意识自觉地转到必读文史古籍等方面去，那以后我标点过《纲鉴易知录》，读古子书和康有为《新学伪经考》、章炳麟《国故论衡》等。这样边读、边理解、边谈论的学习方法，较前无目的阅读显然好多了。①

总之，容庚从之学金石，容肇新学治印，容肇祖学古文，邓尔雅客居容家，教授容氏兄弟，卓有成效地教导容氏兄弟，给容氏兄弟以后学术的研究打下了坚实的基础。

第四节　舅甥情深

邓尔雅与容氏兄弟之间的舅甥感情深厚。他们之间虽是舅甥关系，但

① 容肇祖：《容肇祖自传》，东莞市政协编：《容庚容肇祖学记》，广州：广东人民出版社，2004 年，第 262 页。

是性情相投，彼此深契，莫逆于心。邓尔雅每有所作，诗、书、画、印，旁及诗钟、酒令、对联、隐谜，必先与容氏兄弟商量、斟酌而定，深感有种“珠玉在旁之感”。

容庚也常说：“没有四舅邓尔雅便没有容庚，我也是一个没有‘文凭’的教授”。前句是指容庚在文字学方面取得的成就皆因四舅邓尔雅的指导，而后一句，则是指容庚在仅仅初中毕业，就被破格录取为北京大学国学门研究生的事。

1921 年，当邓尔雅回莞定居，任教东莞中学时，容庚、容肇祖此时已是东莞中学教员。容庚 27 岁，已成家立业。邓尔雅仍然时常鼓励和督促容庚学习，也时常倾其所有，相助容氏兄弟学业。如，得知容庚收藏了一册居廉的草花册，邓尔雅就把自己平生收藏居廉画作，也一并相赠给容庚，并为之题跋曰：

> 居古泉为吾粤名画师，某生从弟。少时鲁钝，从某生学画，某生以为愚，靳不之教，遂刻苦自励，蓄奇花民卉、珍虫怪鸟之属，一屋周旋，日夕对写，故能得其神似，又工临摹，仿宋藕圹、孟丽堂者，直可乱真。自镌印曰宋孟之间。此册与吾家所藏数册，并中年吾邑张氏时极精之品。后十年重来检视，辄自叹不可复，有射虎没石之感。今粤中画家，多出其门，时人称之曰居派云。希白外甥属题。辛酉上巳舅邓尔雅。

1921 年 6 月，在邓尔雅鼓励和指导下，容庚、容肇祖兄弟共同辑东莞籍擅长篆刻者，首自明邓云霄，迄止容肇新，共得十九人，每传后皆附印，成《东莞印人传》，准备付刊出版，请四舅邓尔雅为之题签。

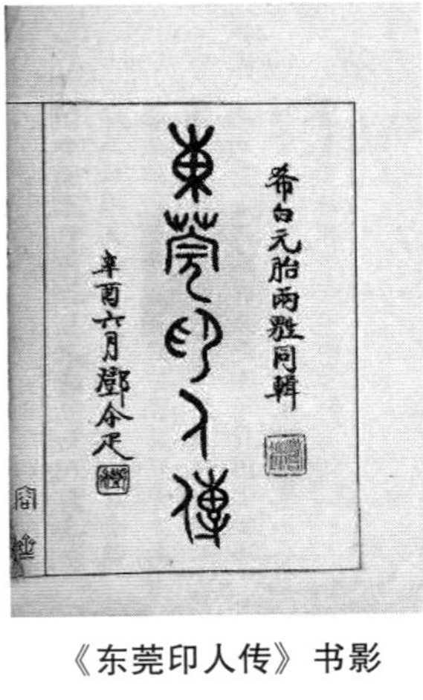
《东莞印人传》书影

邓尔雅欣喜题签并赋《题外甥容庚兄弟同辑东莞印人传》诗云：

> 篆籀能令上帝珍，吾乡明末两山人。
> 至今印纽累累在，不数杨璿与尚均。

东汉青泥迹已陈，自将铁笔写贞珉。

我家篆刻寻常事，不断相传有印人。①

容庚自小就对金石很感兴趣，现在四舅邓尔雅的引导和指导下，更是踌躇满志开始了对金文的研究。对于金石研究他有着庞大的详细计划，准备分门别类摹编撰成《甲骨文编》《金文编》《石文编》《玺印封泥文编》《泉文编》《砖文编》《瓦文编》等。但由于一些客观原因，最后仅成《金文编》一书。此书主要收集铜器铭文中单字，研究金文字形，是一部查阅商周金文的工具书。据容庚自序言：“三年的时间，我将精力全部倾注在这本书里。书中的每一个字都是经过反复斟酌，甚至是废寝忘食地研究才敢写上去的。”此《金文编》的编成也离不开邓尔雅的教导，其研究材料有相当一部分是来自邓尔雅。据邓尔雅在《金文编序》中云：“希白锲而不舍，日夕校，叠有增益，稿若牛腰。今岁厥书告成，从都门邮示并乞序于尔雅，以征渊源所自。”容庚好友叶玉森②曾在给容庚信中提到：“尔雅先生屡有书来道及编纂商周金文，去伪存真，网罗鸿富，允为高功臣，佩甚，佩甚。”此书的编撰使容庚一举成名，奠定了他在国内金文研究领域的权威地位。

1922年秋，容庚兄弟准备北上求学。邓尔雅写信给罗振玉介绍容庚昆仲情况，殷切希望罗振玉帮忙推荐一下。容庚昆仲带着四舅书信和自己编成的《金文编》初稿三本，前往天津拜见罗振玉。罗振玉看过《金文编》，当看到此书的收字范围与自己观点相符，甚为高兴，大加赞赏，立即亲自手书推荐信，向北京大学金石学教授马衡推荐了容庚，在信中，罗振玉给予了容庚很高的评价，“容庚新从广东来，治古金文，可造就也。”就这样，仅仅初中毕业的容庚就被破格录取为北大研究所国学门的研究生。攻读研究生期间，容庚有幸得到了多位大师的

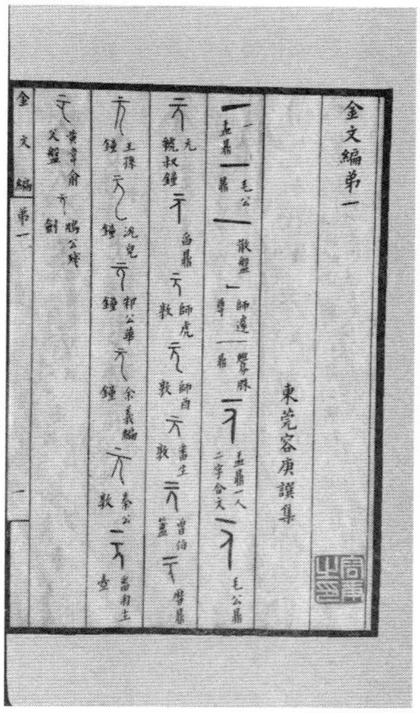

《金文编》书影

① 容庚编选：《绿绮园诗集》，1960年稿钞本，第66—67页，《邓尔雅诗集》无收。

② 叶玉森（1880－1933），江苏丹徒人。清优贡。兴中会会员。南社社友，诗人，文字学家。

指点和教导。罗振玉也提供了大量新发现的青铜器铭文供容庚学习研习，这些对于他在金文方面的学习，无疑是极大的助益。

容庚自己回忆到，“过津，以《金文编》稿本三册为贽，谒罗振玉先生。奖励甚殷。茫茫人海中尚有见知者，则于闭门数年之不为虚掷也。”①这次与罗振玉的相见，容庚不仅了解到了很多未知的知识，而且也结识了罗福成、罗福颐、唐兰、商承祚等人，这为他以后的古文研究打下了很好的基础。

1923年远在北京求学的容庚、容肇祖两兄弟为了收集歌谣，想起四舅邓尔雅曾留心于此，特写信给邓尔雅，希望得到四舅的指点。邓尔雅曾遍游各地，广集各地歌谣过千首，成一稿，可惜因兵燹而毁。现应容氏兄弟之请，只能凭记忆，集得广州、东莞、广西、南昌之歌谣数十首，寄予容氏兄弟，并在稿前撰序一篇，云：

> 尔雅籍广东而产北京，先太史公外放江西，复随侍焉。后更游上海、日本、苍梧、桂林及本省韶、琼诸州，于方言颇留意研究，遇他省友人，必询其乡土语言风俗，尝录童谣近一千首，都为一集。庚申，广州寓所遭回禄，稿遂失。癸亥，容氏肇庚、肇祖两甥肄业北大，以校中近征各省童谣，函索旧稿，无以应之。生平又健忘，仅追记得数十首，未及前此之什一也。东莞邓尔雅记。广东有南音，有粤讴，有咸水歌、淡水歌、木鱼书（木鱼，摸鱼之转），坊间有出版，兹不录。东莞有耍椂歌，又有题四句。②

1925年容庚撰辑《金文编》稿成，邓尔雅又为其写序，不吝赞美之词、提携后生之意，曰：

> 自来言金文之学者类皆因器释文，因文释字，莫不緐（按，古繁字）征博引诏示来兹尚矣，然未有合上古金文，因时代之变迁、考递、进递嬗之迹彙为颛门图籍者，惟缪篆分韵、汉印分韵、说文古籀补，

① 容庚：《考古学社之成立及愿望》，考古学社编辑《考古社刊》第1期，1934年。
② 邓尔雅编辑：《歌谣》稿本，容璞女士收藏有此稿钞本。

稍稍可供研究外，殊不多觏，且近代彝器尚多出土，舟车邮传，日益便利，拓片流布，较易搜集。尔疋童年即嗜小学，每拟网罗殷周秦汉金石文字分别部居，互考详证，纂辑成书。壮岁以来，颇有撰述，频年辟乱，迄未蒇事。庚申之役，广州寓所不戒于火，此稿与金石图籍印谱拓片并付祖龙，殊堪浩叹，容氏长甥希白乐此不疲，析疑问难，时相过从，因追忆旧稿之稍稍精确者十之一二付之，乃希白锲而不舍，日夕雠校，迭有增益，稿若牛腰，今岁厥书告成，从都门邮示并乞序于尔疋，以征渊源所自。尔疋深喜希白能竟斯志而有成也。希白兄弟三人，仲甥千秋、季甥元胎皆尝从尔疋游，而千秋尤颖悟，工北碑兼事篆刻，不独风韵相似，直是珠玉在旁，以劬于学竟以瘵夭，弗克睹是书之成，思之犹有馀痛也。第七十八乙丑闰四月邓尔疋序时辟乱赤柱山中。①

邓尔雅为容庚写《金文编序》时，随寄书信一封，曰：

希白外甥，春及四月接手书，经已回复，端节前寄上序文，因忘记有闰四月耳，兹将序文寄上，惜心绪太恶劣，未能佳也。近来拮据万分，顷担任报馆文字，笔不停挥。广东报馆文字通行，值千字两元至一元，且用不用之，权在馆，每月只得五、六十元，聊胜于无而已。署题篆书可用否，似不至甚恶也。即颂近祺。制。尔疋稽首闰月初七。②

1926年假期结束，容庚准备途经上海再返回北平，邓尔雅建议他去上海时拜见一下黄宾虹，让他指点指点，邓尔雅亲自修书一封，让容庚随身携带。信函曰：

① 东莞市政协、莞城区办事处合编，李炳球编：《颂斋珍丛》，广州：广东人民出版社，2009年，第299—300页。

② 东莞市政协、莞城区办事处合编，李炳球编：《颂斋珍丛》，广州：广东人民出版社，2009年，第298页。

宾虹先生足下：前月获诵手书，以小恙迟迟未复，伏惟原谅。比想翰墨清娱起居康健为颂。兹者舍甥容希白（名庚，即著《金文编》者），南归顷复北上，顺道经沪，拟奉谒高斋，一领大教，属为介绍。舍甥锲而不舍，深愿足下进而教之也。专此。即请台安。弟邓尔疋书。

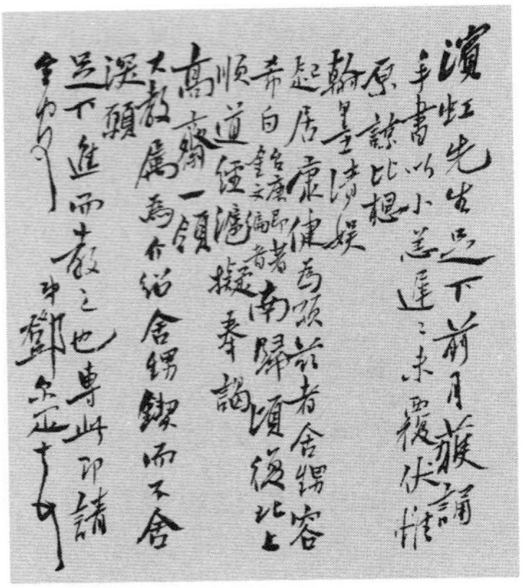

邓尔雅致黄宾虹书信

除了有求必应，积极举荐容氏兄弟之外，邓尔雅还经常书写一些字联赠送给容氏兄弟，热情鼓励他们用心求学。例如：

1929 年，容庚过 36 岁生辰，邓尔雅集孙元晏、梁佩兰句，书“喜字漫书三十六，容斋之集一尺馀”联寄燕京大学相赠容氏。并将女婿黄般若所绘《芭蕉罗汉图》转赠容庚，题曰：“希白外甥南归过我山居，见般若此帧而爱之，即以移赠并记。尔雅。”

1930 年又为容庚书山海经图赞篆书四屏，题曰：“希白外甥南归，见访山居索篆，录郭璞山海经图赞。庚午上巳前一日。尔雅记于九龙山阴绿绮园。”

1931 年又作《题张穆之画马（容氏甥藏，绫本立轴，上款贻其宗人，某子挖补一字，当是文烈公玄子，故讳之也）》：“铁桥善画马，而我独云非。杀贼作露布，从来知者希。罗浮攀绝顶，九秩步如飞。竟入画微录，空山老布衣。”

1932 年，容庚改容斋为颂斋，邓尔雅为其篆书横幅“颂斋”，并题曰：“希白外甥私号容斋，近更为颂，即容本字，传世鼎敦般壶之属为颂所作者甚多。希白喜臧吉金，庶几遇出。壬申九月。尔疋”并刻印两枚相赠。又集王十朋、李商隐诗句“山水有灵人不识”、“金石刻画臣能为”，书联以赠容庚。

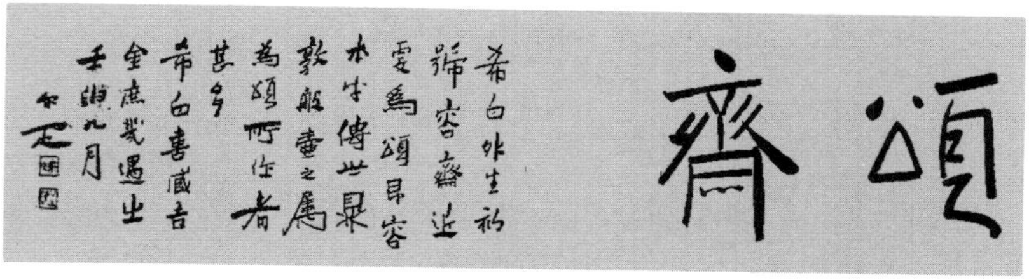

邓尔雅为容庚题“颂斋”

1933 年，容庚编成《武英殿彝器图录》，邓尔雅为此书题签。

1937 年 9 月，为容庚题居巢《春江上水图》引首，“丁丑九月，希白外甥以居梅生此卷出示属篆。邓尔雅”。

1946 容庚南归，邓尔雅集陆放翁杜牧工部句书“文能换骨无馀法，书贵瘦硬方通神”联相赠。

对于容氏兄弟的朋友，邓尔雅也是一样关爱。如王蕴章①曾致信给容庚，想让他帮求其舅邓尔雅刻印两方，邓尔雅欣然治印。“尔雅社长篆书刻石，久已拜倒，兹寄上墨银四元，敢求于冷摊代觅石章，请尔公为刻‘农家者流’‘莼农珍赏’两方。”

又如，1928 年 11 月 4 日，容肇祖与顾颉刚到香港拜访四舅，虽然当时邓尔雅经济拮据，但是仍然热情招待他们，请他们在南园品尝香港美食，并约伙伴多人陪其游览香港名胜。邓尔雅的平易近人，谦和之态，让顾颉刚十分感动，念念不忘，他在日记中记下此事：

十一月四号星期日（九月廿三）：晨，元胎来，导往大兵头花园（即植物园）。乘电车到湾仔，至邓尔雅先生宅，吃午饭。饭后，十人同出，到太平山，坐铁车上山，甚有趣。下车后直上山顶观海。下山，到轮渡，至九龙，坐电车，往游宋王臺，照数影。回港，到南园吃饭，邓先生请。

邓尔雅先生，南社中人，工诗善书，为希白、元胎等之舅父，家东莞，以土匪多，迁居香港。然香港为寸金地，故所居甚湫隘。予一

① 王蕴章（1884—1942），字莼农，号西神。江苏无锡人。清末举人。商务印书馆编辑，首编《小说月报》。南社社员，鸳鸯蝴蝶派重要作家之一。敌伪时期曾任《实业报》主笔。

生中仅与彼一次会晤，而宋王臺之游则不能忘也。一九七三年八月记。①

容庚与许地山是原北平燕京大学国学研究所同事。1937 年 9 月 26 日，容庚至香港看望四舅邓尔雅，许地山即在陆羽居宴请容庚和邓尔雅。

容庚又把好友商承祚介绍给四舅邓尔雅，邓尔雅都欣然相交，经常切磋金石书画。1949 年 10 月 8 日至 9 日，商衍鎏在香港举办书画展，参展作品还有兄长商衍瀛、儿子商承祚三人书画，称“商氏父子兄弟诗书画展”。邓尔雅参加了此次会展，并作《商藻亭云汀两先生书画记》，曰：

尔雅以容希白外甥之介，与商君锡永订交。……久之，乃得锡永尊公藻亭世丈赐函，旋又见其丹青臻妙，……书法兼颜柳褚米诸家，今年七秩晋六，小楷尤工，使转遒劲，甚得褚河南之神。世称馆阁不易入，既入更不易出，若丈者，非但馆阁，直入颜柳褚米矣。……丈兄弟并入翰林，丈甲辰而其兄癸卯，号云汀。……来年八秩，老眼不花，昆仲所同，亦工小楷，近代赵松雪。坊间赵书刻石拓本，如萧山大成殿等泰半肉余于骨，往往荏弱，真迹则否，如胆巴仇公两碑，及法华经，皆骨肉亭匀，圆润挺秀。然云汀丈则参以唐碑殆赵之丰姿，唐之布白，合而为一者歟。②

邓尔雅与容庚之间，形成了一种亦师亦友亦家人的深厚感情。两人经常互通信件，有谈学习，也有互诉时情。据现存书信统计，约有二十八通，皆为邓尔雅写与容庚兄弟的。③

邓尔雅教书桂林时，寄与容庚兄弟书信颇多，信中与容氏推心置腹、言无不尽：

---

① 顾颉刚：《顾颉刚日记》第二卷，《顾颉刚全集》，北京：中华书局，2010 年，第 219—220 页。

② 《华侨日报》，1949 年 10 月 12 日。

③ 以下书信皆参见东莞市政协、莞城区办事处合编，李炳球编：《颂斋珍丛 · 书信》，广州：广东人民出版社，2009 年。

肇祖吾甥如握，手书奉到。故里非干净土，早已料定。在十馀年前，他省之愚也，直广州之愚也。诈人心风俗之坏，我已恨之刺骨，苟非我之故乡，早已逃难他处矣。桂林自洪氏而后数十年，未闻鼓鼙，此次独立，行所无事，鸡犬不惊，盖军人守陆氏之律，居民怀陆氏之德，邻省畏陆氏之威也。琴拓本马氏所得（马武仲，吾友也，拓本仍属张氏所拓），即此一琴。杨子遂寄籍番禺几代，久不回西省，其人年近期颐，不知其人尚存否？去年临行时在长堤匆匆一面，未能多谈，此后不知尚能一问之否耳？新作《冥想洞》诗甚佳，较前大进，与平时异，可喜。诗中栖字、棲字并用不合，因棲字即栖字也。西象鸟巢，因而以为东西之西。栖、棲皆后起孳生之字也。兹改为“此中亦足忘秦乱，所愿张琴绿倚台”（栖霞洞中有天然之高台，唐人祀老子于此。今石像已毁，予因改名绿绮台也。）尉儿来信，惜墨如金，言之不详，屡屡如此，我函责之，彼愈不敢写，可怪也。如绳武之事及各人之住址究竟，某某若干人在港实不得而知，使我想念。四姆在港恐不见，又拜神，宜趁此逐渐减少为要。香港用度极贵，较之桂林，实不可以道里计。港梧有火船可通，不过日余。在梧小住一日，由梧乘电船到桂（春水涨后有电船，秋后不能行电船），不过三日馀，（寻常之船上水须十日，下水快一半，电船下水不过二日可到梧），除船费（港梧船费未知其详，除头等位皆甚贵）外，一到桂林，无物不廉（惟洋货及外省货甚贵，且洋货皆恶劣者），若肯食普通之鸡鸭肉菜、穿普通之土布，至丝绸衣服略带数件，则以桂林为最好。住屋则租、当买，暂居一两年或半年均容易。三者皆廉，且极宽阔，但未知广东人独享此安贫之清福否？凡广东人而事事自大，以为广东样样好，爱繁华者切不可来桂林。我所谓桂林好者，乃心安之好，非百物腾贵、洋货充斥之好，故谓之清福，若广东得虚名而受实祸，我直谓之地狱，我在故乡生平未说过几句本心所欲说之话。广东人只能捣乱而已，食着嫖赌而已，问他所食是何味，则不能答，但

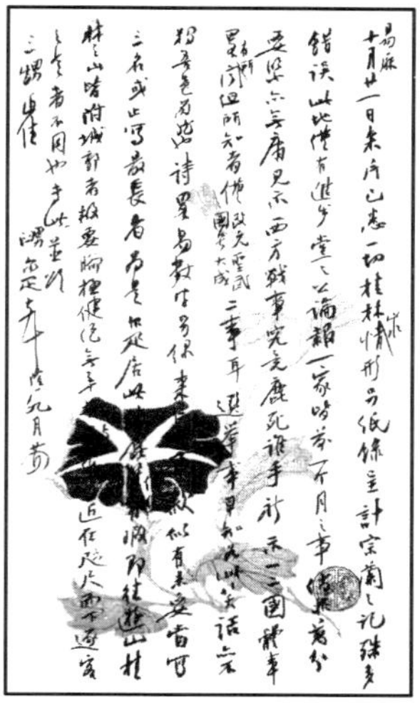

邓尔雅致容庚书信之一

价贵之物便是美味，初不问蒸煮煎炒之良否也，有意来桂者，趁早函知商量，切勿自误。不知你我两家家人意思何若，此事只宜通知亲友至交，若普通之外人俗物，不宜令他来此，恐其搅坏此地之风俗也。予自童年到广东而后，未尝一日安泰，直至今日，心始稍宽耳。俗人闻我此言，将谓我狂，世间狂者，以不狂者为狂，桀犬吠尧，往往如此，言之痛心，百感交集，不觉信笔，吾甥当必谅我也。尔疋白。四月初三日。广东安否、某省独立、南北胜负之港报新闻，择尤要紧者剪下附信内寄来，其馀不必寄。P296－297

有些书信对于容氏兄弟关怀备至，事无巨细：

且甥如见诗函已得收大作，进竟亟速可喜可喜。甥之难于移居，我非不知，但暂行来斿，未尝不可。如果我系携眷斿桂，届时定有信先行通知，则吾甥兄弟愿行者，即下港会同便得，只须带衣服毡枕而已，若冬天只加皮一件或大褛亦可，皮鞋则必要，雨天雪天用也。洋装树胶布连帽雨衣则有用处。此外，西装一概不兴。食住船费由我出。所用零费有限，加增见识，游历奇境，所益甚多，吾甥以为何如，此颂起居。尔疋手状端午后三日。P294

也有信表明邓尔雅即使身体欠佳，也为容氏兄弟作品题签作序：

希白外甥来函敬悉，切近来贫病交加，种种不如意，前数日又感冒至不能执笔。盖忠抑郁者格外易罹疾病也。今日已四月十九矣，于拟此十日将署首及序文寄上，无论如何，必在端节前发寄邮局，吾甥幸稍稍待之，即覆并颂撰安。尔疋顿首。大学所刊已收到。P316

1948 年邓尔雅致甥容庚书云：

希白外甥青及，前寄先室陈孺人事畧，未审已达否，兹拟将挽诗、挽联装裱成册。另印聚珍铅字版出书，遍赠知交，其册页则选文佳而纸写者裱之，余概割爱，以其非示人不妨，严去取耳。深盼吾甥作诗

或联，但用笺纸写足矣。再附事畧并挽联数对，览一斑，希早示覆即问起否。四舅尔疋书。[P317]

希白外甥，般若见吾甥篆书甚赞美，有古拙意，请即写小对一副，以报其画为盼，署款般若行三或称三兄、仁兄之类，即问近好。尔疋书。[P313]

希白外甥青及，印床收到，木版仍不合尺寸，但现有改良办法，以厚硬之纸代之，无异用木，惟不能全用纸耳。近况殊未见佳，今弟当知之不赘，顷又迁进教围街十四号四楼，此处打算久住，当不至再搬。晦闻近况如何，请便中见示。即颂年禧。尔疋顿首。

汉晋书影（内皆流沙坠简字者），记似此，书名忘记了，但意欲得流沙坠简之字备临玩耳，抑或系名“流沙坠简精华”，总之系选流沙坠简者便合。《六朝墓志菁英》《京三百字彙》，拟求此数书，请为代购。[P314－315]

从以上邓尔雅的书信中不难看出，邓尔雅不仅倾其所学，教益容庚，而且把容庚视作一个倾谈心事的朋友，无话不谈，完全不摆长者的架子、学者的威严。

当然，从以下书信中我们不难看出，容氏兄弟也总是投桃报李。邓尔雅爱妻一度体弱多病，需求医问药；邓尔雅在港初期以及日占时期都曾面临经济拮据之状况。对此，容氏兄弟常常慷慨解囊、倾心相助、不遗余力：

希白外甥，七婄已来港，船期未知，最快亦须五、六日。元胎前次及此次两信所云，惠我港银，七婄已如数交下矣。另陈欢胜一信乃转属托代寄者，因同在岭南大学内，所以附信内。即颂近祺。四舅尔雅顿首，六月廿日。[P302]

希白外甥昨信云，七婄已来，及元胎之款已由七婄代交与我，又附元胎函，想都已达几案。船票今午仍未买，下午往询问，方能定实。元胎惠我之款港币百五十元（第一信百元，第二信加五十元），七婄云，请在元胎名下取此数，交与麦三多便妥，此请近安！四舅尔雅书，六月廿一晚。[P303]

希白外甥如面，般若于去岁之腊转来惠赐港币百圆，曷胜感谢，

贱躯本获安好，阴阳历年禧，遥祝顺利益进、阖宅欢度。尔雅顿首。[P304]

对容氏兄弟的慷慨资助，邓尔雅心有不安，他在困顿之中，仍然倾向于经济上自足自立。屡次去信，感谢之余，希望不必相助。如：

希白外甥青及，来示敬悉百圆之惠，先此道谢，明日当往问取。同街十四号二楼待访查后再奉覆，但如此巨资，非交情极熟，何至无契据。为按揭仅写一纸耶？去年吾甥已有惠赠，每岁一次已足，况吾甥近况亦非有馀裕，何必勉强相助？我本录录无所长，又不愿取不应得之财，做一日和尚撞一日钟亦可行得去也。至于凡人应各自谋生，平时虽常以此教儿，无如皆不甚努力，亦如无何。今惟第四男最勤，我惟尽人事，听天命，吉人天相，当不以我为迷信也。先此奉覆，即颂近佳　四舅邓尔雅书。[P311]

又如：

希白外甥前接来示，次日即奉覆，想已达几案，史君处昨已往，取得港币如数收到，感谢之至。吾甥比来，既非极裕，不必勉强。天相老人当可敷衍，遇此难关乎？四舅尔雅顿首。四月三十。[P312]

容氏兄弟与邓尔雅之间的亲密关系可见一斑。

第四章 文人报国 笔报如刀

从清末维新变法到辛亥革命，短短十年间，清王朝的覆灭，民国政府的建立，社会发生翻天覆地的变化。民国初期，军阀为了争夺地盘，年年混战，民不聊生。邓尔雅亦感同身受，曾作诗《题张文烈公遗象（像）》："血泪横飞军中稿，旌旗在眼越王台。昨宵亲见张良貌，定是忠魂入梦来。"①《题太平天国文献卷首》[P510]："城郭人民奈是非，六朝如梦夕阳知。寻常燕子都生感，又值金陵瓦解时。"作《题画红杜鹃花》："望帝托杜鹃，春风吹故国。蜀山阒无人，独与花相泣。""国破春心在，魂归蜀道难。至今花朵上，口血未曾干。"② 邓尔雅心忧祖国、关心民生的真挚情感跃然纸上。同时，我们更能从邓尔雅对邝露抱琴殉国的爱国精神、对于"革命诗僧"苏曼殊所怀有的敬仰之情中看出他的爱国情怀。"书生报国无他物，唯有手中笔如刀"。年轻的邓尔雅用自己的书画艺术专长，投稿办刊，团结同好，力图尽己之力，为国尽责。

第一节　爱国情怀

一、绿绮台琴

岭南有四大名琴，"春雷""秋波""天蠁""绿绮台"。其中绿绮台琴，制于唐武德二年，仲尼式，黑漆，经岁月沧桑，已渐变为褚色，通体牛毛纹，琴底颈部刻有八分书（隶书）"绿绮台"三字，龙池右侧有楷书"大唐武德二年制"七字。琴在清末已残其首尾，无弦。

关于此琴的流传，明末清初文人屈大均曾有详细地记载：

> 邝湛若有琴曰"南风"，宋理宗物也，又有"绿绮台"，先朝武宗皇帝御琴，而唐武德年所制者也。其游辄与二琴俱。有西湖修琴社及琴酌送恶人诗，他所咏亦多言琴。平生喜畜古器玩好，贫则以质子钱家。俗谓质曰当，当主例付票以为验，故湛若有前当票序、后当票序，视其目，皆奇器也。而二琴亦时出入质家，有诗云："三河十上频炊

① 《时事画报》第23期，1907年，第1页。
② 《时事画报》第13期，1907年，第17页。

> 玉，四壁无归尚典琴。”庚寅城破，以二琴及宝剑、怀素真迹等环置左右而死，意若殉焉。越人莫不伤之，有为《抱琴歌》以吊者曰：“抱琴而死兮，当告谁？吁嗟琴兮，当知之。”湛若既殉难，绿绮台为马兵所得，以鬻于市。惠阳叶锦衣见而叹曰：“噫嘻！是毅皇帝御琴也。”解百金赎归。暇日泛舟丰湖，出以相示，予抚之流涕，因为《长歌》，有云：“中书乃自刘家得，似捧乌号泪沾臆。珍重君王手泽余，大弦小弦日拂拭。时飞纤指理南风，仿佛重华见颜色。”又云：“城陷中书义不辱，抱琴西向苍梧哭。嵇康既绝太平引，伯喈亦断清溪曲。一缕肠萦寡女丝，三年血变钟山玉。可怜此琴遂流落，龙唇凤嗉归沙漠。蔡女胡笳相惨凄，王昭琵琶共萧索。叹君高义赎兹琴，黄金如山难比心。我友忠魂今有托，先朝法物不同沉。”①

清康熙年间著名学者王士禛也将邝露抱琴殉国事迹记入他所撰《池北偶谈》，也有诗咏邝氏，留有“海雪畸人死抱琴，朱弦疏越有遗音”② 句。

邝露（1602—1648），字湛若。广东南海人。生于书香世家，年十三为诸生，负才不羁。工诗善书。著有《峤雅》《赤雅》。善琴，喜爱收藏古器玩好。清兵入粤，邝氏抱琴而死。

后来此琴由叶龙文后人保存了数代。太平天国时期，此琴落入平县杨氏家中，杨氏后裔，将此琴交付东莞朋友陈氏保管，而朋友私自押在东莞张氏当铺。时当铺主人张敬修，乃明末抗清名将张家玉后人。深知此琴的重要性，于是张敬修当以重金，陈氏无力赎回。就这样，此琴便流落于东莞张氏可园。

张敬修（1823—1864），字德圃，亦作德父。广东东莞人。清道光、咸丰间历任广西平乐、柳州、梧州等知府，曾任广西按察使。退官后，归故里，建“可园”，内储书史，外蔚花木，结构幽雅，成为近代广东四大名园之一。张敬修工诗善画，著有《香光阁诗集》；画以梅兰为长；又擅刻印，师古为多。《东莞印人传》《广东印人传》皆有传。

张氏一门风雅，张氏族人张嘉谟、张崇光等皆是东莞书画名家。所建

① （清）屈大均：《广东新语》卷十三，清康熙刊本。

② 王士禛：《戏仿元遗山论诗绝句》第二十八首，王士禛撰，宫晓卫、孙言诚等点校整理《渔洋精华录集注》，济南：齐鲁书社，2009 年，第 226 页。

可园，是广东四大名园之一。名园名琴，一时传为佳话。张氏得此琴后，专在可园中辟建“绿绮楼”以宝藏之。民国初年，张家逐渐中落，要靠变卖家藏度日。

可园全景图

邓尔雅与可园张家素有交往。对于邝露高风亮节，邓尔雅一直深为钦佩。1914 年 8 月，当听说张氏子孙在变卖家藏度日，邓尔雅就预知此绿绮台琴必不能守，遂前往探访，只见绿绮台琴的尾巴已经损坏，琴身已被虫蚁所蚀，不禁悲从心生。邓尔雅毅然以千金购下，希望琴以传人，人以传琴。

邓尔雅为纪念此事，在东莞张敬修后人处购得的“大唐武德二年制”绿绮台琴，刻印以纪：“绿绮台”，边款曰：“摩挲再，断纹致密，土花晕碧，深入质理，背镌分书‘绿绮台’三字真书，‘大唐武德二年制’七小部”，“十四年八月得邝湛若藏唐琴绿台”。

虽然此琴到手时，早已破敝残损、不堪修复，乃一朽琴，邓尔雅却视同性命，十分喜爱，被其视为生平所得的最为珍爱之古物。绿绮台琴与曾经的主人邝露皆是清末革命人士心中反清救国的象征，承载着历史的传奇印记以及志士仁人的爱国气节。邓尔雅常常以邝湛若其人其琴入诗入印，为人书写楹联，也常取屈大均、梁佩兰等咏琴诗句。

邓尔雅曾作《双琴歌题邝湛若遗像》[P16－17]：“双琴、南风、绿绮，出亦琴，入亦琴，海雪之堂二雅文心，今我见琴如畸人，急弦亮节难为音，自然有奇气，自然有奇意，人间不能名，希声闻上帝。”

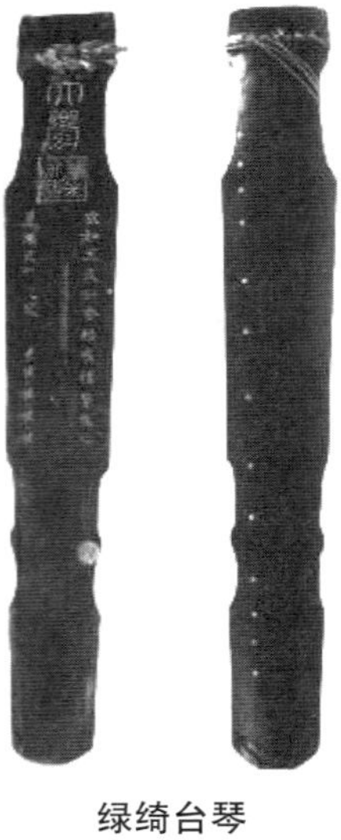

绿绮台琴

1918年，又刻“绿绮台琴成一千三百年”印，边款曰：“甲寅八月得邝湛若藏绿绮台琴，戊午二月拓赠知交。琴以唐武德二年制成，至今一千三百年，刻此用钤拓本。”① 又刻“绿绮台”印。旁铭：“戊午春尔雅缩临绿绮台唐琴铭。”

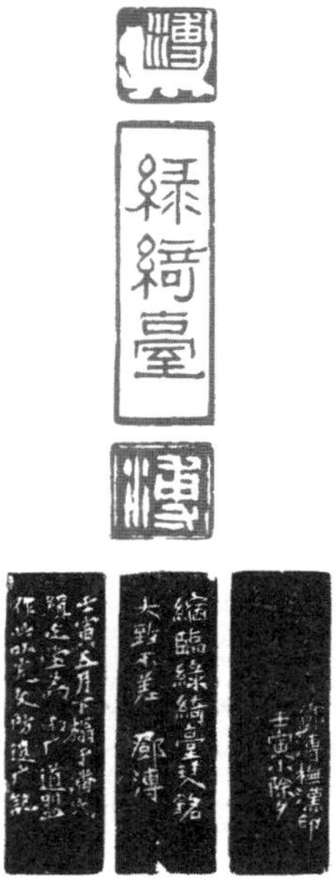

“绿绮台”印及边款

是年，邓尔雅又作《纪得绿绮台琴》[P37－39]：

邝子死抱琴，痪琴留至今。
忽生山水感，犹有凤凰心。
帝肯灵纵閦，天教奇福临。
羲农难再迹，思古想知音。

展转何人手，明珠惜闇投。
弹曾三日学，价愿百金售。
宝剑胡从问，南风未可求。
焚香读峤雅，灵气鬱罗浮。

诗后附撰《绿绮台记》叙述了此琴的历史及得琴的经过，云：

明季邝湛若先生蓄古琴二：曰南风，宋理宗物；曰绿绮台琴，唐制而明武宗物也。出入必与俱。庚寅广州再陷，先生抱琴殉国，王渔洋有《抱琴歌》及“海雪畸人死抱琴”之句，海雪先生所居堂名也。初武宗以绿绮台赐刘某，先生得之于刘家，至是骑兵取鬻于市，归善叶犹龙（佚其名，以祖荫锦官衣卫指挥同知）见而叹曰：“噫嘻！是御琴也。”解百金赎归。暇日招诸名流泛舟西湖（叶遭国变，不复仕进，筑泌园于惠州之西湖）命客弹之，于是屈翁山、梁药亭、陈独漉、今释诸子皆流涕，为赋长歌（岭南三大家集有载，尔雅于戊辰冬又得今释长歌卷。）继归马平杨氏，杨氏世善琴，随将军果氏来粤，寄籍番禺，其裔字子遂者，值咸丰戊午之役，以琴託其友，友私质诸吾邑张氏可园。光绪壬寅，余识子遂于潘氏缉疋堂，子遂述此事，相与痛惜

① 邓尔雅：《邓尔雅篆刻集》，北京：荣宝斋出版社，2003年，第112页。

久之。又十馀年，张氏益式微，琴亦残甚，室壁蠹蚀，每以为憾。余知张氏子孙不能守，谋得见之，首尾小毁，安弦试弹，已病敉痹。甲寅八月，始以廉值有之，摩挲再四，断纹缴密，土花晕碧，深入质理，背镌分书“绿绮台”三字，真书“大唐武德二年制”七小字。于戏！玉麟已邈，怀素帖亡，而先生死事情形记载多略，读渔洋、翁山诸作，乃反藉琴以传，不亦可悲也耶！琴成距今千三百年，虽不复能御，然无弦见称于靖节，焦尾见赏于中郎，物以人重，固有然者，非经海雪之收藏，安知不泯然与尘劫而俱尽也。人传琴乎？琴传人乎？余乌知之。戊午三月，东莞邓尔疋记。

1920年，邓尔雅又把绿绮台琴制成拓本，分赠友人章太炎、西神词丈、高旭、张其淦等人，并附诗曰[P703]：

名士名琴亡未亡，岿然若见鲁灵光。
畸人亦有凌云作，古调如闻海雪堂。
愿学谪仙怀犹抱，亲窥赤疋境难忘。
先生往矣流风永，馀韵而今极绕梁。
——西神词丈正句。尔雅。

绿绮台琴拓片

收到邓尔雅相赠唐绿绮台琴拓本来，高旭喜作诗以附：

蜩螗朝政国宜亡，侠骨撑天死有光。
只坐朱弦长寂寂，遂令白日去堂堂。
广陵绝调难为继，峤雅遗编讵可忘？
一曲弹成空雪涕，望洋微叹失津梁。①

① 高旭：《邓尔雅以唐琴绿绮台拓本见贻，附诗索和》，郭长海、金菊贞编：《高旭集》，北京：社会科学文献出版社，2003年，第259页。

东莞著名诗人张其淦在得到邓尔雅所赠的绿绮台琴拓本，喜赋三绝诗云：

> 绿绮台琴韵最清，唐宫遗迹篆纵横。
> 何当谱作猗兰操？海雪畸人似屈平。
>
> 楚弓楚得亦何伤？曾过平原旧日庄。
> 一掬珊瑚洲畔泪，始知世界是沧桑。
>
> 翩翩浊世佳公子，惠我瑶章笔法佳。
> 会得无弦琴上趣，北窗高卧梦无怀。

邓尔雅外甥容肇祖也得到一份，欣喜题词，曰：“风入桐秋，月窥帘寂，绿绮梧桐庭院。奏罢南风，抱残峤雅，飘零土花斑点。广陵散，宫声往，畸人剩幽怨。水山远，暗情移，爨桐无恙，弦未上，焦尾早经泪染。问古调谁谈，坐空斋银烛重剪。想牙琴邓牧，后世子云难见。”①

1929 年，邓尔雅以鬻印卖字所得，在香港九龙大埔买地一块，筑屋一间，取名绿绮园，以贮绿绮台琴。

女儿出嫁时，邓尔雅曾亲自以象牙缩刻了一对绿绮台琴作为女儿嫁妆。可惜 1937 年 7 月香港遭遇飓风，邓尔雅筑于香港大埔的“绿绮园”被台风吹毁，所藏大量书籍文物均遭破坏。万幸的是，从废墟中抢救出的绿绮台琴却安然无恙，邓尔雅视为奇迹，随即迁居九龙以安顿名琴。

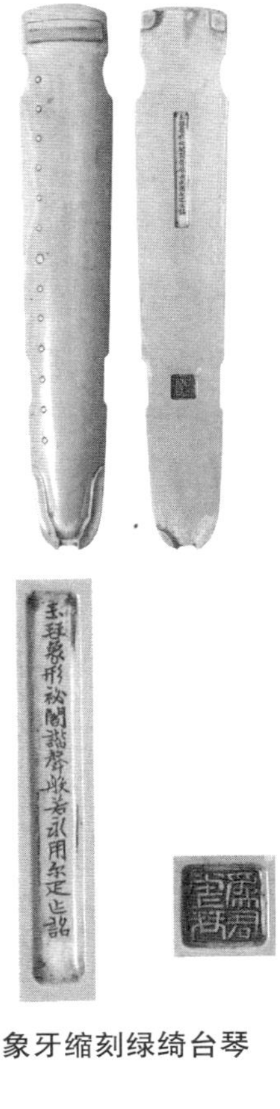

象牙缩刻绿绮台琴

邓尔雅对邝露的忠烈精神的钦佩和仰慕，以及对绿绮台琴的珍爱，在圈内已广为流传，他的朋友们有感于他的高情，都愿意成其美。1929 年岁暮，其好

① 容肇祖：《我的家世和幼年》，东莞市政协编：《容庚容肇祖学记》，广州：广东人民出版社，2004 年，第 246—247 页。

友潘至中先生，曾在广州市肆中见到明末清初丹霞山别传寺僧今释和尚所作《绿绮台琴歌》长卷，[①] 因知此琴藏于邓尔雅处，知邓氏深爱此琴，当即代为购买。1930 年正月初七，邓氏前往广州探访潘氏，一见此卷欢喜不已，与潘氏两人相与展玩，赞叹不已。

1940 年，一些为避日寇而僦居香港的广东文化精英，以所携广东文物在香港大学冯平山图书馆举办了“广东文物展览会”，邓尔雅参加了此会，并将心爱的绿绮台琴展出。此展览会除张大千拥有的“春雷”外，其他“秋波”“天蠁”“绿绮台”三把名琴均聚首一堂。

1959 年香港大公报社举办《广东名家书画展》，邓尔雅的儿子将其父亲所藏绿绮台琴和今释所撰《绿绮琴歌》长卷慨然展出，引起文物界的轰动。

邓尔雅对此琴喜爱至深，直至临终之际，仍命家人将琴放置其病榻旁边，时时抚摸，依依不舍，而此时的绿绮台琴已为虫蚁所蚀，首尾皆毁。邓尔雅身后，此琴由其后人捐赠广州博物馆。

二、痛失曼殊

苏曼殊，又称曼殊上人。光绪十年（1884）生于日本横滨。父亲是广东茶商，母亲是日本人。苏曼殊，原名戬，字子谷，学名元瑛，一作玄瑛，号雪上人。后皈依佛祖，取法名博经，法号曼殊，人称曼殊上人。苏曼殊常在报刊上发表抨击时政之文章，所用笔名为印禅、苏湜。苏曼殊曾就读于日本东京早稻田大学、成城学校等，喜欢到泰国、斯里兰卡等国游历。

当时清政府已是风雨飘摇的末季，中国尤被日、俄欺凌。不能忘怀民族危难的苏曼殊和大批在日的仁人志士如孙中山、章炳麟、何香凝等交往，参加了留学生的革命社团青年会和拒俄义勇队（后改为带有反清色彩的国民教育会），还经常参加孙中山组织的同盟会会议。苏曼殊积极参加革命活动，遭到资助他上学的表亲的极力反对，结果因断资被迫回国。回国后，他又参与华兴会武装起义的计划，参加黄兴在上海举行的“暗杀和起义”

---

① 今释撰《绿绮台琴歌》曰：“有琴有琴名绿绮，汉代风流夸旖旎。岭南有琴绿绮台，著闻遐迩天下美。肇自武德匠心殊，式制仲尼秉奥旨。梅花三弄鹤梦清，松籁竹风激泉水。千年沧桑遗高古，几经辗转招损毁。幸得人间存知音，神品所归皆名士。海雪宝爱兼南风，畸人朗唱换宫徵。堪忍烽烟炙华域，抱琴殉节悲邝子。惠州叶公邀群贤，啸引湖歌歌飘尔。及至莞邑营可园，琼楼深藏足珍视。南社风俊邓先生，求琴飞涕哀虫蚁。莫道无弦曷若弹，望海筑园惟景止。琴乎琴乎之传奇，辉辉日月扬丽史。漫话渔樵饮夕阳，空余逸情难骋技。沙雁衔芦春复秋，嵇康和靖恨恨矣。山光水态潜希声，今我而歌感不已。”

的秘密会议。后苏曼殊再次赴日，与人组织亚洲和亲会，打出“反抗帝国主义”的旗号，其间还和鲁迅等筹办文学杂志《新生》。辛亥革命后，苏曼殊归国，面对袁世凯窃取革命果实的恶劣行径，于1913年发表《反袁宣言》，历数袁世凯窃国的罪恶。1918年5月2日，苏曼殊在上海病逝，年仅35岁。心系家国而又才华横溢的苏曼殊被称为集“革命和尚”、诗人、画家、佛学家、翻译家于一身的“革命诗僧”。

黄节、蔡守皆为苏氏好友，来往书信密切，亦常聚会郊游。据苏曼殊云：“自爪哇返国，至香港，始识平智础，从兄维翰来晤，赠银五百圆，摄影留念。迂道广州，晤黄节、蔡哲夫。”[①] 邓尔雅常听到蔡守、黄节等挚友人提起曼殊上人，对于此人只有儿时记忆，成年后再无缘见过，但是久闻曼殊上人大名，钦其为人为学、高风亮节，尤其革命精神，渴望有朝一日能见上一面。

1912年，邓尔雅在赤柱山下偶遇苏维翰[②]和朋友游玩。脚步匆匆，因为没认出苏曼殊，又未得苏维翰介绍，邓尔雅竟然错过了心慕已久的朋友。从赤柱山归来，邓尔雅向蔡守提到遇见苏维翰和一个满面胡须的朋友在赤柱山下游玩之事，蔡守说此人即是他“梦中情人”苏曼殊。邓尔雅后悔不已，遂作诗三首，以纪此事，诗曰：

见佛不识佛，凡夫肉眼眶。
须眉空邂逅，咫尺动参商。
幸草春三月，伊人水一方。
因缘当非浅，半面足千霜。[③]

因苏曼殊已至上海，邓尔雅无缘亲见，只能遗憾作《寄海上曼殊》

① 刘斯奋注：《苏曼殊诗笺注》，广州：广东人民出版社，1981年，第178页。

② 苏维翰（1883—1916），名康铉，号墨斋。苏曼殊堂兄。广东香山（今珠海）人。光绪二十四年（1898）与苏曼殊留学日本，入读横滨大同学校。加入同盟会。归国后，曾参加革命活动，后在广州任教，颇有声望。

③ 1914年出版《国学丛选》第五集刊登邓尔雅撰《赤柱山下值墨斋与一修须客偕行，归语哲夫，知即余所访觅不遇之曼殊上人也，补赠以诗》等三首。参见柳亚子编：《苏曼殊全集》，北京：中国书店，1985年，第202页。

诗曰：[①]

奇人巨相见，未许从之游。
寤寐求难得，因缘不自由。
维摩佛多病，四海气皆秋。
握手信无福，踟蹰使我愁。

可见邓尔雅对苏氏久慕之心。后来邓尔雅回忆苏曼殊时，曾说：

余于曼殊，先识其昆仲墨斋于五羊城，在小学校同事垩笔，时光绪末。今五十年，旋因南社曾为曼殊刻印数钮，读其诗笺，得其像片，魁梧玉立，□神温文，未有鬚也。曼殊生平饮食无节，甜雪、冰凌、乳腐酯醍餹果代饭，久之患病，暂愈再发，杂啖仍旧，医嘱养疴，宜在南天。复踰岭外，寄寓香港，曼殊、墨斋适相偕行于茶楼上，偶然巧值，始为介绍，获见丰采，时有长鬚，望若神仙，似其先德东坡翁矣。李印泉以滇军长镇守南韶连道，又因同社，余在军中记室。印泉出资影印曼殊所画，即此册也（即《曼殊上人墨妙》）。曼殊，畸人，不宜于时，佯狂玩世，况有幽忧，梵倭英法兼赅并包，发为文章，哀感顽艳，太炎所记其一斑耳，今兹重检，历劫无恙。邓尔疋。

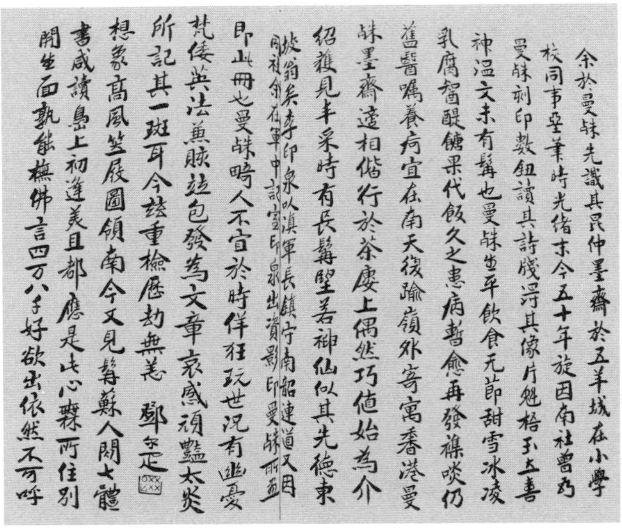
余於曼殊先識其昆仲墨齋於五羊城在小學校同事堊筆時光緒末今五十年旋因南社曾為曼殊刻印數鈕讀其詩箋得其像片魁梧玉立丰神溫文未有鬚也曼殊生平飲食無節甜雪冰凌乳腐酯醍餹果代飯久之患病暫愈再發雜啖仍舊醫囑養疴宜在南天復踰嶺外寄寓香港曼殊墨齋適相偕行於茶樓上偶然巧值始為介紹獲見丰采時有長鬚望若神仙似其先德東坡翁矣李印泉以滇軍長鎮守南韶連道又因同社余在軍中記室印泉出資影印曼殊所畫即此冊也曼殊畸人不宜於時佯狂玩世況有幽憂梵倭英法兼賅並包發為文章哀感頑豔太炎所記其一斑耳今茲重檢歷劫無恙 鄧尔疋
想象高風笠屐圖領南今又見髯蘇人間七體書咸讀島上初逢美且都應是此心無所住別開生面孰能攜佛言四万八千好欲出依然不可呼

邓尔雅题记

① 柳亚子编：《苏曼殊全集》，北京：中国书店，1985 年，第 202—203 页。

《曼殊上人墨妙》

苏曼殊能诗擅画，但是其一生漂泊无定，保存下来的画作并不多。其绘画成就深得艺术界好评，柳亚子称其“绘事精妙奇特，自创新宗，不依他人门户，零缣断楮，非食人间烟火人所及”，① 黄宾虹也曾曰：“曼殊一生，只留下几十幅画，其分量也够抵得过我一辈子的多少幅画。”② 1919 年，好友李根源搜集曼殊遗作二十二幅，请蔡守编辑，李根源出资印成《曼殊上人墨妙》一册，“苏曼殊于四月初四日逝世，为辑其遗墨，得一册，由蔡哲夫携至上海求太炎序之，影印传世（曼殊在日所撰小说诸稿，室人树兰尝为誊正）。”③

邓之诚曾经收藏一幅苏曼殊画作，是苏曼殊为栖霞居士所绘之《西岭夕阳》图。邓尔雅客居邓之诚家时曾见过此画，在邓之诚力邀之下，在此图右边书下题跋一则：

> 曼殊上人墨妙。余弱冠时亲目上人作画，眼钝而莫知其好，今客文如邓先生（即邓之诚）京寓处，见案头犹存上人所写之山水，既输是图，气扑眉宇，沉雄清逸，且笔墨奇佳，始方知妙入造化。信此为当世无双者。东官邓尔雅篆并题。

此题跋后有邓尔雅附作之《题苏曼殊画》，诗曰[P647－648]：

想象风神笠屐图，岭南今又见髯苏。
人间七体书咸读，岛上初逢美且都。
应是此心无所住，别开生面孰能摹。

① 彭国梁等编：《名作家的画（中国卷）》，长沙：湖南教育出版社，2007 年，第 42 页。
② 彭国梁等编：《名作家的画（中国卷）》，长沙：湖南教育出版社，2007 年，第 42 页。
③ 李根源：《雪生年录》卷二，沈云龙主编：《近代中国史料丛刊》第二辑，台北：海文出版社，1966 年，第 91—92 页。

佛言四万八千好，欲出依然不可呼。

独行高风世尠知，坡公有例不时宜。
文章代表心声画，菩萨由来病爱痴。
右出相如司马并，前身大梵毒龙疑。
五言特健甲天下，翻译拜伦成汉诗。

1912年的相逢不相识，给邓尔雅留下了终身遗憾，心中仰慕神交的雅士永远无缘相见。而苏曼殊的早逝，更让邓尔雅痛心不已。为悼念苏曼殊，邓尔雅取佛经语苏曼那，颜其斋名曰“苏曼那庵”。并篆“苏曼那庵”朱白文印各一枚，边款刻识记述。

1928年，李根源请蔡守整理苏曼殊遗画，并出资重印《苏曼殊上人遗画》一册，邓尔雅为此画册题签并赋诗多首怀念曼殊上人：①

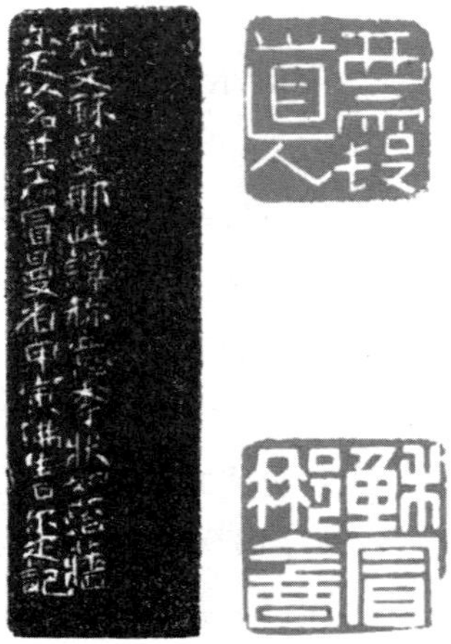

“苏曼那盦”印及边款

兼识人间七体字，相猜物外六朝僧。
心声心画皆心史，强合时宜病未能。

徘徊儒释变衣装，迥异凡僧不可当。
除却山灵向谁说，任他狂者目为狂。

意思精微出世间，偶然顺笔写烟鬟。
略参我法非西笑，海外从来无此山。

世皆欲杀最思渠，能译五天七国书。
迥异凡僧真我法，前身大涤箇山驴。

第二节　画报同仁

面对时局的动荡与民生凋敝的困境，社会人士中，一些积极分子纷纷

① 《李印泉将军重印亡友曼殊上人遗画》，容庚编选：《绿绮园诗集》，1960年稿钞本，第40—41页。《邓尔雅诗稿》中无此诗，仅有《题苏曼殊遗画》中仅有“世皆欲杀最思渠，能译五天七国书。迥异凡僧真我法，前身大涤箇山驴”一首。

起来抗争，期待能改变这一现状。其中知识分子倾向于办革命报刊，发挥其舆论宣传的功能。各类报刊遂风起云涌。艺术界同仁也不甘落后，纷纷刊办一些艺术画刊，如《时事画报》《平民画报》《真相画报》《赏奇画报》《时谐画报》《非非画报》等都孕育而生。这些报刊成为文化艺人反对时局、宣扬爱国情怀的平台，也是艺术同仁之间互相交流的平台，为当时的艺术界提供了活动的舞台。艺术同仁纷纷在这些报刊上发表诗稿或画作，以抒己见。

作为社会文人，所能尽之力，即是手中之笔。留学日本，开拓了邓尔雅的视野，也使邓尔雅接触到了许多爱国志士。事实上，邓尔雅能切身体会国人的革命热情并深受影响，进而开始参与办刊，宣扬革命，这与他当时所交往的朋友如潘达微、高剑父、蔡守、黄节、潘龢等是分不开的。

潘达微（1881—1928），原名潘虹，又名心微，乳名阿忠，字铁苍，号景吾、影吾，别号忏觉。潘达微精于摄影，署名“冷道人”。题书画多署“冷残”“觉庐”。广东番禺（今广州）人。在家行五。父亲潘文卿，清末武官，广州广仁善堂创始人之一。潘达微幼年勤奋好学，善诗文，擅画花鸟山水，尤喜画菊，用笔超逸。乃居廉入室弟子。潘氏是媒体记者，更是革命党人。因目睹清政府的无能腐败而导致的国患日重，潘达微立志救国，开始追随孙中山，参加兴中会。1901 年春，潘达微与黄节等人在广州河南（今海珠区）龙溪成立“群学书社”，后迁之至海幢寺的园照堂，更名为“南武公学会”（后改名南武中学），由潘氏和高剑父在此授课。1905 年 8 月在东京，潘达微加入中国同盟会。

在孙中山的民主革命思想影响下，潘达微立志救国，提倡社会改革，并在孙中山的授意下，他利用父亲的社会地位以及与官方人士的关系，以美术活动为掩护，宣传革命，与革命派人士联络密切。后孙中山嘱托他创办宣传刊物，鼓吹革命，推动反美拒约斗争的开展。潘达微遂以赞育善社①的名义，筹款数千元，和陈垣、陈树人、廖平子、黄鲁逸等人在广州创办《拒约画报》，石印出版。

他在创办画报之时，就明确地提出了“以革命思想入画”的口号，这在中国美术史上是一件破天荒的大事。针对当时国人文化程度低下的特点，

① 赞育善社，又称赞育医社，乃潘达微受孙中山之嘱，与梁培基等人在广州河南（即今海珠区）成立的医疗机构作为革命堂的机关所在地，对外，此机构呼吁破除陋习，并以西法免费为孕妇接生，传播新医学。

画报以图文并茂的形式，针砭时弊，鼓吹改革。这份画报出版一年左右，就被清政府查禁，但在海内外起了相当大的影响。

之后，潘达微又与高剑父、陈树人等人在广州南武学堂、培淑女校、洁芳女校等校分别担任图画教员，暗中进行革命宣传活动。

1905 年 9 月，潘达微、高剑父、何剑士、陈垣等人又创办图文并茂的《时事画报》，① 该报以“开通群智，振发精神”为宗旨。《时事画报》“仿东西洋画报规则办法，考物及记事，俱用图画，以开通群智，振发精神为宗旨。”此刊“约分两部，图画纪事为首，论事次之，论事中先谐后庄，谐部杂文、谈丛、小说、讴歌、杂剧等附之；庄部论说、短评、本省各省要站等附之，材料丰富，务使厌阅者之目。”该报大胆揭露帝国主义对中国的侵略，抨击时政，颂扬革命。如第一期围绕“反美拒约”，刊载了《华人受虐原因图说》等一系列图画，生动地反映当时全国反美运动的情况。又如 1907 年各期所刊登之《论近日政府对于拿获革党之政见》《黄冈乱事》《轰杀恩抚》《祭国土文》《徐案株连》《草木皆兵图》《李县令身殉秋瑾案》等，或表彰“乱党”，或谴责朝廷，直接站在了清政府的对立面，鼓吹革命。该报的主要特色，是对重大的历史事件，尤其是革命党人的活动及社会新闻，作图文并茂的介绍和反映，是晚清画报中政治上最为激进的革命报刊。

《时事画报》

《时事画报》产生于当时舆论环境相对宽松的广州，主要编辑及作者，都是一些年轻气盛、热血沸腾的有志之士。

《时事画报》“不惜重资延聘美术家专司绘事，凡一事一物描摹善状，阅者可以征实事而资考据，用上纸精钉成册，洋装式，十日一报。”并在每期前面，对于所延请的美术家皆有登载，以“美术同人表”。

① 1911 年，潘达微与陈树人等在广州创办《平民报》（下层平民的报纸）和《平民画报》。1912 年夏《时事画报》与广州的《平民画报》合并，改称《广州时事画报》。

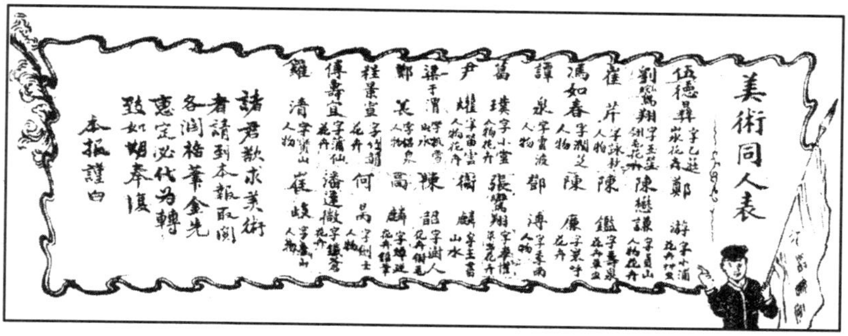

《时事画报·美术同人表》

《时事画报》旨在“集同人，振其舌，摇其笔，高呼于五岭之南，而冀人民及早警觉”，是广东晚清著名革命刊物。在朋友潘达微的影响下，年轻的邓尔雅也开始慢慢接触《时事画报》，为其绘图。据查，《时事画报》每期皆会刊登“美术同人表”，其中也有邓尔雅大名，如 1906 年第 6—19 期，“美术同人表”中皆载“邓溥，字季雨。人物铅笔。”1907 年第 11 期、1908 年第 17 和 18 期都有刊载此信息。

最初，尚在日本的邓尔雅仅仅是为《时事画报》画图，随着了解越来越深，邓尔雅开始积极为其撰稿。据统计 1907 年至 1912 年，邓尔雅以尔雅、溥、敷、季雨、季郁、季毓、山鬼等名，在《时事画报》上发表了诗、词、小说、政论及美术作品，而且画报内之印章多出其手。详见下表：

时间	期数及页数	署名	栏目	作品名称
1907.3	7，第 19 页	溥	诗界	寄怀蔡哲夫（北海）、寄怀陈訒生（日本）、题红杜鹃花图呈黄晦闻（上海）
1907.5	12，第 14 页	溥	近事小说	精卫冤、女昙花
	12，第 16 页	溥		新国风十首
1907	13	溥		送春一首、题画山水四首、古意一首、喜马拉雅峰一首、太阳一首、题画红杜鹃花二首（后有高剑父作“题画红杜鹃花赠邓溥”）
1907.6	14，第 19 下—20 页	溥	诗界	越王台二首、自题画梅一首、女儿嫁国吟四首、自君之出矣二首、寄附大我日本、寄怀陈彝仲日本

时间	期数及页数	署名	栏目	作品名称
1907.6	15，第16下页	溥溥	诗界	室人苏苏嘱仿郑所甫法画兰于聚头扇子并题二十字、女侠
1907	23，首页			题张文烈公遗象（像）
1907.11	31，第15下页	溥	文苑	补贺哲夫倾城伉俪新婚、补贺鹿笙冠兰伉俪新婚、遊日比谷公园
1908.3	6，第17下页	溥	诗界	寄内、又叠前韵、寄内、答陈大我
1908.3	7，第15下页	溥	诗界	中秋舟中见月、寄还鹿笙（广州）
1908.4	9，第15—15下页	溥	诗界	寄怀同学诸友二首、寄怀马氏兄弟广州、寄怀蔡哲夫香港
1908.5	13，第16下页	溥	诗界	校舍病中作、黄昏、吊陈诗颂、天运、寄杜清彝广州、送钱树芬之美利坚、晷度、春感
1908.8	20，第18页	溥	文苑	新桥汽车中口占、残春（调寄长相思）、又（调寄丑女儿令）
1908.8	21，第15下页	溥	诗界	重阳、寄陈大我天津、忆荔
1908.11	27，第16页	溥	诗界	倭都杂诗、家书
1908.12	30，第15页	尔雅	文苑	寄杨子遂先生广州
1909.3	5，第15—16页	尔雅	诗林	倭都竹枝词、扶桑草木咏
1909.3	7，第14—14下页	尔雅	文苑	春暮寄家、下雪、再渡佛桑别兄姊（男外）（男生）、题成城画石
1909.5	8，第15下—16下页	尔雅	诗界	随外子之倭记别、闻大我将如日耳曼寄以造象、沉思、不忍池、九日、目白驿瞻眺、赠君豪、小时、舟望、寄成城子沪上、答成城次其迁居韵
	8，第15下—16下页	邓陈	诗界	寄苏氏表妹

根据此表，可知邓尔雅在此刊上发表的多为诗作，借此抒发其爱国之情，也体现了邓尔雅对爱国志士的敬仰以及忧国忧民之感。

邓尔雅积极为《时事画报》撰稿绘图的同时，还在潘达微组织的美术培训班中任教。《时事画报》曾刊登《图书专修科广告》曰：

> “本科设城内榨粉街番禺两等小学堂内，专为养成图画教员而设，定期本月廿二日开课，愿学者请到本堂取阅章程註册。发起人张纯初，教员张崇光、蒋撝谷，葛小堂；赞成员沈忠贻、周炽皋、蒋禹廷、吴汝让、廖景桐、邓绍穆、尹政举、伍勉早、陈启剑、薛逢瑛、杜清贻、吴英华、枉眉录、邓季雨、张淦光、詹宪恩。”①

邓季雨即邓尔雅。

在好友潘达微的影响和带动下，邓尔雅开始直接参入一些报刊的创办活动。

1906年，邓尔雅与潘达微、朱锡昌、吴懿庄等人一起创办了《赏奇画报》，力求“赏心乐事，奇语惊人”，不持激进的政治立场，也不参加实际的政治运动，仅以提倡新学，批判陋习为主旨。

1907年10月27日，邓尔雅又与潘达微等人在广州又创办《滑稽魂》画报。“滑稽魂”原是郑贯公主编的《有所谓报》的一个栏目，主要以与时政、社会密切相关的谐文、小说、诗词等作品为主。现潘达微与邓尔雅以“滑稽魂”独立成刊，“本报全主诙谐，以极嬉笑形容为宗旨。内容全部绘图，浅譬曲喻，或肖事摹形，无不涉笔成趣，诚近世画报界别树一帜，阅者想亦以先睹为快也。月逢星期日出版，每册三十文，省代理十八甫广存安、双门底恒安别馆，准本月念一日出版。”②

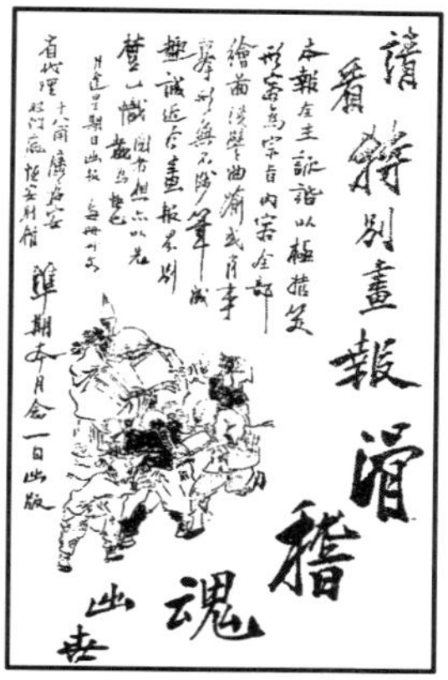

《滑稽魂》

1907—1908年中国进入灾荒年，饥荒、灾难几乎遍地皆有，广东地区

① 《时事画报》第22期，1906年，第20页下。
② 《时事画报》，1907年第24期，第19页下。

也因飓风发生了水涝灾。为了拯救深处灾乱中的人们，美术界也群策群力地进行赈灾活动。1908 年 7 月第十六期《时事画报》成为了赈灾宣传报，该报首登声明：

> 本报今年第十六期，理宜七月初五出版，但本同人感念被水灾民，难安寝馈，爰发起美术赈灾展览会，奔走旬馀，精神甚乏，故十六期报，不免宕延，阅报诸名，救灾同具深情，当不见怪。展览会散后，又将所馀物品，附入兹善会发售，以冀多得一分资财，即灾民多受一分利益，而十七十八两期，复恐赶办不及，因思得一良法，将慈善会内卖物各部拍照，更不惜重赀，用电版影印，钉成一厚册，计共数十页，务使情景迫真，益兴敢谓璀璨光华，大新眼界，既完阅本报者，谅必欢迎，未定阅本报者，盍速来购取。①

此期多刊载关于赈灾之报道和图版，关于赈灾情况有《北部赈灾会开幕纪盛》《河南美术赈灾展览分会纪图》《参考部陈列之图》《第三部寄售品卖物场之图》《囚徒助赈》《美术赈灾展览会徵信录一览表》等，罗列各捐资人姓名。还刊登《广东卖物赈灾会纪略》一篇。邓尔雅也积极参与赈灾活动，当场作画以义卖所得赈灾。

1911 年 4 月 30 日广州起义失败，潘达微安葬了七十二位烈士遗骸于广州东郊红花岗，并改名为黄花岗。辛亥革命后，潘氏致力以实业与艺术救国。1925 年又与潘龢、赵浩公②、黄少梅③等人扩大癸亥合作社为广东国画研究会。潘达微长期在广州、香港等地活动，积极吸收会员，宣传革命。1928 年 8 月 27 日，潘达微在香港病逝④。1951 年，潘达微墓迁葬在广州七十二烈士墓左侧。

---

① 《本报紧要广告》，《时事画报》，1908 年第 16 期，第 1 页下。

② 赵浩公（1881—1949），广东台山人。少时从王根学画，曾办裱画店，阅览广博，故精鉴赏。专研北宗画派。曾设山南画社，广授门徒。1923 年与黄般若等创办癸亥合作画社，1926 年创办广东国画研究会。曾任国立中山大学教授，又任教于广州市立美术学校。擅山水、花鸟、佛像。好藏古砖，精植盆栽。著有《花鸟画之研究》。

③ 黄少梅（1886—1940），名君勉，字阿弥。广东东莞人，居广州。善画，工人物。精鉴赏、篆刻。

④ 《讣闻》，《华字日报》，1928 年 8 月 28 日。

潘达微墓

高剑父（1879—1951），名仑，字剑父，以字行。广东番禺（今广州）人。居廉弟子。五岁入私塾，聪明非凡，无奈十一岁时家道中落，无法继续读书。后在堂叔药房做工，跟堂叔学画。堂叔见其聪慧好学，遂聘请老师教他作诗填词。后又得堂叔之力到“啸月琴馆”学画（啸月琴馆乃居廉住所，因其收藏古琴“啸月琴”而得名）。高剑父在此学画，深得居廉赏识，留其食宿，并减免学费。高剑父在啸月琴馆学画七年，深得居廉精绝之画法。

光绪三十二年（1906），高剑父在广东公学担任图画教员。同年，得好友伍德彝资助，高氏留学日本。1908 年，他在日本加入中国同盟会，并于是年冬天回到广州，筹建中国同盟会广州支会。高剑父担任支会会长，欲在广州积极进行扩大组织以推进革命行动。高剑父刚到广州，由胡毅生接羊城馆庄接风，高剑父在那首次见到了潘达微。1909 年，在中国同盟会广州支会第一次会议中，潘达微当选为副会长。

邓尔雅曾为高剑父之弟高奇峰①画作题词，据题词可知邓尔雅认识高剑父是在光绪壬寅、癸卯间，即 1902—1903 年间。题词曰：“奇峰作画兄弟齐名，尤长于翎毛，其工细者，且胜于兄剑父。余识剑父时，在光绪壬寅、癸卯间，屡观其设色傅粉也。又数年始晤奇峰焉。甲申春邓尔雅。”②

除了与潘达微、高剑父相熟之外，邓尔雅还有蔡守、黄节、潘龢等好

① 高奇峰（1889—1933），名嵡，字奇峰，以字行。高剑父五弟。中国近现代国画家、岭南画派创始人之一。

② 邓尔雅题于高奇峰画作《双栖》。

友，这些朋友都有着忧国忧民的革命热情，而且还多以实际行动投入到救国救民的活动中。邓尔雅多次与他们谈文论艺，诗札往来不绝。作为一个传统文人世家出来的子弟，邓尔雅对于他们的革命热情与爱国之心，却是十分向往和崇敬的。在这些朋友的影响下，邓尔雅从一开始为报刊写稿，逐步参与到创办报刊、宣扬革命的进步潮流中来。

第三节　社团活动

一、加入南社

随着中国同盟会的成立以及资产阶级民主革命高潮的到来，艺术界也开始沸腾起来。光绪三十三年（1907），柳亚子、黄宾虹、蔡守等开始筹划建立一个以文艺宣传革命的社团，借此反对清王朝的种族压迫和专制统治，取名“南社”，意在“操南音不忘本”。光绪三十四年（1908）1 月，柳亚子与陈去病、高旭等人在上海成立南社，其成员多是一些知识界革命激进分子，以中国同盟会会员为骨干。宣统元年（1909）11 月 13 日，在苏州虎丘张国维祠举行了关于南社成立的雅集，参会者有柳亚子、陈去病、朱锡梁、庞树柏、陈陶遗、朱少屏、诸宗元、景耀月、林之夏、胡颖之、黄宾虹、蔡守等 10 余人，其中 14 人为同盟会会员。此次会议宣布南社正式成立。会议选举柳亚子为书记员，陈去病为文选编辑员，高旭为诗选编辑员，庞树柏为词选编辑员。

南社第一次雅集取得圆满成功，浙江绍兴、沈阳、广州、南京等地纷纷响应。陈巢南在浙江绍兴成立了与南社同样性质的团体的“越社”,① 沈阳组建“辽社”、南京组建“淮南社”。

1912 年 9 月南社创社元老宁调元②在广州也发起成立了南社分社。该年

① 陈巢南（1874—1933），字佩忍，后改字去病。江苏吴江人。南社创建者之一。建立“越社”，并撰《越社叙》。参见郑逸梅编撰：《南社丛谈》，上海人民出版社，1981 年，第 22－23 页。

② 宁调元（1893—1913），字仙霞，号太一。湖南醴陵人。少就读禄江书院，后肄业于明德学堂。结识黄光，加入华兴会。1905 年留学日本，在东京加入同盟会。归国后积极参加革命活动。是南社创建人之一。

4 月，宁调元调任广东三佛铁路总办。在广州，宁调元常与南社粤籍社员蔡守、邓尔雅等人诗酒酬酢、讨论文字等，并介绍同盟会广东支部长谢英伯①加入南社，共同筹办南社广东分社的成立事宜。南社广东分社，一般称为“粤社”，秉承南社的“张朴学于中原，共存国粹”之主张。②

在南社粤支部成立会议上，谢英伯撰《南社粤支部序》，明确指出了南社粤支部成立的由来：

> 安瓜羡枣，三神宫阙之奇；苏海韩潮，千古波澜之壮。炎洲翡翠，弄采南枝；铁网珊瑚，称珍上国，结想于骑羊观里，拈吟于崇蜃楼边。别雨淮风，久辑西园之盖；天涯地角，未添东海之筹。珠岛云开，江山减色；铜壶水漏，帘幕生秋。此宁子仙霞到粤以来，南社支部所由设也。尔其扬子江干，春申浦上，寓公风月，过客光阴。张翰挂冠，言归阙北；庾信作赋，哀遍江南。红豆芳时，眉黛惊鸿之舞；琼花胜境，腰缠跨鹤之游。美景良辰，盟联牛耳，故人知己，径启羊求，虽昭明文选之楼，洛下耆英之会，无此盛也。③

可惜，几个月后，随着宁调元的调离，南社粤支部便逐渐归于沉寂。直至 1917 年 2 月，蔡守发起募捐，准备再次发起成立南社广东分社。

蔡守（1879—1941），原名珣，后改名有守，再改名守，字成城，号哲夫、寒琼、寒翁、寒道人等，广东顺德龙江人。南社社员。工书画，善篆刻，曾师从黄宾虹。1906 年参与了黄节组织的国学保存会，并与黄节、邓实、黄宾虹等人一起创办了《国粹学报》。1917 年春，蔡守与王秋湄、潘达微等合编《天荒画报》，收录邓尔雅、柳亚子、陈去病、高天梅、黄宾虹、黄少梅、高奇峰、陈树人、温其球等南社诗人的文稿，并刊邓尔雅篆印五枚，如“菩萨病”“离骚”“穷活计”“水窗孤响”“处乱世思君子”等。蔡

---

① 谢英伯（1882—1939），原名华国，字抱香。广东嘉应（今梅县）人。担任新闻、教育工作。同盟会会员。参加广州新军起义、黄花岗之役筹划工作。继在港参与组建“支那暗杀团”，筹建同盟会澳门分会。武昌起义后任同盟会粤支部部长、广东都督府高级顾问。1916 年参与护法运动。曾主持广州市立博物院及黄花岗考古学院。1936 年出任广东高等法院首席检察官。著有《人海航程》等。

② 郑逸梅编撰：《南社丛谈：历史与人物》，北京：中华书局，2006 年，第 20—22 页。

③ 《南社》第十七集。

守著有《蠡楼词》《画玺录》《寒宬碑目》《寒宬金石跋续》等。

南社广东分社第一次雅集合照

1917年闰二月初三（3月25日），蔡守等在广州花塔街六榕寺发起南社广东分社第一次雅集。① 当时六榕寺主持乃诗僧铁禅大师，② 为了支持南社活动，特辟一室为分社办公处。参会者有蔡守、邓尔雅、邓寄芳、徐信符、黄佛颐、姚礼修、铁禅、罗致远等共三十九人，此次雅集围绕“南社始虎丘，刹那周十岁”（邓尔雅句）的兴衰，众人各抒己见。此次雅集最后的节目是拈韵作诗，蔡守手书“丁巳闰二月初三日南社广东分社第一次雅集假座六榕寺来者三十有九人”二祯，裁剪成单字，供人拈选，邓尔雅拈得“第”字。③ 有了铁禅大师的大力支持，南社广东分社有了固定的雅集场所，常常举行雅集活动。1918年十一月初三，南社广东分社举行第五次雅集，适值顾横波④生辰，邓尔雅因家中藏有顾横波像，此像乃其父亲当年向借叶氏所藏的横波像请人重摹，即赋诗以贺[P297]：

① 郑逸梅编撰：《南社丛谈：历史与人物》，北京：中华书局，2006年，第20—22页。

② 铁禅大师（1865—1946），法名心镜，俗姓刘，名梅秀。广东番禺（今广州）人。能诗会画，交游较广。光绪十年（1884）随军参加战争，战后回乡以卖书画为生。后因妻儿受瘟疫而亡，出家六榕寺，法号铁禅，后继任六榕寺住持。曾变卖佛寺财产支持兴办学堂，又支持学堂学生赴日留学。辛亥革命前，结识孙中山，同情并支持革命。听闻南社广东分社筹办成立，力主将社址建在六榕寺内。后又出借人月堂供国画研究会使用。

③ 《南社丛刻》第二十一集，1919年上海国光书局铅印本，华南农业大学农史研究室藏。

④ 顾横波，女，明末清初时人。初名媚，又名眉，字眉生，号横波。江苏上元（今南京）人。龚鼎孳侧室。俞陛云《清代闺秀诗话》谓其“在秦淮，丽质清才，名与河东君（柳如是）埒”。善画花卉，尤精画兰。工词，著有《柳花阁集》。

昔省春风在图画，迷楼仿佛见斐斐。
生朝好事犹为寿，题识何年实所希。
为底干卿争著缘，遥惟之子託幽微。
美人香艸多关繫，愁煞遗民邓孝威。①

清末民初时，邓尔雅在好友蔡守的影响下也加入了南社，成为南社中的一员。② 1914 年 10 月，邓尔雅补填了南社入社书，介绍人栏写蔡守。蔡守，可以说是邓尔雅生平中交游最深的朋友。在其引导下，邓尔雅积极参加各种文人雅集，甚至直接参与一些革命活动中。蔡守重新组建广东分社后，主要事务多由蔡守、邓尔雅等人一起负责。

邓尔雅在处理南社广东分社日常事务之外，积极参与了《南社丛刻》③ 的编撰工作，并多次在此刊物上发表文章、诗词等。如：1914 年《南社丛刻》第八集刊邓尔雅《砚论》：“郎心如墨，妾心如砚。砚坚不可转，墨磨日短，郎心日变”；第十集邓尔雅《题范性宜向园遗诗》等四首；第十二集刊登邓尔雅《寄哲夫·倾城》等诗五首。

《南社丛刻》

又如：1915 年《南社丛刻》第十六集刊邓尔雅《苍梧》《鸳鸯江》等诗五首；第十七集刊邓尔雅《重游仙人寝室》诗；第十九集刊邓尔雅《四游栖霞》等诗。1919 年 4 月《南社丛刻》第二十一集又刊登邓尔雅《换巢鸾凤》《从面子》等诗词五首。

① 邓尔雅著，东莞市政协编：《邓尔雅诗稿》，广州，广东人民出版社，2007 年，第 297 页。

② 郑逸梅编撰：《南社丛谈》，上海人民出版社，1981 年，第 688 页。附录七《南社广东分社社员姓氏录》中第四个即为邓尔雅。

③ 早在 1909 年，南社就曾发行《南社丛刻》，以刊行本社社员作品。该刊主要分文录、诗录、词录三部分，至 1923 年停刊，共出版 22 集。

二、贞社活动

1912年春，黄宾虹、宣哲①、徐乃昌、秦更年等人发起成立一个爱好金石书画的赏鉴家和书画家团体“贞社”，供艺术学人共同研究、鉴赏书画文物。社址最初是选在上海宁波路江西路转角处四明银行二楼，活动地址在哈同花园。该社的宗旨是“保存国粹，发明艺术，启人爱国之心”。由此，该社主要以陈列古物、展览交流的方式，研究范围有书画卷册、诗文题跋、金石谱集、收藏著录、古籍版本、古铜玉器、民间工艺等，几乎涵盖中国艺术各个领域。为了让广大艺术爱好者同享，是年4月27日，专门在《神州日报》上刊登了《贞社征集同人小启》，次日同时刊登了《贞社简章》，使世人明了创社宗旨。

黄宾虹（1865—1955），初名元吉，又名懋质，参加科举应试时，改名质，字朴存，号滨虹，居上海后，改字宾虹，以字行。安徽歙县人，生于浙江金华，寄寓杭州。近现代著名画家，尤擅山水，为山水画一代宗师。1906年在歙县新安中学任教，与许承尧、陈去病、江炜等人秘密创建黄社，以诗酒鼓吹革命。1907年被人告发，逃亡上海，并在上海参加了黄节、邓实创办的国学保存会。1909年受邓实之邀担任《国粹学报》《神州国光集》编辑。在神州国光社与蔡守共事，因共同的爱好，两人成为好友，常彼此切磋画艺。后与柳亚子、蔡守等筹划南社建社事宜。对于黄宾虹，邓尔雅常听好友蔡守提起，彼时虽未谋面，但也不陌生。黄宾虹在上海建立贞社一事，传到了广东，也得到了广东艺术界的响应。

1912年5月14日，贞社小启刊布不久，《广州日报》也刊登了一条消息，标题为“保存古物之支社”，文曰：“（广东）前日贞社之组织，专为保存金石书画，不以牟利，已将小启、简章登载报章。近日粤垣由蔡寒琼（即蔡守）、邓尔匹两君于四月廿九号设立支部，并将通讯处登《震旦日报》，声明考古之士同志入会者已有多人云。”② 上海《真相画报》、广州《广东白话报》等报刊上刊登《广州贞社征集同人小启》，末署广州分社创

---

① 宣哲（1866—1942），字愚公，号古愚。精金石，富藏书，藏币多精品，尤以元代钱币见长。著有《元钱别录》《金石学著述考》等。

② 《保存古物之支社》，《广州日报》，1912年5月14日。

办人：“黄蒹葭（即黄节）、蔡寒琼、邓尔匹、谢抱香①、李壶父②、陈树人③、王秋湄④、铁禅、马梦奇、汪玉泉。分设通讯处为广州小南门外定安里五十四号寒琼水榭（即蔡守寓所）”。其中“邓尔匹”⑤ 即是邓尔雅，“黄蒹葭”即是黄节。

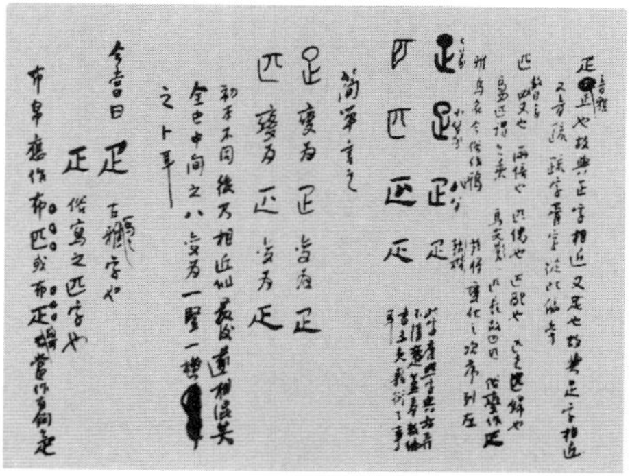

“疋”和“匹”

黄节（1873—1935），原名晦闻，字玉昆，号纯熙、佩文，别署晦翁、黄史氏、蒹葭楼主。后更名节，取号甘竹滩洗石人。广东顺德人。曾师从广东名儒简朝亮。黄氏学识渊博，尤工诗词和书法。以诗闻于世，与梁鼎芬、罗瘿公、曾习经并称“岭南近代四大家”，著有《蒹葭楼诗》《诗旨纂辞》《三山簃诗存》。1902 年在上海参与创办《政艺通报》，以诗文宣传民主革命。后又与邓实等人创办国学保存会，主持编辑《国粹学报》，伸张民权，发扬民义。1909 年与柳亚子等人创办南社。1917 年任北京大学文学院教授，讲授魏汉乐府和古诗词。返粤后历任广东省教育厅长、通志馆长。

邓尔雅与黄节有着非常深厚的交情，来往密切。邓、黄两人有着共同

① 谢抱香，即谢英伯。

② 李尹桑（1880—1945），原名茗柯，号玺斋，又号壶甫。原籍江苏吴县，后迁居广州城，遂改籍番禺。师从黄士陵。工书画，善篆刻。曾与邓尔雅等在广州组建濠上印学社，为岭南篆刻发展作出贡献。

③ 陈树人（1883—1948），原名政、名韶，又名哲，别号“葭外渔子”。广东番禺（今广州）人。曾师从居廉习画。曾任《广东日报》《有所谓报》《时事画报》等报刊主笔，宣传民主革命主张。1906 年东渡日本，就读于日本京都美术学校，在那结识孙中山，加入同盟会。

④ 王秋湄，即王薳（1884—1944），原名世仁，字君演，后更名薳，字秋湄，号秋斋，别署苔香、清酬、清凉，晚号无念、摄堂等。广东番禺（今广州）人。早年肄业于武备学堂，后入上海震旦大学习法文。曾从事新闻及教育工作。毕生致力研究音韵学、文字、金石、篆刻等。工书法，章草尤负盛名，诗词造诣颇深。著有《章草例》《摄堂诗选》，辑有《北周造像》。

⑤ 邓尔雅署名时常用邓尔匹，有朋友好奇询问，邓尔雅图文并茂加以解释，曰：“疋，音雅，正也，故与正字相近。又足也，故与足字相近；又音疏，疏字胥字从此偏旁。匹，数目字，四文也。两信也。匹偶也。匹配也。匹夫匹妇也。马四匹谓之乘，马光影一匹长故曰匹，俗变作疋。”

的兴趣，乃是学术、诗歌及艺术中的同道者，他们的交游，既有诗、书的酬赠，又有共同的社会活动：1905 年，黄节等人创办国学保存会，呼吁社会捐赠，邓尔雅积极支持黄节的国学保存活动，“捐《桑梓识佚》一册，寄存《二十七松堂集》八册”，1906 年邓尔雅更是直接加入了国学保存会；1907 年，邓尔雅作《题红杜鹃花园赠黄晦闻上海》诗；1909 年至 1912 年期间，广州近代名流苏曼殊、陈树人、周竹轩、王根、黄景棠、潘飞声等十几人为黄节的藏书楼蒹葭楼赋诗作画，黄节汇集装裱成《蒹葭图》一册，册后题跋中有邓尔雅的赋诗作跋，曰：“伊人在何处，江上小楼深。风雨鸡鸣夕，蒹葭秋水心。名山藏著作，旧梦理天琴。予亦思高隐，桃源不可寻。晦闻尊者正吟，邓尔疋。”

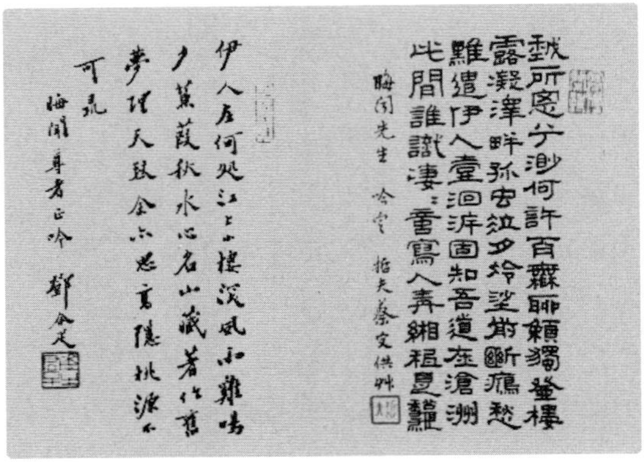

邓尔雅题诗（《蒹葭图》）

邓尔雅与黄节同是南社社友，后又一同创办贞社广州分社。1912 年黄宾虹等人在上海创建贞社时，曾致函黄节，力邀黄节等人加入，将贞社简章一并寄来，征求黄节意见，黄节对于黄宾虹创办贞社之举十分赞成，称“此乃学问性情中事，惟读书知道者，于此方有得也”。[①] 在黄节的号召下，广州的一些金石书画爱好者在广州成立了贞社广州分社，作为黄节至交好友的蔡守、邓尔雅首当其冲，积极筹办贞社广州分社的创建，并担当了此社主要负责人，主持分社事宜。

---

① 黄节回信全文曰：“诸手书并贞社简章，甚慰。尊者叙言，尤佩。举世溷浊，清士乃见。节得附名社末，为幸何如！比见一二嗜古之士，或失之牟利，或失之自私。不知此乃学问性情中事，惟读书知道者，于此方有得也。足下提倡风雅，当以节言为不缪。简章中资格一条，宜删去‘颛’字，节方敢与名，否则此社必如今一般骨董市侩，日后必有倾轧之事，有害于性情学问耳。刘三及高时若、曼殊数君住址，乞示知一二！以后赐书，至希直寄，勿寄旁人。书寄广州河南不忧庙侧，龙庆里黄积厚堂便得。手覆不尽，并叩著安。弟黄节顿首。五月六日。”参见《黄宾虹传记年谱合编》，第 31 页。

第五章

游历桂林　寄情山水

1913年3月，袁世凯的亲信龙济光受命为广东镇守使。龙济光领着以济军为主的军队治理广东，自此开始了其对广东的军阀统治。龙济光一方面极力扩充济军，一方面不时地镇压民主革命，摧残民主制度。1916年1月，袁世凯称帝，改年号为洪宪元年。国内讨袁运动此起彼伏。是年春，两广讨袁护国运动打响，广西将军陆荣廷率先宣布独立加入护国行列，发动讨袁运动，紧接着，广东、浙江、陕西、四川、湖南等省相继宣布独立。广东局势一片混乱，面对这种局势，邓尔雅只好把家人送至香港避乱，自己只身前往桂林，任中学教员。在桂三年，邓尔雅游历桂林山水，钟情其山清水秀、奇岩异境、静谧清幽，写下了大量咏景诗篇，也留下了一生中美好的回忆。

第一节　赋诗桂林

桂林是邓尔雅生平活动中一个非常重要的地方。桂林山水甲天下，岩洞最为奇峭。“乙卯至丁巳间”，前后三年时间，邓尔雅游遍苍梧、桂林、灵川等地，遍访桂林名胜，三上灵川县落笔山，四上漓江。所至景点，皆有留题，如象鼻山水月洞、叠彩山风洞、辰山栖霞洞、独秀峰、明靖江王府、漓江之画山等，这些山山水水成为了邓尔雅诗歌创作的素材。在此期间，邓尔雅赋诗作画颇富，这些描述桂林风物景色之诗咏，则成为邓尔雅游历生涯的写照。

桂林城内最为有名景点之一就是象鼻山。此山乃天然雕琢而成，如同站在江边伸鼻豪饮漓江水的一头巨象，故称象鼻山。此山以神奇著称，在象鼻与象腿之间形成一个圆形的大洞，江水穿洞而过，犹如一轮明月浮在水面，构成象山水月的奇景，引人入胜。历史上不少文人骚客为之赋诗题词，如象鼻岩南口处崖壁上刻《陆游诗札》，北口处刻宋代蓟北处士的《和水月洞韵》，象鼻内侧崖壁上刻宋代张孝祥《朝阳亭诗并序》，水月洞与象鼻岩交界处的崖壁上则刻着宋代范成大的《复水月洞铭》。其中蓟北处士之《和水月洞》“水底有明月，水上明月浮。水流月不去，月去水还流”等诗句细致刻画了天上、洞中、水底月亮相互辉映的景观。

象鼻山

初到桂林，象鼻山是必游之处，邓尔雅也不例外，常与友人一同游玩象鼻山，赋诗《水月洞》[P49－50]：

天匠为轮琢肺肝，具何神力与剜刓。
张规周径截肪润，倒景灵光镌骨寒。
消受蛟龙陈万舞，坐窥日月弄双丸。
圆通妙好千功德，当作观音造象观。

除象鼻山之外，桂林城内还有叠彩山、靖江王府旧址、七星岩等名胜之处，邓尔雅皆与游玩，且每到一处，皆有赋诗，如叠彩山北牖洞（俗呼风洞）[P51]：

心怯高寒未可留，豁然开朗眙两眸。
阳台阴厦传谣谚，琼叠蓬壶美卧游。
天下丹青齐阁笔，云中鸡犬不知秋。
绣褫锦璺精装潢，万里无须访十洲。

王城故宫遗址（明靖江王邸，清改贡院，阑干阶砌犹故物也）[P59]

睥睨山河不减增，前朝掌故索谁徵。
舆图因改丁千劫，廉陛周池历九层。
宪法曾经县象魏，遗民谁复梦觚棱。
高丘未必终无女，愁煞阑干每日凭。

在桂林辰山附近有个七星岩，隋唐时期称为栖霞洞，壁上有隋昙迁所书“栖霞洞”三字，有唐人佚名题“玄玄栖霞之洞”，宋范成大《碧虚铭》等。栖霞洞乃石灰岩发育而成的溶洞，洞内石乳、石笋、石柱、石花，变幻无穷，形成银河鹊桥、石索悬锦鲤、大象卷鼻、狮子戏珠等景观。

邓尔雅感叹大自然的妙手神工，连连赋诗，如：

仙人已去鹤留痕，此地空馀旧馆存。扃锁重重驻冬燠，沤钉齿齿著风门。云为布白通书法，山有顽青辟市喧。多得礳鍼为嚮导，点头诸石总无言。[P51－52]

岑岩纔入夜黝黝，左转磐珊路不周。妖露豺狼神儵昱，闪尸蝙蝠语嘈啾。诗人鲊瓮森毛竖，王母龟台触雨游。列炬烛天嘘顿息，目迷朱碧苦痌瘘（洞出口极低，风极大，炬往往被吹灭。出此口后始见微光）。[P52－53]

别从阁道见谽谾，仙寝薰然别样风。骚杀流苏镫影仄，嬗娟旋室地心中。湘妃疑案遗斑筅，嬀帝亲巡说故宫。语石虽灵难我对，娲皇于此恐无功。[P55]

狂搜乳竇觅仙家，雾阁云窗彷佛遮。窃慕灵均礼山鬼，传闻帝女果重华。湘妃敢想衣裳象，韶舞全忘肉味差。庭燎欲彫寒焰缩，归来尚觉眼麻茶。[P56]

“邓嵒”印及边款

1915年10月22日，邓尔雅游玩桂林落笔山，至一无名岩，该岩南北贯通，钟乳林林，瑰诡灵怪。因极爱此处幽深秀丽，邓尔雅遂以“邓岩”名之，并撰《栖霞洞游记》一篇，其中云，“岩无名，因名以‘邓岩’，辄附记于此，千百年后必有范石湖、邝湛若其人者。”为记此事，邓尔雅赋诗一首[P56-57]：

何图一喜冠平生，心有幽玄寐不成。
如此山阴忙接应，甚于海上独移情。
归来屐齿居然折，知己风鬟实在惊。
除却此中人有语，外人欲道奈无名。

又赋《冥想洞（下岩最深处，俗呼鬼门关，予为改此名）》曰[P58-59]：

依于薜荔苦儃佪，忍不欢颜为汝开。
浑沌荒初蓄元气，罗穿曲洞启疑猜。
烟霞兄弟惟山鬼，泉石膏肓有腹蛔。
关塞枫林甘蚀梦，别从人外起灵台。

1916 年正月 12 日，又重游“邓岩”，作《重游邓岩》[P60-61]：

面目相看恐未真，重来应分略知津。
丹青輭半寒家物，钟乳都关上帝春。
一壑一丘先领要，三熏三沐注全神。
自誇奇福过王者，富有名山不算贫。

邓尔雅对桂林的环境极其喜爱，爱其山水清幽，欲结庐其间，终老是乡。这种想法在他给外甥容庚的信中得以体现：“长此青山共鹿车，不复作他想矣！”留桂期间，有感于桂林乃邝露旧游之境，故取峤雅、赤雅书名，

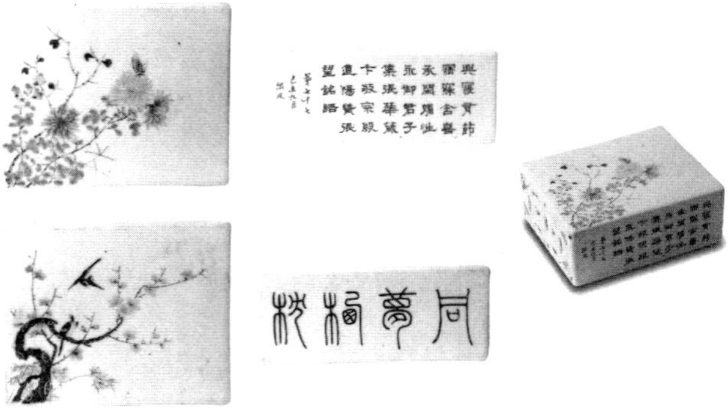

同梦栖瓷枕

自题斋额为二雅堂。①

1916年2月的一个夜晚，邓尔雅梦见自己与远在香港的妻子一同游览栖霞洞之仙人室。8月，邓尔雅把妻儿从香港接到桂林，一家人租住在桂林杉湖边上。邓尔雅对妻儿谈起所做的梦，特意带着妻子和大儿、长女到栖霞洞去游玩，想让他们看看自己梦中的仙人室，没想到，妻子一见仙人室的石桌、石凳，十分惊叹，说自己那晚也做了同样的梦，梦见与邓尔雅一起同游此洞，所见所言竟然与邓尔雅梦境一样，大家感到十分惊奇。后来，为了记录此事，邓尔雅以“同梦栖”为其室名，并赋诗《记梦》（梦与内子同游栖霞时地所言并符）[P63－64]：

寤寐入春风，潜身岩腹中。
乳声听愈寂，幽湿沁真空。
语未外人道，灵于帝座通。
不无薜萝意，肇允梦甘同。

1919年9月，邓尔雅绘制同梦栖瓷枕以纪念与妻子同夕同梦游栖霞洞之事，铭曰：“兴寝有节，寤寐含喜。承闲媚性，永御君子。集张华箴、卞敬宗、殷道阳赞张望铭语。第七十七己未九月。尔雅。”并作《移家桂林赁楼杉湖》诗曰[P64]：

风逸烟高青破颜，峡中人事本清閒。
水光摇隙移窗琐，春曜扶梯上屋山。
了了霞栖同吉梦，岩岩诗骨幸坚顽。
案头清供长璀错，看作衮钟侍扆班。

1926年夏，邓尔雅女婿黄般若为纪念此事，绘《栖霞同梦图》一帧。1938年，是邓尔雅爱妻陈灵淑去世十周年，忆起亡妻，邓尔雅又想起同梦此事，题诗一首曰[P504]：

① 《邝湛若诗卷草书》诗末自注云：“昔在桂林，取峤雅、赤雅书名，自题斋额曰二雅堂，以其为海雪旧游地也。”

家住番禺东复东，桂林八树偶相同。
两山都是神仙宅，识路谁知在梦中。

旧与麻姑历海田，我原出洞博罗仙。
人佳梦好原难得，剩翦栖霞一尺天。

诗前注曰：“后十年丙寅夏，子壻黄般若为画栖霞同梦图，而内子旋于戊辰秋捐馆舍，余哀未阕又十年，戊寅春始补记之且繫以诗。”

桂林游历，是邓尔雅诗歌创作高发期。桂林山清水秀，奇岩异境，激发了邓尔雅的诗歌情怀。在桂三年，邓尔雅创作了许多关于桂林景色的诗作，除上述有诗题者外，还有无诗题者，统称为杂诗，如《桂林杂诗》P65－68：

相似罗浮梦极圆，兹行端不异游仙。洞门春靓原相识，分付山灵幸勿宣。
铅笔磁针断不差，村氓乡导各咨嗟。山灵虽起人才感，蔽匿穷搜岂有涯。
华虫黻冕玉篸篸，足费天孙红女心。何止如斋经半月，桃花源里醉人蔆。
宫衣小队昔繁华，不见柧棱夕景斜。城郭是非谁问得，却巡栏础看方花。
铁锁连衡可百艘，登舟安稳代徒杠。訾洲雨霁烟消次，山色随人伣渡江。
乳床五月重披裘，竹炬光寒燎石油。扛笔大书如栲栳，松烟小寿亦千秋。

又如《漓江杂诗》P68－78：

乳床乳窦毓灵奇，非暮非朝炳烛时。夫妇题名儿女侍，初非有意学冰斯。
层城初不隔栖霞，湖上楼头等看花。想象风鬟陪客坐，最多山色是寒家。
唱随北牖比吟肩，阴厦阳台各异天。幽梦如山如叠彩，高寒不记是何年。
宵判床前似月明，一心咒雪莫教晴。豫将纱纸泥窗格，整顿留心听玉声。
雪花选取自梅花，为有寒香沁齿牙。当作点心餐不尽，急呼添炭又烹茶。
仰窥午午句弦角，平视庚庚折带皴。怀册随时搜画稿，肯辞夙夜坐船唇。
遥接西东两桂林，爱如乡里独相寻。诸山到屐争迎客，看我看山深复深。
刘樊仙侣东道主，赤雅奇文上帝馨。独秀题名凌绝顶，兹游端不负山灵。

嵓穴全因钟乳奇，倒茄仰瞩并垂垂。一花一叶天人眼，说与凡夫定不知。

三百三十又一滩，上滩却作上山看。牙何声里千钧重，努力方知行路难。

山色相看两未厌，尘容宁畏日光黔。弘洂奥折生幽感，非为簇雷冰维尖。

幽谷凹深张鬼目，巨涡急转状蠃旋。东南云接西南雨，云雨往来三峡天。

山月单情水月双，微波滴滴影憧憧，畸人别有幽忧在，不为相思属此江。

名产无多次第看，雪梨水菌报春兰。土风嗜癖酸咸异，知味何须食马肝。

犵鸟蜚烟疑左语，蛮花獐锦象雕题。干支意义谁能译，十二禽名次第齐。

县小于村即短亭，获交山水作居停。几家童竖从师读，能读千文三字经。

平乐经过异土风，官音南北半相同。居民见我方言熟，不信初来自广东。

我能未到谈阳朔，何况重来入桂林。屈指相知虽颇窄，水山交浅却言洂。

境宽贴贴梦酋酋，奇冠生平是此游。诗料画材珍宝片，濒行十武廿回头。

对于桂林山水，邓尔雅念念不忘，常常回忆那段快乐时光。撰诗以纪之：

空山蔽匿感奇瑰，心折潜幽有未开。混沌岩栖匪雕琢，烟煴元气实胚胎。性灵突使天荒破，险句疑从木客来。罜罜当中过粉洞，神游往复几千回。P81

霞扉一别苦徘徊，乡里归来首重回。春敕电行惊起蛰，天遗地痡患生蛔。石湖[①]高兴为吾有，海雪狂游谢此媒。宁必金轮方是咒，林林万乳宅灵台。P112

邓尔雅在桂林共计三年，遍游桂林名胜。留下不少诗作，也留下了许多画作。1929 年 4 月，在蔡元培等人的积极努力下，“中华民国”国民政府教育部在上海举办“第一届全国美展”，该美展收到展品 4060 件，其中包括邓尔雅的桂林山水画作《独秀峰》与《栖霞洞》。后来邓尔雅整理桂林所

---

① 石湖即范成大，海雪指邝露。范成大曾作《复水月洞铭并序》，邝氏《赤雅》等皆与桂林山水有关。邓尔雅著，东莞市政协编：《邓尔雅诗稿》，广州：广东人民出版社，2007 年，第 81 页《忆邓岩》，第 112 页《忆栖霞》。

绘画作，从中挑出桂林山水画二十幅，辑成《桂林山水画册》一册，1941年交给侄子邓祖颉保存，可惜在抗日战争中浩劫湮没。

在内忧外患、武人当道的动荡岁月里，寄情桂林山水，赋诗作画、终老是乡乃文人邓尔雅彼时的美好愿望。然而，桂林属于地湿气候之类，其爱妻体弱多病，桂林又缺乏良医，邓尔雅不得不携全家返回粤乡。1918 年，邓尔雅携全家回到广州。

第二节　桂林交游

邓尔雅在桂林写下了大量的游历诗作，从中也可一窥其在桂林的交友情况。如《吕殿撰遗象（像）》诗。诗前小注曰：

> 顺治丁亥状元吕宫，字长音，号苍忱。武进人。风度之美，朝野无伦。不数年，官至宏文院大学士，托疾力辞，避祸归隐，相传事实莫能详也。其裔字平之，时同客桂林，出遗象见示，属题。①

此事是指吕殿登门拜访邓尔雅，随身携带其先祖吕宫的遗像，想请邓尔雅作题。邓尔雅题：

> 肇允曲江风度奇，后来卜相孰为之。
> 清朝外传谁能说，试读张苍水集词。

又如《乙卯九日与杜鹿笙伦竹骞伉俪登独秀峰绝顶》P53－54：

> 如笔凌云劲以遒，题名绝顶禊清秋。
> 愿言高蹑轻风举，赋得崇阿帝子州。
> 足下群峰咸頫伏，眼前万象一齐收。
> 靖江山水吾能对，都入清湘画稿搜。

① 邓尔雅：《吕殿撰遗象》诗前小注，邓尔雅著，东莞市政协编：《邓尔雅诗稿》，广州：广东人民出版社，2007 年，第 46 页。

诗题中所提到的杜鹿笙伦竹骞伉俪，即是曾经师从邓尔雅学诗的女弟子伦鸾及其夫婿杜苹。

伦鸾（？—1927年后），字灵飞，号竹骞。广东番禺（今广州）人。清末民初杰出的女词人，有《玉函词》。出生书香门第。“灵飞资禀颖迈，四子经传，弱龄毕业。楚骚、古文、唐诗、宋词往往背诵无遗。”十五岁受聘为师，后“为桂林女学教习数年，授国文、舆地学、算学，生徒百馀人，咸佩仰之。”“夙工诗词，肆力于骈散文，日进而不已。精楷法，得北碑神韵。仿恽派写生，期于南楼清于抗手。词尤清婉可诵，气格渐近沉着，不涉绮纨纤靡之习。”① 对其词，朱彊村也极为赞赏，称其词有“雅近宋人风格”。如《桂林舟中作》（醉太平）：“深闺不惯长征也，山程水程。”又如她客居上海时，怀念桂林亲友所作《寄怀桂林诸亲友》（百字令）：

昔游如梦，正乍寒天气，纹窗清寂。柳外楼台清似水，得失满江风日。滩咽桃花，路遥芳草，别话长相忆。盛筵应再，浮云世事何极。犹记咏絮帘栊，浣花时节，胜友如云集。异地更思山水好，何日重寻苔迹。此际江南，梅花初着，谁为传消息。赠言犹在，箧笺珍重收拾。

词气流畅，格调清新，感情真挚。

伦鸾早年从邓尔雅学诗，后从况周颐学词，曾任北平女子师范大学教授中国古诗词的专职教授。

关于此女弟子，邓尔雅在诗作中多有提到，如诗题中曰：“伦灵飞女弟初从尔疋学诗，既于归吾友杜子鹿笙，侍君姑于沪上，复从桂林况夔笙学词，旋偕夫婿之故都，在女子师范大学及中国教授词学，继又治泰西医学，有汇通中外学理之志”，详细地介绍了伦鸾的学业情况，并赋诗一首以赠[P617]：

伏女曹家汉所师，于今复见可言诗。

① （清）况周颐：《玉栖述雅·伦灵飞词》，参见（清）况周颐撰，孙克强辑考：《蕙风词话 广蕙风词话》，郑州：中州古籍出版社，2003年，第168页。

绛纱授业诚吾党，黉序传经异昔时。
海内已非天水碧，阁中犹尚艸窗词。
犹嗟举世轻儒行，不是家家诵学而。

另一诗题也与此女弟子有关，如“杜伦灵飞治医学有汇通中外学理之志，盖其外祖何氏故，儒医世家，小时已习闻也”，诗曰[P611]：

事亲医药道相兼，旧学商量每不廉。
幼习内经知解剖，细翻左语译鍼砭。
可如治国诚通圣，独有填词意所忺。
儒者大同无畛域，非关西哲偶东渐。

杜鹿笙（1880—1957），名杜苹，字鹿笙。广东番禺人。学贯中西，工诗词文章。早年毕业于香港皇仁书院，后入英国剑桥大学主修文学史。归国后为北京大学教授，讲授西洋史，后任辅仁大学外国历史教授。

他乡遇故知，又是自己特别欣赏的女弟子，邓尔雅十分开心，经常与杜、伦两伉俪游玩桂林山水，赋诗唱和，何其快活。

邓尔雅曾作《栖霞洞游记》曰，“岁乙卯，尔雅养疴桂林，明年复移家来避乱。春秋佳日裹粮炳烛，遍搜诸岩，兼携纸笔、指南针之属，于栖霞前后，凡十馀游，幽隐奥窔之处无不到。同游者至交杜鹿笙、女弟子伦竹骞伉俪也。”①

又如《邓岩游记》，曰：“乙卯十月廿二日，尔雅与杜子鹿笙同游，翌年正月十二日再游。”②

邓尔雅在桂林作诗中，也多次提到与伦鸾、杜苹夫妇交游，如“刘樊仙侣东道主，赤雅奇文上帝馨。独秀题名凌绝顶，兹游端不负山灵”，其中“刘樊仙侣东道主”，据邓氏诗下小注，可知其为杜苹、伦鸾夫妇。

① 邓尔雅：《栖霞洞游记》，《南社丛刻第二十三集第二十四集未刊稿》，北京：社会科学文献出版社，1994 年，第 54 页。

② 邓尔雅：《邓岩游记》，《南社丛刻第二十三集第二十四集未刊稿》，北京：社会科学文献出版社，1994 年，第 56 页。

第六章 入幕滇军 保护国粹

1916 年袁世凯复辟失败，北洋集团分裂为皖、直、奉三大派系。三大派系称雄纷争，不断掀起政潮，共和政体面临被颠覆的危险。为了维护《临时约法》，恢复国会，以孙中山为首的革命党人联合西南地方实力派，自 1917 年 7 月至 1918 年 5 月发起反对北洋系的护法运动。1918 年的广州，社会危机加重。尤其醴陵兵燹之后，热爱祖国文化的邓尔雅无法再静心作诗论艺，坐视国粹遭受兵火之乱，他毅然从军，力图为保护国粹贡献出自己的力量。

第一节　醴陵兵燹

1918 年，湖南醴陵醴城惨遭北洋军阀洗劫。醴陵人傅熊湘与湘绅聂其杰、彭兆璜、袁家曾、刘青燃、谢树衡等文人对于时局动乱所带来的浩劫，非常悲愤与痛心，他们积极向《湖南日报》等报刊撰稿揭露军阀暴行。是年，南北议和在上海举行，傅熊湘与谢树衡等人赶赴上海请愿。为了让全国人民了解醴陵灾情，一方面，傅氏等人编写了《醴陵兵燹纪略》《湘灾纪要》等，刘青燃和谢树衡又拍摄醴陵灾情制成《醴陵兵燹图》，印送南北当局及各界人士；另一方面又创设了湖南善后协会，向社会各界筹款赈灾。

傅熊湘（1882—1930），字文渠，一字君剑，号钝安，又别署钝根，后简省为屯艮。湖南醴陵北乡旁山人。曾就读渌江书院、岳麓书院，师事王先谦、吴德襄等，后留学日本弘文学院。光绪三十二年（1906），与宁调元、陈家鼎、仇亮等在上海创办《洞庭波》杂志，又与胡适、丁洪海等编辑《竞业旬报》，鼓吹推翻帝制，后参加南社。傅熊湘诗、文、词兼工，而尤以诗成就为高，常与宁调元、郑淑容、陈豪生等诗文唱和。曾主编《大汉报》《长沙日报》《醴陵旬报》《通俗报》等。

傅熊湘等人的爱国之情和行动得到了社会各界响应。文人雅士们也无法静心吟诗作画、钻研国学，纷纷捐款赈灾，并力图为改变时局做出自己的贡献。

1918 年，回到广州后，邓尔雅常与好友相聚雅集，论诗谈艺，偶尔也治印。1918 年 5 月，《天声报》创刊，邓尔雅担任此刊图画员，主要负责此刊中的图画，其中也有其篆刻作品多件。6 月，《天声报》刊《代理邓尔雅篆刻》润例：

> 邓君原名季雨，为前江西提刑名太史莲裳公之哲嗣。专小学，精篆刻，能识奇字，并工诗古文辞。收藏古铜玺印脱本，及历代名人印谱，富甲吾粤。比哀世乱，戢影乡园遣日，仿周秦古玺，尤为娟秀绝伦。倘有欲求奏刀者，希以印石并润例，交本城小东门内水关河边二十二号蔡哲夫代收。以半月为期。石印每字实银五毛。

醴陵灾情传到广州时，广州各界人民也积极响应，纷纷捐赠赈灾。邓尔雅也深为傅氏爱国之情所感动，积极响应，并为其作题画诗一首[P113]：

板荡谁能说，丁兹但有嗟。
十年八兵燹，三户半虫沙。
忍去从徐福，狂思补女娲。
菊花疏散处，向日是人家。

军阀之间争权夺利，造成民不聊生。国家深处深重的社会危机下，时年三十六、充满一腔爱国热血的邓尔雅肩负着历史的使命感，决定不再坐而论道、论诗谈艺，而是投身滇军，希望通过此道直接参与爱国运动，从而保护祖国的山河与民族的文化。“民国七、八年间，尔雅从滇军为记室”。① 据《雪生年录》统计，当时“总部僚友为杨晋、卢铸、秦恩述、王恒、许崇灏、邓尔雅、蔡守”等多达 60 人。② 1918 年，邓尔雅入滇军李根源幕，开始其幕僚生涯。

第二节　滇军记室

19 世纪末，清政府为了应付边疆危机，在云南建立新军，并开办武备

① 邓尔雅：《曹溪南华寺宋刻五百罗汉记》，许衍董等编：《广东文徵续编》，香港：广东文徵编印委员会，1986 年，第 542 页。
② 李根源：《雪生年录》，台北：文海出版社，1966 年版，第 89 页。

学堂培养军事人才。滇军早期的很多将领皆出自武备学堂。

辛亥革命后，云南的革命党人发动云南昆明起义，建立以蔡锷为首的护国政府，以扩国军名义发起讨袁运动。云南成为反袁重镇，护国军成为维护共和的中坚力量。后因龙济光在广东与护法军唱对台戏，连续攻陷雷州、恩平、阳江、高州、化州、开平等，企图占领广州，全省震撼，孙中山、伍廷芳等及国会力催李根源担任“驻粤滇军总司令”，前往镇压龙济光部队。于是1918年2月25日，李根源“赴粤，任驻粤滇军总司令兼摄滇军第四师师长，督办粤赣湘边防军务。”①

邓尔雅自此时始为驻粤滇军总司令李根源记室。

李根源像

李根源（1879—1965），字印泉，又字养溪、雪生，号曲石，别署高黎贡山人。祖籍山东益都（今青州），生于云南腾冲。1904年留学日本陆军士官学校，习学陆军军事。1905年参加同盟会。1909年回国，任云南陆军讲武堂监督总办督练处副参议官。李根源亦为南社社友。据其言：“旧友秦见斋（按，即秦锡圭）、吕天民（按，即吕志伊）、陈佩忍（按，即陈去病）、高天梅（按，即高旭）、蔡哲夫征余入南社，遂著籍焉。”②

“记室”为幕职名称，早在魏晋时期已有，在清代幕业中又成为“书启”“书禀”等，其职能在于书写信函和起草公文。邓尔雅《从军》诗中有云“盾鼻朝夕磨”，“磨盾鼻”即指在军队中从事文书工作。邓尔雅与李根源同是南社社友，其诗才为人推许，故能知遇于李根源。作为李氏的记室，邓尔雅等多参与处理一些日常事物，甚至一些私人事务，如：

> 1918年“二月初二日辰时奉安先母于小王山东麓，丁笏堂周玉书两兄弟迁墓碣，大总统黎公题墓志铭，金松岑先生撰，黄蔼农先生书。吴昌硕先生篆盖，墓碑铭赵樾村师撰，邓尔雅先生书，朱古薇先生题额。”③

① 周兆麟：《简历》，乃李根源撰《雪生年录》，台北：文海出版社，1966年版，附录，第139页。

② 李根源：《雪生年录》，台北：文海出版社，1966年版，第88页。

③ 李根源：《雪生年录》，台北：文海出版社，1966年版，第129页。

1918年8月，李根源让邓尔雅等人办理滇军在南雄讨伐龙济光部队而阵亡将士的安葬和追悼会事宜，邓尔雅代撰《祭滇军阵亡将士文》曰：①

维中华民国七年八月二十有一日，为追悼滇军南雄讨龙两役阵亡将士之辰。粤赣湘边防军务督办驻粤滇军总司令李根源谨以清酌庶馐致祭于诸将士之灵，而告之曰：繄民国之多难兮，任奸逆以纵横；何袁仆而段起兮，实虺性而蛇行；灭议会以乱政兮，乃自坏乎长城；我西南之护法兮，不得已而用兵；羌独立以举义兮，思净扫乎妖氛；彼豺狼之当道兮，终不悦于仁人；遂卖国以求逞兮，在取媚乎强邻；遣孽龙于海南兮，纵凶焰于北津；分逆将以寇粤兮，彼欲动摇我本根；叹内乱之未靖兮，更外患之交乘；惟我武之维扬兮，爰北伐而南征；溯秦天南之举义兮，滇实为其先声；奋昆池之子弟兮，乘金碧之精英；转战千里而进于粤东兮，义声远震乎海滨；困孽龙于绝域兮，复北向而藩屏；南雄失而复得兮，忽风起而云腾；欣逆氛之尽扫兮，睹白日之荧荧；傥首功之追溯兮，将舍诸将士而谁伦；何皇穹之冥漠兮，而弗克终阴厥身；当剧战之未终兮，而竟丧吾忠贞；诚中原之多故兮，岂仅天地之不仁。呜呼哀哉。

顾诸将士之忠勇兮，今虽死而犹荣；人固无有赀殒兮，惟诸将士独保其今。名上九天下九京，生为英兮死为灵，赋大招兮荐粢盛，魂归来兮享斯馨，看奸逆之授首兮大功成，列诸将士于国史兮，允足称滇南之豪杰，而同为民国之干城。呜呼哀哉，尚享。

其中包括护国之役阵亡官长43名，士兵695名；讨龙之役阵亡官长8名，士兵22名；南雄之役阵亡官长11名，士兵112人，共891名葬于二望冈、沙冲坪滇军墓地，并举行滇军阵亡将士追悼会。

对于此事李根源在撰自己年表时，也有提及：

① 邓尔雅：《祭滇军阵亡将士文》，许衍董编：《广东文征续编》，广州：广东文征编印委员会，1986年，第543页。

余乃从事整理北江十五县教育实业、道路河渠及韶州市政调察连阳傜民状况从事开发，修二望冈、沙冲坪滇军墓地（二望冈墓碑，岑春煊撰，赵藩书。沙冲坪墓碑，卢铸代撰，邓尔雅书。并于韶州建祠，两墓均置有岁祭田产）。[1]

李根源在韶关期间，仿效云南陆军讲武堂，筹办了两期“韶州讲武堂”，第一期1918年9月22日开学，招收学员247人；第二期1919年10月6日开学，招收学员510人，两期“共七百五十人，以陕湘赣滇籍为最多”，所编全体人名成《韶州讲武同人录》，也是邓尔雅执笔。

李根源文韬武略，既是叱咤风云的将军，又是诗人、书法家，熟谙文史。他与邓尔雅虽为幕主与幕僚关系，但同时也是南社社友，均对保存历史文化十分重视。文化关乎国运，要救国、救亡、保种，就必须保存自己的民族文化。李根源和邓尔雅等文化精英深谙此道。李根源就曾严令各师旅“凡孔子庙佛寺及名贤忠孝节烈祠宇，不准驻兵。”[2]

在韶关期间，李根源保护历史文化多处，其中邓尔雅均有参与，为保护地方文物做出了重要的贡献。

一、重修曹溪南华寺[3]

在韶关创办讲武学堂时，李根源与自己的幕僚蔡守、邓尔雅等人曾多次游览曹溪南华寺，后又与邓尔雅合作编著了《曹溪南华寺史略》，详细地考证和介绍了南华寺的历史渊源。

1918年7月，李根源带着邓尔雅等部下、幕僚游览曹溪南华寺，[4] 因“见庙宇荒敝，僧众四散，以为曹溪祖庭所在，而宗风衰替如此，及今不治，废坠且莫知所底，慨然有存名迹、安戒纳之志”，遂决定“重修曹溪南

---

① 李根源：《雪生年录》，台北：文海出版社，1966年版，第89页。

② 李根源：《雪生年录》，台北：文海出版社，1966年版，第89页。

③ 南华寺又称“宝林寺”，是广东六大寺庙之一，是一座中外闻名的佛教寺院，被誉为“岭南禅林之冠”。它位于广东省韶关市约22公里的南华山，在韶关曲江区马坝镇东南六公里，山上峰峦叠翠、古木参天、环境清幽。“菩提本无树，明镜亦非台。本来无一物，何处惹尘埃。”六祖惠能的偈语，让韶关南华寺和《六祖坛经》闻名于世。

④ 李根源撰记曰：“伏中缛暑，师行爵蒸，时南雄已复，军书少布，乃与武宁李烈钧协和、建水杨晋进卿、盐兴朱培德益之、南康卢铸可铸、香山卓仁机同谒祖，过罣苏程广（庵），酌量溪水，蔬食一宿，题此纪游。中华民国七年十月腾冲李根源记，东官邓尔雅书。”

南华寺碑

华寺。寺有六祖憨山丹田三真身并武曌、万历两勅墨迹，补刻柳宗元大鉴禅师碑，赵藩书六祖行年考，赵藩撰书苏程菴铭，孙光庭书师石刻象，清世祖书敬佛字碑，并派员清还寺中田产延僧贯一住持”，[1] 李根源“乃捐廉二千圆为倡，命守土之吏，筹资鸠工，从事修缮，至八年六月毕工，都计用银四千圆。有曲江县知事周濂、现任陆光鑫实董斯役。”

此次修缮，为记其事，李根源命杨晋撰记，邓尔雅书碑，勒石镌刻于殿前，现仍存。学者罗香林曾发表《禅宗与曹溪南华寺》一文，其中即记录有邓尔雅所书的两块篆碑：一在六祖殿门右壁；一在大雄宝殿右廊。[2] 此后他还多次带领邓尔雅、蔡守等幕僚部下游览并着力修缮与保护南华寺。邓尔雅均陪同并题记，如：

1919 年，“正月初六日，樾村师七十寿，避寿来韶州，侍游南华寺，住旬日（少元师并往）。”“买花果树千株种南华寺，并督种自韶州至省沿铁路两旁树木数十万株。”[3]

“七月侍樾村少元两师游南华寺，住半月（谢荫南鹏翰、赵星海式铭、程嵩生章行、严沈衡山、刘定五、卢滇生、刘梦泽、赵澄甫族兄，希白、邓尔雅、蔡哲夫、潘致中、李凤冈、谢佩青诸君同往），并游峡山寺、白云山。”[4]

是年秋，邓尔雅与赵藩、蔡守、潘龢同游南华寺，并夜宿该寺。晚上闲来无事，大家同用周美成韵，四声相依，一字不易。邓尔雅作《意难忘》曰：

濛舰昏黄，正璇题絓月，素影窥觞。花飞脂雨腻，茶熟乳泉香。

---

① 南华寺藏碑之一，杨晋撰记，邓尔雅书碑。

② 罗香林：《禅宗与曹溪南华寺》，《国立中山大学文史学研究所月刊》第 1 卷第 4 期，1933 年 4 月 25 日出版。

③ 李根源：《雪生年录》，台北：文海出版社，1966 年版，第 91 页

④ 李根源：《雪生年录》，台北：文海出版社，1966 年版，第 92 页。

灯晕缩，夹衣凉，费墨渖淋浪。笑少年，瓴磨镜拙，几度偷相。银河去夕星双，是谁家院宇，并看牛郎。觞楞生绮梦，鬟髻入新妆。寒玉去臂，断琼肠，便不寝何妨。但怎听因风片叶，换了秋光。[1]

每次游览南华寺，心细的邓尔雅皆有所获，他发现南华寺原有五百尊罗汉造像，雕镂非工，尚存四百馀具。邓尔雅细玩罗汉造像，发现像座刻有文字，由于经屡次重修，这些字为油漆所封。邓尔雅仔细研读这些字，发现字体大小不一样，皆为出资雕刻供养人姓名，有很多是宋仁宗庆历年号。尔雅用小刀割下那些有字的木片八枚，仔细研究，确定这些罗汉造像应该是宋时木刻，乃赋诗而记之：

宋槧甲天下，奇觚幸抱残。
借泉洗梵像，无物有灵檀。
庆历纪元旧，苏程及见难。
上齐南越木，金石与同看。[2]

邓尔雅所得八枚，一直珍藏，至1929年，赠送给了潘龢之子潘庶春。

二、修葺张文献公祠墓

风度楼

韶关历史名胜中有“三风楼”，其实并非一座楼，而是风度楼、风采楼和风烈楼三楼的合称。风度楼，始建于宋朝天禧年间（公元1017—1021），纪念唐代著名宰相张九龄。风采楼建于明弘治十年（1497），为纪念北宋仁宗时期的名臣余靖而建。风烈楼，原名文奎楼，始建于明嘉靖九年（1530），供奉魁星神像。1918年，时任粤湘赣边防军务督办兼南韶连道长官的李根源将军，重新修缮此楼，以供祀历

① 余祖明纂辑：《近代粤词蒐逸》，中国文化协会，1970年，第75—76页。
② 邓尔雅：《庆历木刻造象题名拓本》，邓尔雅著，东莞市政协编：《邓尔雅诗稿》，广州：广东人民出版社，2007年，第100页。

史名将侯安都和麦铁杖的神像，并题曰风烈。“文奎楼”自此更名为“风烈楼”。

李根源驻防韶关时，景仰先贤，将韶关名贤祠墓加以重修，其中就有张文献公祠墓。

张九龄（673—740），字子寿，一名博物。韶州曲江（今韶关）人。唐中宗景龙元年（707）进士。以“道侔伊吕科”对策高第，迁左拾遗，累官至中书令。张氏乃唐代著名宰相之一，有政治才干，敢于直言进谏。后乞归乡，卒于乡。谥号文献。世称“张曲江”或“文献公”。族人为纪念张氏，建张文献公祠墓。

可惜，张文献公祠墓年久失修。至1919年，李根源主持对张文献公祠墓重新修葺一新，记曰：

> 修唐张文献公祠墓。文献像系铁铸成，俗称铁胎相公。补刻徐浩张文献公神道碑，孙光庭书，重修武陵源张文献公墓记，邓尔雅书并修，公弟岭南经略节度使张九章殿中监南康县伯张九皋墓，樾村师代撰祠联。

该祠内有两匾，一是岑春煊题“风度余思”，一是李根源题“鹏翥南溟”，李根源又在祠内撰书联，曰：“蜀道铃声，此际念公真晚矣；曲江风度，他年卜相孰如之。”

至今，韶关武江区西河镇田心村的一座不高的山上，我们仍能看到这样一个石碑，上书：“唐中书令始兴伯张文献公墓”，旁署：“民国八年八月唐张文献公祠墓界碑，督办粤赣湘边防军务李根源立。”

作为军中“记室”的邓尔雅，一直跟随李根源。邓尔雅不少诗作都是与李根源活动相关的。如：“风度南枝先北枝，后来卜相孰如之。蒙尘蜀道闻铃际，悔念贤人已太迟。”一诗，乃是化用了张文献公墓前对联“蜀道铃声，此际念公真晚矣；曲江风度，他年卜相孰如之”，因为据《雪生年录》载，李根源重修曲江祠墓时，亲自重新书写此对联，邓尔雅专为此赋诗。

又如：“曲江丰度除梅似，曹洞名区得水香。鼎鼎三风楼在目，相高只廿七松堂。”这是指李根源重修韶关旧魁星楼时改名为风烈之事。再如“信宿南华寺再三，苏程仍是旧时庵。品茶洗砚因缘足，味道曹溪一勺甘”，是

题记李根源多次率部下考察南华寺的诗作。

三、保护海南琼州文物

1920年，“九年一月（李根源）改任督办广东海疆防务事宜兼摄琼崖镇守使。”① 邓尔雅亦随滇军至海南琼州。

在琼州，李根源除了“巡视琼州各炮台”之外，仍然延续在韶州保护文化之传统：“补修邱文庄海忠介祠墓，增修五公祠，五公者唐李德裕、宋李纲、赵鼎、胡铨、李光也。”“建东坡故居”，“重修海康旌忠祠”。这期间，邓尔雅一直跟随李根源，致力于文化保护活动，乐此不疲。

除了保护琼州文物，邓尔雅亦笔耕不辍，多有诗歌创作与发表：

1920年《国学丛选》发表邓尔雅诗作《卢子匏斋（铸）用东坡故事属刻桄榔印》二首。

邓尔雅作《琼州海濒多楈榔槟榔之属偶取入画》P95：“梵文音译贝多罗，椰属椶榈实一科。我亦桄榔庵里客，丛林仿佛见东坡。”② 又作《寄内用张文烈忆内原韵》P62－63：“何必黎村更买愁，③ 新愁已够压行舟。客途半在西风里，只有春闺气不秋。千里家园苦奋飞，凉秋容易又添衣。平生惯作浮云壻，但值相随便算归。”

又作《琼州杂诗》P98－99：

何止身临头痛阪，直教生度鬼门关。
六无同具东坡感，疑入羲皇以上山。

灯侧守宫蹓人影，艸间蝅蝎象牙牌。
居人怪得柔肠断，毒瘴蛮烟万古霾。

侼女缶娃风浴春，温泉一庙祀何神。
小要白齿璩穿耳，或是唐朝杨太真。

象形文字无人识，但解操觚数目镌。
独喜六书搜例证，无疑指事定居先。

---

① 周兆麟：《简历》，乃李根源撰：《雪生年录》附录，台北：文海出版社，1966年版，第139页。

② 此诗句后有邓尔雅自注曰：“贝多罗即贝叶，尔疋所见贝叶经数种皆此科植物，但广狭厚薄不同耳。”

③ 此诗句后有邓尔雅自注曰：“琼州有买愁村，内子幼侍其父官琼州镇。”

后来，邓氏回想海南生涯时，曾绘《椰林图》，上题款曰："庚申春二月，参海疆军，入朱耶，海裔多榾椰，风景至今尚在心目。丙寅炎夜，想象写似丹林社兄清娱。东莞邓尔疋记于红香炉岛。"又绘《椰榾图》，题曰："东坡谪儋耳，偃息桄榔林中，摘叶书名，以记其处。尔疋。桄榔当作庵，楼台可刻印。高人不好名，自然天地震。又题。"

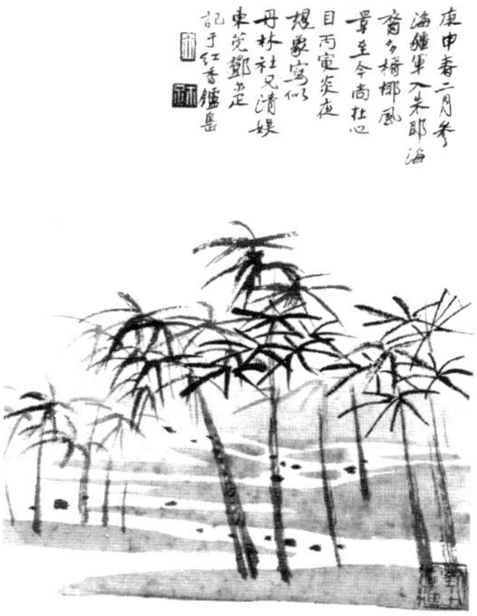

《椰林图》

当时军阀之间争权夺利，纷乱不断。广东桂系督军莫荣新无视滇军唐继尧，对滇军进行整改，命令李根源督办粤赣边防军务兼南韶连镇守使。这一整改激怒了唐继尧，使其对李根源产生了不满。再加上又有李烈鈞到广州，与李根源夺权，最后导致了李根源与唐继尧、李烈钧三者的决裂，李根源愤而退出滇军。1920 年 10 月 24 日，李根源下野，离粤返沪，其幕席随之解散。"蔡守也就到香港去了"①。邓尔雅也离开了滇军，黯然回到广州。

第三节　幕府交游

李根源是驻粤滇军总司令，又是粤赣湘边军务督办兼南诏镇守使，这样，曲江、英德、乐昌、仁化、翁源、始兴、南雄、阳山、连县、连山、从化、花县、清远、广宁、四会等广东 15 个县皆在李根源的管辖之下。李根源作为驻粤滇军总司令，聘请蔡守、邓尔雅、卢铸等近 60 人入幕，为其出谋划策。

因为心系名胜古迹的保护，李根源经常带领幕僚对一些历史名迹遗址进行考察，对一些破损严重的古寺庙、名人祠墓出资修缮，如南华寺、张文献公祠墓等。"书刻憨山大师遗诗及与武宁李烈钧题名于南华寺，又刻杜

① 中国人民政治协商会议江苏省暨南京委员会文史资料研究委员会编：《江苏文史资料选辑》第 8 辑，南京：江苏人民出版社，1982 年，第 203 页。

工部八哀诗之一于张文献公墓，传忠壮公墨迹于碧鸡山。滇军阵亡将士题名后记于二望冈，印孙少元师经史杂钞曾胡治兵语录焦尾集成。”①

1919 年 3 月，赵藩将谢崇基所赠的《汉孟孝琚碑》初拓本又转赠送给蔡守。赵藩（1851—1927），字樾村，一字介庵，号石禅老人。云南剑川人。此时，赵藩作为驻粤滇军代表，也李根源私交甚笃的乡贤前辈，故常与众人交游。蔡守收到此拓本，欣喜作跋。② 邓尔雅也在拓本左侧书写观款曰：“剑川赵藩、腾越李根源、南康卢铸、顺德蔡守、东官邓尔疋同观并记于尚王故宫，时己未三月。”此拓上钤盖“赵藩卢铸潘和蔡守邓尔疋同时审定”，乃邓尔雅当场刻就。

“赵藩卢铸潘和蔡守邓尔疋同时审定”印

1919 年，“七月韶州镇守使李根源见飞来寺倾颓太甚，询悉因办学提产太多所致饬，知事张鑑藻会同邑中各界发起重修。”③ 李根源提出重修峡山寺，并捐资装裱寺中古画，其中就有《曾宾谷长寿寺修禊图》，该图描绘的是清嘉庆二十年（1815）广东布政使曾燠带领幕僚在广州长寿寺举办雅集的场景。原藏在广州长寿寺，后长寿寺寺产充公，所藏书画皆移藏峡山寺（按，即飞来寺）。此图上有众多著名文人的题跋。在此图画心的左侧，收有一行小字曰“民国八年己未八月，李根源、卢铸、蔡守、潘和、邓尔疋、赵蕃暨子宗翰同观”。应是 1919 年 8 月众人考察清远峡山寺时留下的题记。

《曾宾谷长寿寺修禊图》（局部）

① 李根源：《雪生年录》，台北：文海出版社，1966 年版，第 90 页

② 蔡守跋云：“汉孟孝琚残碑，光绪廿七年云南昭通出土，上已断，就諮词推之，上段缺文每行应七字计佚都八十余言。汉严道为今雅卅，武阳为今眉州、彭山，朱提为今昭通。盖孟孝琚侍父官武阳殁而归葬朱提也。黄鹿泉定为光武建武十二年，楚予定为成帝河平四年，皆无确证，按碑末武阳僚佬题名，有铃下之称，此官仅见于东汉末，固定献帝建安廿一年也。敢质□盦社督以为然乎否耶？己未三月蔡守哲夫跋尾。”

③ 《（民国）清远县志》卷三，1937 年铅印本。

据《清远县志》，赵藩、李根源这次考察清远，留下不少碑作，其中在飞泉洞留有“李根源题名碑”，乃赵藩代书，落款题：“民国八年己未秋腾冲李根源、顺德蔡守、东莞邓尔疋、南海潘和、信宜李怀霜、慈利黎民镇同来，剑川赵藩书。”①

是年秋，邓尔雅、蔡守、潘龢、赵藩等人还常去南华寺拓印该寺金石，后经整理成《南华禅院记》裱本一轴，上题并钤印“己未孟秋蔡守拓南华寺金石，赵藩、卢铸、潘和、蔡守、邓尔疋同时审定”。

“潘和”即潘龢，是邓尔雅的至交好友。

潘龢（1873—1929），字致中，一作至中，号抱残，排行七，又称潘七。广东南海西樵乡人。家境殷实，喜收图籍，建“万卷书楼”以藏书。南海诸生。博学多能，工诗，善书画，精篆刻。深入金石研究，精于文物鉴别。潘龢兄弟多有才学，皆好收藏古器物、书画、金石，且喜钻研，在版本、书画、金石、鼎器鉴赏等方面均有所得，如潘南卿，一作楠卿，精鉴赏，在广州设一书肆，后改业装裱，兼营古玩。潘南卿弟六如，也精书画鉴赏，尤精辨古铜彝器。

邓尔雅与潘氏三兄弟有着共同的爱好，性情相投，自幼交好，并称为一生至交。邓尔雅曾在1946年撰《邓斋师友录》，初稿未完，仅著录五人事迹，而潘氏三兄弟则位居其中。邓尔雅作“屈指相知虽颇窄”诗句时，附以自注曰：“刘禹锡诗‘平声定交取人窄，屈指相知唯五人’”，可见邓氏与潘氏兄弟的交谊之厚。“切磋金石冠平生”，可见金石研究是邓尔雅与潘氏兄弟交往中重要内容之一。共同的爱好，让他们频繁互动。

光绪三十三年（1907）七月，因修建广九铁路，翻修路基，在广州东山龟岗一带挖出大量的瓦片，这些瓦片上都有文字。适逢潘六如遇到此事，对于瓦片上的文字，很感兴趣，捡拾带回来研究。经对这些残瓦文字进行研究和考释，潘六如发现这些可能是古南越国的瓦片，具有相当重要的学术价值，于是十馀年来常去东山捡拾瓦片，收藏颇丰，“捡拾日已多，屋小几不容”，最后潘六如在潘龢、邓尔雅、蔡守的共同审定和研究中，对所藏瓦片进行了全面的整理，撰成《南越故宫残瓦记》《南越故宫残瓦文字》《说瓦》《瓦榷》等文以及《拾瓦行》古风三首等稿。②

① 《（民国）清远县志》卷十九，1937年铅印本。

② 林雅杰等编：《南越陶文录·前言》，天津：天津人民美术出版社，2004年。

这些古南越国残瓦，后经《艺术丛编》邹安编辑而成《南越残甓十二品》。1917 年蔡守借出寄与邓尔雅审定，邓尔雅题记曰：

> 广州东山多南越古冢，去年曾发见冢木题字，当世已诧为奇品。此残甓乃南海潘六如自广九铁路开筑以来十年间所拾得，文字多近大篆，断为西汉无疑，专（砖）面皆作谷文（纹），尤属罕见，惜无一完好者耳。蔡子寒琼闻景叔先生有专录之辑，因叚（假）拓寄似审定。丁巳十月五日东莞邓尔雅记。

潘、蔡、邓三人审定拓片时用印

1919 年素称“渊渊作金石声”的“广仓学窘”之《艺术丛编》刊载了邹安①所藏《南越残甓十二品》拓片。此拓片就是来源于潘六如所发现的瓦片，经潘龢、蔡守、邓尔雅三人共同审定拓制而成。拓片上有邓尔雅所书篆字释文及蔡、邓二人的题记，拓片上所钤印章有：“潘六如十年间广州东山拾得”“六如拾得至中审定”“抱残室”“抱残室审定”“潘和藏甓”“倾城拓”②“尔雅”连珠文印、“蔡守”“潘至中蔡哲夫邓尔雅同审定”。

潘、徐、邓、蔡督拓广州图书馆金石文字用印

潘氏兄弟、邓尔雅、蔡守等人对这些古南越国瓦文的开拓性研究，居功颇伟，被后人称誉为“研究南越国陶文的拓荒者”。

邓尔雅还同潘龢、徐绍棨、蔡守等人一起帮助广州

① 邹安（1864—1940），原名寿祺，字景叔，号适庐，杭县（今浙江杭州）人。时为《艺术丛编》主编。

② “倾城拓”印主是张倾城。张倾城乃蔡守正室。蔡守妾谈月色也会墨拓技术，据其言乃“哲夫授以全角墨拓之技”，故张倾城之墨拓技术应该也是来自蔡守。

图书馆（现广东省立中山图书馆）督拓金石文字，为保存广州的文化遗迹做出了贡献。

1918年，邓尔雅与潘龢、李尹桑、易孺、蔡守、李研山等十馀人在广州清水濠盛家组建“濠上印学社”，“每周雅集，相与观摩所作，谈论心得，得出版印谱，对印学之提倡，厥功颇伟。”①

1919年，邓尔雅曾多次陪潘龢、李根源、蔡守等同游清远。

1921年，邓尔雅作《题摺扇》七绝二首[P110]：

裁剪雌风荐夏筵，鸿随恒可爱妻贤。
聚头叠骨长无恙，便入秋来忍弃捐。

妾心层叠被郎开，镌骨恩情不敢灰。
妾自畏寒郎畏热，同床各梦转无猜。

潘龢见之，甚为赞赏，戏称邓尔雅为邓摺扇。

1923年，邓尔雅为潘龢题其所藏恽南田册叶。诗题曰“潘七至中藏南田神品册叶，昔年其孺人病，中将以此册易薓，孺人坚不欲，谓‘妾梦不详，病必不起，神品难再得，君他日无此，何以消遣？’遂别取他画数卷售之，而病者卒不起也。顷至中出此册，属题为书绝句二首”[P705]

1926年邓尔雅又与潘龢在广州六榕寺组织国画研究会。作《山水寄呈潘七》诗云[P191]：

印有十不刻，琴有九不弹。绘事同一例，未可强所难。
前辈弗妄作，新画何汗漫。铜臭而已矣，焉能润笔濡。
生平耻市道，技蚌始濡翰。自娱非盗窃，吾亦抱吾残。
好山罗匈次，于卿底相干。毫墨我所写，初非要人看。
长生在美意，比之大还丹。日课有次第，大书记枝幹。
或者惊知己，山灵两相欢。山灵有旧盟，岁寒盟不寒。

1929年2月16日（人日），邓尔雅离开香港，回到广州拜访潘龢。潘

① 马国权：《广东印人传》“李尹桑”条，香港：香港南通图书公司，1974年，第71页。

氏以所得今释《绿绮台琴诗卷》相赠。

1929年3月5日，潘龢病逝。邓尔雅十分痛心，常作诗以纪。《哭潘至中》《挽潘至中》《题亡友潘至中临清湘桃花源图》《过亡友潘至中寓访其次子熙》《潘至中芝莲理室印附诗》《为亡友潘七至中写心经》《题潘七遗作画》《亡友潘至中画》等，如：

尔雅哭之以诗，《哭潘至中》云[P136]：

泪干何以哭潘郎，清润令人不敢忘。骨董图书多眼学，朴淳浑厚写心藏。羞为市道真吾辈。述到家风孰可当。居宅面城谈笑惯，经过久立看斜阳。

何止相交在画盟，切磋金石冠平生。中怀春气移双凳，南面书斋王百城。山中有灵能匆诧，昊天不淑太无情。抱残旧稿狂搜著，未敢寻常笔墨名。

《挽潘至中》，云[P138－141]：

风流文采忌潘岳，说到藏山必可传。一代乡邦真画者，当仁端不让前贤。

画入虚州出石溪，自家怡悦自家题。时人有例嫌高古，非我佳人断莫提。

乱云欲雨乱山春，十日工夫五日皴。湿笔转鬆焦墨润，匈罗万卷更何人。

临移万纸夏千缣，非是平生太不廉。真迹渐都输海外，中华文献已西渐。

潘岳多情昔费词，遂令颁白易丝丝。南田册叶千回展，如此消磨又几时。

人月堂中主画盟，解衣盘薄四筵惊。二樵里甫商量遍，端合先生殿有清。

龙蛇之岁海扬尘，治玺难为挂剑人。清润不图君逝矣，江山忍说旧时春。

学者耄年仍不已，古来侪辈亦相师。故人岂但佳难得，今日报君空有诗。

潘龢去世后，邓尔雅每过其居，睹物思人，久久徘徊，不忍离去。后邓尔雅又在广州《国民新闻》上发表悼潘致中诗曰：

闲居文采述家风，眼学精微眼福丰。屈指乡邦真画者，当仁不让二樵翁。

画入廉州出溪谷，自家怡悦自家题，藏山只许山诧异，非我家人断莫提。

乱稿牛腰束束邪，掷来何止果专车。群芳除却潘园外，满县虽多不是花。

潘岳多情昔费词，遂令颁白易丝丝。南田真迹千回展，如此消磨又几时。

曹溪浈水与□窥，洒以潘郎乃更奇。造化由来须笔补，始知造化尚非师。

结社六榕无主宾，解衣磅礴各传神。可怜人月堂前月，照遍堂中少一人。

令子附名印人传，小者成行罗洒浆。周晬一婴方扛褓，灵前犹未解凄凉。

无穷众笑到沧桑，廿载佗山盟不忘。痛定那堪又增痛，哭王郎后哭潘郎。

邓尔雅刻“潘郎”名印，边款曰：“至中七兄嘱，尔疋。”“印成而致中归道山矣，己巳正月廿六日也。尔雅哭。”又刻“清润潘郎”印，边款曰：“至中画盟属治此印，清润潘郎，东坡词句。尒疋以砖文刻之。至中逝世三年矣。又记。”

邓尔雅不仅能诗，亦能书法、篆刻，在驻粤滇军中颇受欢迎。他的篆刻作品中，有不少是滇、桂两军人士的名章。冼玉清《广东印谱考》录其《尔雅印可》时云：“此谱每页所钤印数不一，多军政要人之印。”①

“清润潘郎”印及边款

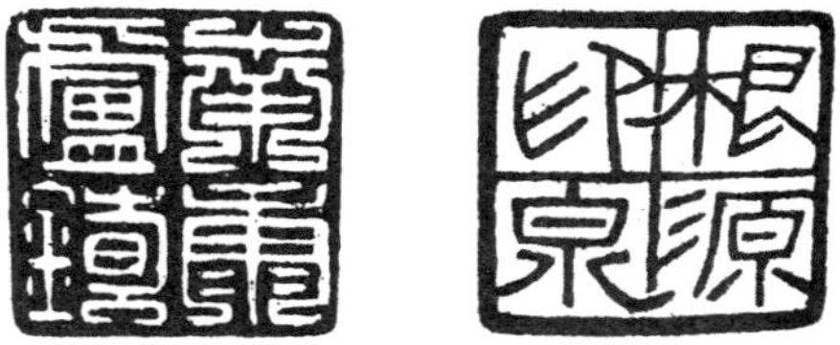

邓尔雅入幕军中时刻印

① 冼玉清：《广东印谱考》，民国铅印本，中山大学图书馆藏。

第七章

流寓港岛　谈诗论艺

上世纪20年代，广东政局多变，战火频仍。邓尔雅在遭遇家园被毁之后，辗转东莞教书，然而东莞也不是安居之地。1922年，不惑之年的邓尔雅只能背井离乡，流寓港岛。在港期间，邓尔雅与在港文人雅集论艺，倾心学术，勤于笔耕，并发挥自己的特长，创办报刊、参与社团，积极投身于保存国粹、发扬国光的事业之中，直至生命最后一刻。

第一节　初至香港

一、家园被毁

南方军阀之间争权夺利，内战不断，民不聊生。1920年除夕，邓尔雅在广州的寓所也难逃厄运，遭遇兵火，邓尔雅所藏书画、金石、图籍、手稿等皆遭焚殆尽。面对惨状，邓尔雅十分无奈，感怀赋诗一首，曰：①

家园无恙又闲居，过去阴阳感慨馀。
残蜡摧摇多涕泗，杂花荣谢有乘除。
祭诗聊以为怡悦，失火宁须得贺书（广州寓所遭兵燹书画付一炬）。
欲问长恩新旧鬼，千春今昔几踟蹰。

家园被毁，居无定所，从琼州回到广州的邓尔雅只好带领全家再度离开广州，回到东莞。1921年邓尔雅在东莞中学任教，闲暇时日，则教授孩子们刻印。这时期邓尔雅篆印颇多，并对印文渊源详细考证，如刻“捷好妾赵”一印，邓尔雅赋诗一首，并在诗前序曰：②

陈寿卿十钟山房藏印至富，偶购得其玉印谱一册，为吾粤何蘧厂客陈氏时所钤。中有“婕伃妾娋”四字鸟篆印，婕从纟，予从人，赵古玺皆作肖，此增从女。字典女旁字多无意义，但注云，女字或女名。

① 邓尔雅：《庚申除夕》，邓尔雅著，东莞市政协编：《邓尔雅诗稿》，广州：广东人民出版社，2007年，第101页。

② 邓尔雅：《捷好妾赵玉印》，邓尔雅著，东莞市政协编：《邓尔雅诗稿》，广州：广东人民出版社，2007年，第107页。

尔雅以为皆妇女姓名。观此赵字作娋，尤可证。赵氏位婕好者三人，一钩戈，一宜主、一合德。龚定厂据鸟篆定为飞燕印也。倪云癯桐阴清话录吴石华诗序云，嘉靖间藏严分宜家，后归项墨林，又归锡山华氏及李竹嬾，最后嘉兴文后山得之，龚定厂以朱竹垞藏本宋拓，娄寿碑相易益以朱提五百，遂归龚氏。今印归陈寿卿。前此又尝藏海山仙馆主人潘德舆，或云即何蘧厂介绍于陈氏者。

邓尔雅诗作中也有关于治印的，如《自刻名印戏题》曰：“我侬青田石，尔侬紫芝泥。生平不可共，此物及山妻。”《又题青田石名印》曰：“妾眉出郎画，郎名印妾心。但愿心长印，宁论眉浅深。”《又题内子窈窕名印》曰：“作此与众异，奇觚在急就。妃以万岁名，愿同金石寿。”“美心谓之窈，善色谓之窕。小字出国风，刻上苕华好。”《自刻名印咏以二诗》曰：“端与君心印，非因妾色妍。请将丹一寸，奉队到君前。不辞嫁与君，为君能消受。妾心如玉坚，情愿入君手。”等等。

二、避地香港

战争的蔓延，战火的不断，东莞也不太平。邓尔雅不得不举家迁往香港。当时的香港，相对安全，广东地区许多文人流寓香港，其中有不少南社社员。1920 年，蔡守离开滇军时，就携带全家去了香港，并得到南社广东分社社友莫鹤鸣的襄助，被其聘请协理赤雅楼古玩店，以此养家。1922 年，广东亦多政变，故乡不可居，正值不惑之年的邓尔雅亦无奈避地香港。

初到香港的邓尔雅，也得到了好友蔡守的帮助，赁住在九龙油麻地庙南街二百八十号三楼，后移居跑马地奕荫街二十五号三楼。① 在蔡氏的引见下，邓尔雅认识了莫鹤鸣等人，并多次参加赤雅社活动。在赤雅社，邓尔雅见到了自己的老师何藻翔，也见到了崔师贯、潘兰泉等好友。与这些良师益友的相聚，让邓尔雅初到香港烦乱的心安定点了许多，逐渐步入了香港的生活。

初至香港，无固定的收入，为了解决家人的温饱问题，邓尔雅尽力地去赚取全家生活费用。在好友的建议和帮助下，邓尔雅开始接一些刻印写

① 程中山：《开岛百年无此会：二十年代香港北山诗社研究》，香港《中国文化研究所学报》，2011 年 7 月第 53 期，第 308 页。

字的活，以此度日。为了扩大声誉，在友人的帮助下，邓尔雅在报纸上刊登广告《邓斋篆刻约》：

> 郑板桥润帖云，凡送礼物食物者总不如白银为妙，公之所送，未必弟之所好也，不得一文何以润笔，辄述此语用告索者。篆书对联屏条每件四尺内一元五角，六尺内二元。堂幅加倍，扇面册页每幅一元。刻印一寸内石每字二元。寸外或不及三分者加倍。圆印比方印加倍。润笔先交订期十日。戚友介绍者酌减。壬戌孟陬。收件处：香港海傍东赤雅。①

刻印写字的收入毕竟有限，邓尔雅开始向香港各报刊积极撰稿，赚取稿费。如《广州民国日报》上刊登了很多邓尔雅诗作及文章。《广州民国日报》于1923年6月创刊，孙璞（仲英）任社长。孙璞（1883—1953），字仲英，号顾齐，广东中山人。早年就读于广雅书院，后赴日本习法律、政治，回国后曾任孙中山秘书。南社社员。作为校友，又作为南社社友，邓尔雅也得到了孙璞的关照，被其聘为此报撰稿。但是，正如1925年邓尔雅给容庚的一封信中提到：“近来拮据万分，顷担任报馆文字，笔不停挥，广东报馆，文字通行值千字两元至一元，且用与不用之权在彼，每月得五六十元，聊胜于无而已。”撰稿的收入仍然不能维系生活。

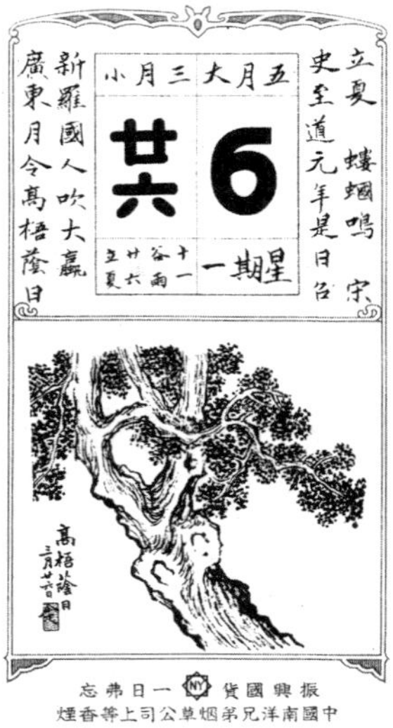

邓尔雅为香港南洋兄弟烟草公司画的日历牌

但在其他好友的帮助下，邓尔雅又有机会能够得到一些酬劳。如香港文学研究社聘请邓尔雅及高吹厘、蔡哲夫、高天梅、潘兰史等为修改学课员艺者。② 又如1926年黄冷观聘请邓尔雅任中华中学教席。再如，1927年潘达微聘请邓尔雅为

① 黄大德：《邓尔雅年表》，载杨宝霖等编：《东莞文史·东莞近百年文化名人专辑》第29辑，东莞：政协东莞市文史资料委员会，1998年，第87页。

② 香港：《文学研究社刊》第六号。

香港南洋兄弟烟草公司画日历作为售报赠品。这些日历牌从周日至周五皆是国画，都是潘达微精心编排的，是其聘请社会名流所作，邓尔雅及家人多有参与，多署名有“尔疋”“尔雅”“山鬼”“陈灵淑”（按，邓尔雅夫人）“小尔疋”（按，邓尔雅儿子）等。

这些好友的相助，使邓尔雅的处境逐渐改观。1931 年，东莞博物图书馆成立，邓尔雅慷慨解囊，捐银 440 元，并捐赠图书 1563 册、碑帖 27 张、对联 5 联、拓本 16 张等等。这一方面体现了邓尔雅对乡土的特殊感情以及推广文化的心愿，另一方面也说明他已经初步摆脱经济的困境。

摆脱了来港初期的尴尬处境，邓尔雅在劳作笔耕之余，积极参与香港文人雅集活动，与友人一起论诗谈画，即席挥毫，好不畅快。然邓尔雅保存国粹，发扬国光的人生宏愿，从未停歇。他进一步参与到创办报刊以及各种各种文艺社团活动中来。

第二节　雅集论艺

一、北山诗社

香港开埠以来，受西方文化的冲击和影响，思想自由，经济繁荣，吸引了各方人士聚集而居，特别是清末民初时期，社会政局动荡不安，军阀混战，民不聊生。因离香港较近，一些广东文人纷纷涌入香港。这些广东文人避祸隐居、隔海思乡，于是纷纷联朋结友，组建诗社，切磋诗歌文艺，以慰乡思。这些诗社多租借一些酒家苑囿内举行雅集活动。

1924 年，莫鹤鸣①、邓尔雅、蔡守、崔师贯、潘兰泉、陈兆年②等人在香港利园山组建北山诗社，供流寓香港文人雅士切磋金石书画艺术、赋诗唱和之场所。

利园山，乃香港富商利希慎之产业，原称东角山，渣甸勿地臣洋行（后改称怡和洋行）购此山，改名渣甸山，并在此山建有洋行总经理、副经理寓所、丁役宿舍、仓库马房、亭台等，周围遍植榕树，繁花异卉，环境

① 莫汉，名履卓，字鹤鸣，号养云。广东香山（今中山）人。南社社员。

② 陈兆年，字菊衣，一作菊伊。广东南海人。南社社员。

优美，而且交通方便，可直通汽车。[①] 后渣甸洋行搬迁至中环，于是“1924年1月17日以三百八十五万港元将渣甸山及相关楼宇售予商人利希慎。”[②] 购得此山后，利氏改名为利园山，并“立意将此山开闢，先将岩石峻峰炸平，砍伐丛林树木，然后动工建设，亭台楼榭，因应地形建筑，奇花异卉，搜罗遍植。水池石山，塑上一些泥像人物。园中复有剧场、书院、游艺场、酒楼茶厅等，落成之日蔚为美观。”[③] 该园内设有戏院、夜花园、茶室酒楼、溜冰场，逐渐发展成为香港新兴的大型游乐场。

约1925年的跑马地，左中部为利园游乐场所在的利园山

蔡守曰：“余曩岁避地香港，与莫养云、何邹崖、崔今婴等结赤雅社，名其阁曰‘海骚’。”[④] 此社，实为莫鹤鸣所组建。莫氏出自香山莫仕扬家族，从商香港，但好诗文，喜收藏，其赤雅楼古玩店，藏品甚丰。此人喜广交好友，早年加入南社广东分社。为了让大家能够经常聚会雅集，切磋金石书画文艺，莫鹤鸣决定建立社团，地点就在赤雅楼，名“赤雅社”，该社成员多为南社广东分社社友。此社团虽然由莫鹤鸣发起和主持，但是社团事务多由蔡守来处理。1920年蔡守离开广州后，广东南社即停止运作。现有了赤雅社，于是蔡守积极召集在港南社社友，一方面切磋金石书画文

① 劳纬孟述，莫冰子记：《五十年人海沧桑录·记利园山赏菊雅会》（一），《华侨日报》，1955年11月10日。

② 利德蕙：《利氏长流》载：“一九二四年一月十七日，苏格兰 Dumfriesshire，Comlongon Castle 的乡绅 John William Buchanan Jardine 将铜锣湾土地以3850960.35元价格售予利希慎置业有限公司。”加拿大渥太华：Calyan Publishing Ltd. 1995年，第30页。（转自程中山撰《开岛百年无此会：二十年代香港北山诗社研究》，第280页。）

③ 陈世丰：《游乐场兴替史》，载黎晋伟主编：《香港百年史》，香港南中编译出版社，1948年，第122页。

④ 蔡守：《牟轩逿璅》，《香港中兴报》，1934年9月12日。

艺，一方面相商广东南社重建事宜。随着参加人员的增多，赤雅楼则显得地狭窄小，再加上大批文人流寓香港，寻找新的雅集之地，迫在眉睫。1924 年，利希慎购进并改造利园山成娱乐场所。利园山地幽而面豁，且多数百年林木，环境幽静，交通方便。当时在太古洋行海口买办的莫鹤鸣，因业务往来，与利希慎相熟。利园山的环境，作为文人雅集是再好不过了，于是，莫鹤鸣与利希慎相商，想租借利园山上原渣甸洋行副经理室宿舍作为赤雅社雅集之地，利氏因刚刚修建利园游乐场，也需要扩大影响，吸引更多市民前来利园山游玩，因此欣然同意，但以“二年为期，借与寓港同人为游乐地。鹤鸣莫君慨然出所藏紫檀几案数百事，供庋之陈列。①”

北山堂

莫鹤鸣、蔡守、潘兰泉等人积极筹划，建立诗社，初名愚公簃诗社，后改名北山诗社，又称北山堂。为了扩大此社声威，招集流寓香港人士，莫鹤鸣在《华字日报》上发表建社消息，1924 年 8 月 20 日，刊《愚公簃诗社小引》曰：

香岛受南溟之激荡，孤悬海中，阛阓云连，市声雷响，繁弦急管，大酒肥鱼，语乎风雅，盖去海上远矣。比年我国兵戈扰攘，名士过江如鲫，结习未忘，稍树骚坛之帜，于是有“潜社”② 之结合。风雨如

① 赵藩：《北山堂额跋尾》，《华字日报》，1924 年 9 月 19 日。（此手稿收入香港学海楼编《翰墨流芳》，香港：学海书楼，2003 年，第 142—143 页。）

② 潜社，是当时在香港比较活跃的诗社，1916 年由劳纬孟、谭荔垣等人筹建的社团，主要以诗词创作为主。社员多在《世界公益报》《华字日报》《循环日报》等报社任职。此诗社后与张秋琴、王子恕等人组建的香海吟社合并，因场地不足，多借香港太白楼、陶园等地方雅集。“君约余与旅港诸友结诗社，而名之曰‘潜’。每雅集于樟园（地在今之凤辉台）及太白楼、陶园等处，迭为诗钟句之推敲，自是而诗酒之会，恒不辍焉。”（劳纬孟作《吊叶茗孙》，《叶茗孙先生诗集》，香港远东印务公司，1975 年，第 1 页下。）

晦，鸡鸣不已，未尝不可消遣客子光阴。顾社址难寻，招集匪易，重以人事牵率，离合靡常，虽馀韵之尚存，觉前尘其已渺。嗟乎！肩荷辞统，固若斯其艰钜也。铜罗湾之西隅，有愚公簃，峙于小邱之上，风景佳绝。……花之晨，月之夜，相与命俦歗侣，刻烛击砵，庶几有浣花之感乎。①

在其号召下，当时香港很多诗社如潜社、竹林诗社②、赤雅社、南社等社友纷纷前往利园山雅集，一些流寓香港的广东南社社友也纷纷加入北山诗社，逐渐发展成为北山诗社之中流砥柱。“北山诗社由莫君鹤鸣发起及主持，而社事多属顺德蔡君哲夫执行。”③ 北山诗社每周末皆有雅集，每次雅集，参加者多有诗作，这些诗作经蔡守、莫鹤鸣等人整理，发表于当时各大报章，如《华字日报》《南社湘集》等。参与筹建北山诗社的人员中，有些就职于香港报界，如劳纬孟、何冰甫、潘蕙畴（惠风）等，其中潘氏则是香港当时最为畅销的报纸《华字日报》的总编辑，劳氏任此报纸编辑，在两位的支持下，《华字日报》成为北山诗社的通讯处，社员作品投寄、汇集刊载以及雅集活动的通知都由此报纸负责。北山诗社，联合了香港各大诗社、报界，吸引了香港各界人士的参与，规模宏大，作品众多，“成为开埠近百年以来香港最大型的诗社”。④ 逐渐成为香港文人第一大社团，可谓轰动一时，可惜，1925 年夏，省港大罢工，北山诗社不得不解散。

邓尔雅多次参与北山诗社雅集活动。与老师何藻翔，与好友蔡守、潘兰泉、崔伯越等共聚一堂，谈诗论画，何其幸也！据何藻翔先生回忆，“每周末必有雅集，均由利、莫二氏迭为东道主，社友中就所记忆，其常到者，为崔伯越、邓尔雅、潘兰泉、邹静泉、杨辉山、刘伯端、陈菊衣、何冰甫、潘惠畴等”，⑤ 郑天健《水心楼诗话》也载，“甲子之秋，南社粤集于香港

---

① 《愚公簃诗社小引》，《华字日报》，1924 年 8 月 20 日。

② 竹林诗社，1924 年春，由邹静存、吕伊耕、周竹邻等人在香港南唐酒楼组建的诗社，名“竹林诗社”，因常借南唐酒楼雅集，故又称“南唐酒楼诗社”。

③ 劳纬孟述，莫冰子记：《五十年人海沧桑录・记利园山赏菊雅会》（二），载《华侨日报》，1955 年 11 月 11 日。

④ 程中山：《开岛百年无此会：二十年代香港北山诗社研究》，香港《中国文化研究所学报》，2011 年 7 月第 53 期，第 279 页。

⑤ 吴天任编撰：《何翙高先生年谱》，大利文具图书印刷公司，1958 年，第 155 页。

渣甸山愚公簃，主其事者蔡寒琼哲夫，余与杨铁夫、邓尔雅亦与焉。”①

据邓尔雅诗集或散见当时报刊所发表诗作统计，仅1924年就多次参加北山堂雅集，邓尔雅作《明月逐人来甲子中秋香港北山堂玩月》《霜花腴甲子十月香港北山堂赏菊二首四声并依梦窗》《菩萨蛮甲子冬香港雅集北山堂望雨》。十月赏菊，邓尔雅篆书《岁时杂记》遣兴。与会者多是南社社友。《南社湘集》第二集中专辟一栏刊“甲子冬香港雅集北山堂坐雨词十首”，作者分别是崔师贯、陈兆年、罗赛云②、邓尔雅、蔡守、谈月色③、莫鹤鸣等。1924年11月，北山诗社举行大型菊花会，邓尔雅作《北山堂菊会集古人咏菊句》六首。

二、东塾遗稿

1924年，还有一件事也引起了香港文化界的关注，那就是陈澧先生的遗稿。陈澧先生读书时喜欢随记在小册子上，后来积稿达千册。先生去世后，这些小册子无人整理，散落在外。据香港《星岛日报》副刊报道（报道人署名“简信生”）：

（陈澧）先生遗稿之散播，流入市贾手中者八百馀册。民国十三年间，始被发现于广州旧书画肆之多宝斋，当时肆主某，虽略知遗稿有价，而索值仅五百元，不知所值之不菲。但一时仍不能觅得顾售，于是将原稿分散零沽，时滇军杨希闵驻防广州所部第一军第二师长廖行超闻之，择全部书写最完善部分约二百馀册购去，此部遗稿处理情形如何，三十年来，杳无下落。余六百馀册因得罗原觉介绍，由香港已故殷商高隐岑（按即蕴琴之别

《东塾遗稿》书影之一

① 郑天健：《水心楼诗词遗作集》，香港自印本，1986年，第68页。

② 罗赛云，字云娘。女。广东顺德人。南社广东分社社员。

③ 谈月色（1891—1976），字郑，字古溶，一字溶溶。女。广东顺德人。原为广州檀度庵女尼，颇娴书画，后还俗嫁与蔡守为妾。蔡授以墨拓金形之术；工墨梅，擅瘦金书，又擅刻印。《广印人传·补遗》《广东印人传》《近代印人传》有传。

署）先生购运归港。[1]

香港富商高隐岑从广州市集中购得的东塾遗稿有六百多册。高隐岑，即高蕴琴，名学廉，字隐岑，乃广东澄海望族，富收藏，精鉴赏。高氏虽为商人，但喜诗文，喜与文人交往，并好收藏。对于岭南大儒陈澧先生，也是晓闻大名，知其遗稿之价值不菲，因此，延请了这些文化名人进行整理，以期刊刻流传，以飨同好。“高蕴琴（学廉）购得东塾遗稿六百馀册，欲为整理刊行，延先生（即何藻翔）及崔伯越、邓尔雅（万岁）等分别校理，命曰《学思馀录》。”[2]

邓尔雅能够参加《东塾遗稿》的整理，应是老师何藻翔之力。何藻翔乃邓尔雅幼时授业师，现在有机会得以重聚，研讨学问，倒是难得的机会。对于此事，邓尔雅也是感慨万分：“复得每日亲炙侍校如故。回忆从游读书，盖忽忽近三十年矣，而录录无所长，不觉颜为之汗也”。[3]

关于《东塾遗稿》的整理，汪兆镛亦有参与，也曾作详细记载：

(1925 年）正月廿三日，昨在娱园（娱园为澳门卢氏园，时汪兆镛寓澳之所。）遇莫鹤鸣、蔡哲夫从港来，交阅何翙高撰《学思馀录序》，拟将东塾先生平日读书手录小册，为之校理，以付石印。此事本极好，出自港中尤难得，但东塾先生论学精要，全在读书记中，此劄记皆糟粕耳。而零缣碎锦，今日亦知宝贵，未始非人心学术之转机也。

二月校刊东塾先生《公孙龙子注》，跋云：右《公孙龙子注》一卷，陈东塾先生撰，唐陈嗣古、贾大隐二注久佚，今惟存宋谢希深注，先生引旧说，即谢说也。“龙书”《汉志》著录十四篇，宋亡八篇，仅存六篇，而各家书目沿《唐志》称三卷。“四库”本、“道藏”本皆然，通行之“守山阁”本、“墨海金壶”本、湖北崇文书局本、三槐堂本皆然，与《宋志》及王伯厚说合，今从之。先生《指物论注》稿初本、改本并存，是知尚未写定，归道山后，门人传抄互有出入，嗣于哲孙仲献茂才处获见先生手稿，（卷首原题《公孙龙子浅说》，各篇后

① 《香港星岛日报》副刊，1958 年 5 月 4 日。
② 吴天任编撰：《何翙高先生年谱》，大利文具图书印刷公司，1958 年，第 154 页。
③ 邓尔雅：《东塾遗稿跋》，附在何藻翔撰《东塾遗稿序》后。

均有自记，“己酉七月闰过改若干处，庚戌四月再阅，改若干处。”又记云：“尚须再阅加注以发其义。”……假归，谨校数过，多所是正，而参阅诸刊本，仍有抵牾，未敢臆测，今悉依原稿迻录，略加整理，附按语以申明之。字句歧异者，别为“校勘记”，其篇目存佚，及公孙龙事迹见于他书足资考证者，附录于后。①

古直先生在《学海堂述略》中也有记载：

罗膺中东塾遗稿草目跋云，右陈兰甫先生遗稿，凡四百八十五册，藏广东某氏，二十年四月，以古层冰先生之介，获见之于梅县侯君许，稿皆竹纸小册，长约五寸，宽三寸半强，厚四五分不等，间有青丝栏，板心刻北山堂三篆书，书面或钤朱文方印曰北山堂，或钤朱文圆印曰陈。遗稿目多，兹不备列云云。②

汪宗衍先生在编撰《陈澧年谱》时也提到了此遗稿：

学思录：此书发轫于咸丰八年，其后掇其旨要为东塾读书记，原稿北平图书馆藏有九册，吾家藏有二册，先生生平读书有得，即手记于小册中，积稿逾千册，为著学思录之资料，原稿已散失，潮州高氏藏有五百馀册（今归北平图书馆），云南廖氏，藏有百五十册，其馀同人均有藏弆。中山莫鹤鸣曾请何藻翔、邓尔雅、崔师贯、蔡守诸人整理之，录有副本，今归岭南大学，由陈受颐、杨寿昌诸教授从事校理，刊于岭南学报中。③

这些记载，对于流传遗稿数目多有出入，有六百馀册，有五百八十册，还有四百八十五册，现在对于当时高氏所购东塾遗稿之册数之实情，已不可考。幸运的是高氏在购得此书时，立请何藻翔、崔师贯等人负责此稿整

① 汪兆镛：《微尚斋老人自订年谱》，王云五编：《近代中国史料丛刊》第959—960辑，台北：文海出版社，1973年，第44—45页。

② 古直：《学海堂述略》，《新民月刊》第一卷第七、八期，1935年12月。

③ 汪宗衍：《陈东塾先生箸述考略》，《岭南学报》第4卷第1期，1935年，第117页。

理事宜。据简信生云：

时南海崔伯越先生主高隐岑记席，代将原稿全部整理，延聘专家为之校订，以备刊印。绅商利希慎、莫鹤鸣、莫幹生、莫咏虞和议尤力，愿担任整理印刷费，预定整理费所需为一万元，利希慎并将利园一部分地址借用，作为整理校订之所，将原稿分为经史子集四部，聘何翙高先生校订经部，邓尔雅先生校订史部，崔伯越先生校订子部，历时两载，支用经费四千馀元，其后中止，但原稿全部已雇员抄副本云云。①

可惜此批遗稿最后未能整理完成：

（崔师贯）请何翙高校经部，邓尔雅校史部，崔百越校子部，某君校集部，校完之稿，雇员抄写。经部校得最多，集部似未着手，两年以来，支过经费四千馀元。后因利氏死于意外，校书地点受牵动，遂尔中辍。高隐岑亦作古，原稿全份，让渡于古公愚（直）。今北平图书馆所存，似即为古氏经手让渡者。其已钞之副本，由莫氏赠于邓尔雅，邓氏由其甥容元胎（肇祖），让渡于岭南大学图书馆。②

由于校书的中止、高氏的去世，陈澧遗稿只好暂时由负责此事的崔伯越负责管理。时日长久，原稿也将不得保存了。汪宗衍曾致函杨寿昌先生，云：

廿八年前，崔直夫（伯越之子）以原稿来求售，弟为介绍于金湘帆（曾澄），时为教厅长，以库储支绌罢，后岭南大学买得邓尔雅所藏之抄本，原稿则由侯子约（过）、古公愚（直）转售于北平图书馆。

幸运的是何藻翔、邓尔雅、崔伯越等人在整理此书之前，请人把原稿

① 《香港星岛日报》副刊，1958年5月4日。
② 陈德芸：《广东未刻之书籍》，许衍董等编：《广东文徵续编》，香港：广东文徵编印委员会，1986年，第83页。

全部誊录了副本。这些副本，在校书中止后，也由莫鹤鸣全部转赠给了邓尔雅。最后由邓尔雅全部转赠给了私立岭南大学图书馆，得以保存至今。入藏岭南大学图书馆的这批书，据载“由陈受颐、杨寿昌诸教授从事校理，刊于《岭南学报》中。”

杨寿昌在整理陈澧先生遗稿时云：

> 东莞邓氏有先生遗稿抄本六百馀小册，寿昌因与容君肇祖议于岭南大学钟校长荣光，请其购入图书馆，以广文献之传，以为此遗稿，一可以观先贤治学之方法，一则可以整理而得若干种之遗书。钟校长欣然乐从，以六百金购得之，于是六百馀小册之东塾遗稿，由东莞邓氏私家之宝藏，移而为岭南大学之公有物矣。①

据杨寿昌的整理记录：

> 遗稿各本卷端标识，有《默记》《学思》《自记》《学思录》《序目》《阿论》《学术》及经史子集种种名目。其中所记，除读书日课，生平志事，亲友交游情感外，十之九为《读书记》。已成之馀稿及未成之草稿，已由南大教授陈受颐博士检校《默记》《学思》《自记》《学思录》《序目》《杂论》《学术》各种，付印于《岭南学报》第二卷第二期，以供本校同人及海内外学子之研究矣。陈君为东塾后起之秀，学有渊源，识解通博，整理遗稿，实为最宜。适陈君膺北京大学之聘，告假离校，稿本繁多，不便远携，寿昌以曾与私淑之末，重以陈君敦属，不揣冒昧，继续研究，拟将研究所得，由岭南学报分期登载。……遗稿各条，多属读书记之文，其有非读书记者，皆与读书记有关，故所编各条，以读书记为中心。读书记初名学思录，继名论学，最后定名为东塾读书记，凡遗稿各条，所称学思录，即读书记。②

据查《岭南学报》1931 年第 2 卷第 2 期刊载《陈兰甫先生澧遗稿》一

① 杨寿昌：《陈兰甫先生澧遗稿》，《岭南学报》第 2 卷第 3 期，1932 年，第 174—175 页。
② 杨寿昌：《陈兰甫先生澧遗稿》，《岭南学报》第 2 卷第 3 期，1932 年，第 174—175 页。

篇，1932 年第 2 卷第 3 期刊载《遗稿》一文。1936 年第 5 卷第 3、4 期合刊《陈兰甫读书稿》。

1952 年，私立岭南大学并入国立中山大学，该校图书馆所藏古籍图书也一并归入到国立中山大学图书馆。可惜，抗战时期，由于学校迁移，图书也被迫辗转迁徙，有所遗失，最后清点时，仅剩四百八十馀册，至今保存在中山大学图书馆善本书库，一共四百八十六册，合订五十三册。此书与罗膺中跋语中提到的形制略同，该书五行十字，细线口，四周单边，版心下刻“北山堂”。蓝色方格巾箱本。另有十八册，为陈澧原稿，红方格稿本，版心中部多刻“学思录”，少量刻“东塾杂俎”，通篇有朱墨蓝三色批校删改，钤有“辛巳年七十二”方校章。

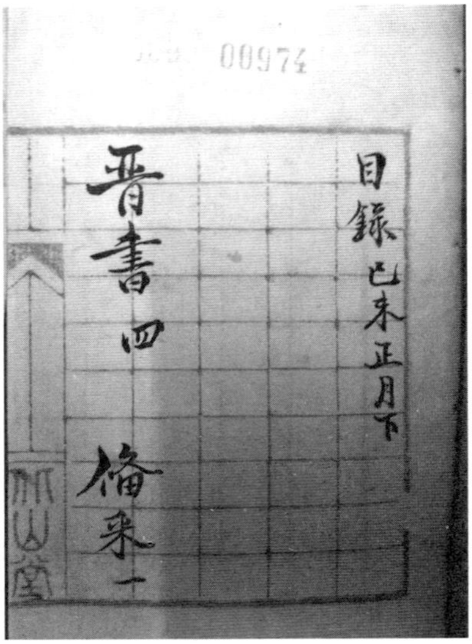

《东塾遗稿》书影之二

关于这批东塾遗稿的价值，钱穆先生做出了高度的评价，“实可说明东塾论学意趣”，“且其畅言当时学风流弊，尤为考论乾嘉以下汉学所以穷而必变之绝好材料”。① 可见邓尔雅当时保存东塾文献，功不可没。

三、倾情论艺

香港威灵顿街有家宝光照相馆，在 1924 年吸引了人们的眼球。“宝光照相馆者，为冷残所创立，当时在香港皇后大道中，与中环菜场衡宇相望，以艺术造像名于时，招牌乃吴昌硕所书。”②

1924 年 1 月 25 日至 2 月 4 日（癸亥十二月二十日至除夕），潘达微在这家照相馆内举办了“时人书画展览会”。在潘达微的号召下，此展览会中展出了易孺、高剑父、王一亭、吴昌硕、黄宾虹、邓尔雅、黄般若等 71 位书画家作品。该启示后还附有本次参会书画同人名单，邓尔雅位列其中。③

① 钱穆：《中国近三百年学术史》，北京：商务印书馆，1997 年，第 666—667 页。

② 马小进：《潘冷残之画例》，载《国民日报》，1929 年 11 月 25 日。

③ 《时人书画展览会广告（局部）》，刘少旅编撰：《九华堂所藏近代名家书画篆刻润例》，香港自印本，1979 年，第 184 页。

同年，潘龢、潘达微、黄少梅等人倡建国画研究会。国画研究会，其前身实为癸亥合作社。1921 年，广东民国政府在广州举办了一个全省性的美术展览会，主要展览西洋绘画、融入日本画风的新国画、传统中国画。这次展览的“新国画”在画作中融入了日本画法，给人“一点新感觉”，而这点恰恰刺激了一些坚守中国传统的复古派画家，引起了他们的强烈不满。再加上“粤国画自清以来，一蹶不振，而画人又各自闭门写作，故步自封，更有文人相轻之见者”,① 因此传统的复古派画家“思有以矫之”，为了继承和发扬中国传统绘画，他们决定组建一个画社。

1923 年（农历癸亥年）7 月，潘龢、姚粟若、卢镇寰、黄少梅、黄般若、罗卓、卢观海等人，在广州市的司后街（今越华路）小东营，结成画社，名为“癸亥合作画社”，目的是为了研究绘画，振兴风气。罗卓任社长。并向广东省署提交了立案呈文，立案呈文曰：

> 夫立国于世界之上，必有一国之特性，永久以相维系，而后其国始能以常存。国画关系一国之文化，与山川人物、历史风俗，同为表示一国特性之征。……降至今日，士多鄙夷国学，画学日就衰微，非急起而振之，恐文化荡然，将为印度之续，某等有见于此，用是联合同志，设立斯社，以研究国画振兴美术为宗旨。

秉承此宗旨，该画社每周进行一次雅集。每逢周末他们在惠爱西路（今中山六路）西园或城隍庙寰乐茶肆雅集，互相切磋画艺，并现场挥毫，合作写画，以画润作为酒资。1924 年 7 月，癸亥合作社在广州禺山中学举办画展，并编印《癸亥合作画社》刊物。展览作品被观众认购，一扫而空。邓尔雅刻“癸亥合作画社”印，并咏诗二首：“说文始一画，周易终未济，来年甲子新，岂环自有例。”“画盟有部落，何以正名称。豪墨吾曹任，天人卜中兴。”

《癸亥合作画社》（封面）

---

① 许志浩：《中国美术社团漫录》，上海：上海书画出版社，1994 年，第 59 页。

随着癸亥合作画社的影响日益扩大，更多的书画人士纷纷加入，同时也有一些“反侧势力”进行干扰，为了始终如一的维护中国绘画传统，为了树立国画宗风，以“区别于从日本抄过来的不中不西的混血的所谓‘新国画’”,① 画社决定扩大组织，建立一个更为健全的新组织，于是又吸纳了广州一些著名画家赵浩公、姚礼修、温其球等人，重新组建了一个新画社——国画研究会，继承和弘扬中国传统国画的宗旨更为明确。

1926 年 2 月，国画研究会获得广东教育厅立案，广东国画研究会正式成立。一开始会址仍在司后街道，后随着社员过多，地方狭小，在六榕寺主持铁禅的支持下，将会址由小东营迁入到六榕寺的人月堂，定期在此集会。潘龢任会长。参与画会之画家十分踊跃，据《国画特刊》记载，至 1928 年 8 月，在册会员已达 182 人，“国画研究会，谓为吾粤国画届之集中点可也”。国画研究会行知各地，可自行建立分会。

于是，1926 年秋潘达微、邓尔雅、黄般若等人在香港组建国画研究会香港分会。据许万雄和黎工佽回忆：

> 民十四年，潘至中（潘龢）与冷残（潘达微）及黄少梅、温其球、黄般若、李凤廷诸君，倡设国画研究会。……翌年与邓尔雅、黎藕斋（工佽）数君子，设国画研究会分会于香江。②
>
> 民国十五年秋，潘达微、邓尔雅、黄般若、蔡哲夫（守）等组织国画研究会于香港，傅菩禅（寿宜）、胡少蘧（景瑗）、邓诵先（芬）、李景康、李宝详、帅铭初（询）、罗海空（落花）、黄咏皋、苏楚生、张云阶（云飞）等与焉。此会成立后，每月必集会一次，即席挥毫，以资观摩，陈列古画，藉供研究。会址不定，而常假陶园酒家及利园之北山堂行之，以其地有湖光山色之胜也。③

香港分会的主要组织者乃潘达微、邓尔雅、蔡守、黄般若四人。潘、邓、蔡乃当时香港书画界之主力，此分会设立，立即得到在港书画界的认可和响应，在港艺术家纷纷入会，每月雅集一次，即席挥毫，观摩古画。

---

① 赵浩公：《国画研究会是怎样成长的》，《中山日报》，广州，1947 年 9 月 13 日。
② 许万雄：《兰晖画话》，《国画特刊》第 3 期，1929 年，第 21 页。
③ 黎工佽：《香港六年来美展之经过》，载香港中华青年会编：《青年会美术展览会特刊》，1931 年，第 18 页。

1927 年 3 月，香港国画研究会在陶园酒家开常会，潘达微、邓尔雅、李宝祥、黄般若等人参加。此次雅集中，有古画部展览，展品有新罗人物立轴、徐渭梅花轴、石溪和尚山水轴以及潘达微所藏宋人画竹。到会会员及宾客甚多，即席挥毫者亦颇多。[①] 据黎工佽回忆，“香港国画研究会开常会于陶园酒家，到会会员及参观宾客颇多，即席挥毫者有潘冷残、傅寿宜、邓尔雅、李叔琼、苏楚生、黄般若、张云飞、黎耦斋等，是次合作画多幅”。[②] 广东省立中山图书馆藏《清明爆竹图》，上题“丁卯清明节，冷残写丝柳，蒲仙写狗牙花，叔璚写朱符，般若写仙人掌，云飞写蒜，工佽写爆竹，楚生写竹竿，尔雅写凤尾草并题”，[③] 即其该次雅集之合作品。

《清明爆竹图》

《天南嘉卉图》

1927 年 5 月 8 日（四月初八）浴佛节，香港国画研究会借利园北山堂举办展览会，在《华字日报》上登录《国画展览会在利园展览》信息。[④]

① 黎健强、李世庄编：《1900—1930 年香港视觉艺术活动年表》，《左右》第一期，第 218 页。
② 黎工佽：《香港六年来美展之经过》，载香港中华青年会编：《青年会美术展览会特刊》，1931 年，第 18 页。
③《清明爆竹图》，载《广东省立中山图书馆馆藏金石书画选》，广州：岭南美术出版社，2002 年，第 127 页。
④《国画展览会在利园展览》，《华字日报》，1927 年 5 月 9 日。

此次展览会“作品约八百馀幅，以山水为多，花卉次之，人物仕女又次之，而佛相亦有三十馀幅。”[1] 邓尔雅亦作《天南嘉卉图》一幅。因感谢北山堂主人利希慎借场地给画社雅集，众人合作一幅画作以赠，上书题跋曰：“丁卯浴佛节，集北山堂合绘为希慎先生雅鉴，潘冷残牡丹、黄般若寿石、邓尔雅草苔、黎工佽青菊、傅菩禅点花并志。”

此次雅集，适逢“北京集北方之艺术界开丁卯国画展览会于中央公园，广州之国画研究会集南方之国画研究会于番禺学校”。“今本港国画会又以南方之国画陈列于利园，其作品约四百馀幅，作家将近百人。兹略述其作风如下：画之妙处，在各擅所长，或以花卉胜，或以人物胜，或以树木胜，集众人之精华于数尺缣素之内，则其佳妙可知。”[2]

7 月，国画研究会广州分会举办第三次画展，并出版刊物《国画特刊》第一号。邓尔雅担任该会会刊《国画特刊》撰述员，并发表《画苑零拾》《菊石图》。

《国画特刊》（封面）

1927 年冬，广州火灾，国画研究会香港分会在陶园举行“书画助赈即席挥毫会”以救助广州火灾，邓尔雅也积极参与作画赈灾，画就地售尽。

国画研究会的艺术家们课馀暇日还会组织就近游览粤省风光，北江、英德、峡山寺、罗岗，粤西肇庆鼎湖山、西樵山、罗浮山等地是经常游玩之地。国画研究会广州分会会员卢子枢曾绘《飞泉寺》扇面，并作题记曰：

> 清远峡山寺旁为飞泉亭，坐望瀑布溅人衣裤，景殊幽绝，翁潭溪重摹东坡诗刻石嵌置壁间。年前[3]画友潘至中、邓尔雅同游于此，并于泉旁巨石书刻题名，亦好事也。卢子枢并记。[4]

邓尔雅诗作中也多见此时诗作，如《清远杂诗》《约游罗浮未果》《罗

① 黎工佽：《香港六年来美展之经过》，载香港中华青年会编：《青年会美术展览会特刊》，1931 年，第 18 页。

② 澹之：《记国画展览会（一）》，《华星三日刊》第 107 期，1927 年 6 月 15 日。澹之：《记国画展览会（二）》，《华星三日刊》第 108 期，1927 年 6 月 18 日。

③ 此“年前”，即 1931 年，卢、潘、邓三人同游清远峡山寺。

④ 卢汝圻编撰：《中国一代书画名家卢子枢》，广州：广东教育出版社，2002 年，第 24 页。

浮杂诗》第一次廿一首、《入罗浮两次访林钧铸丈于朱明洞口占奉赠》《归自罗浮复与林钧铸丈相见赤柱山中索录拙作罗浮诸诗留朱明洞中为写一卷又得诗十首》《罗浮道中口占》《罗浮》《罗浮杂诗》第二次廿首、《罗浮杂诗》第三次廿首、《罗浮咏物杂诗》《罗浮道上竹舆中口占》《罗浮道上》等。

《非非画报》（封面）

国画研究会香港分会的活动记载虽然不多，但他们是当时香港书画文艺术领域的活跃分子，除了国画研究会，还有很多成员也频繁参加香港书画文学社的活动。香港书画文学社，是 1927 年 6 月成立，由杜其章任社长，其社员中有一部分也是国画研究会香港分会的成员，《非非画报》的创刊，使两社之间关系更为紧密。

1928 年 5 月 26 日（浴佛节），《非非画报》创刊号出版。从 1928 年 5 月至 1930 年 7 月连续出版了 12 期，完整地记载了这一期间香港美术的发展动向，被称为当时最重要的艺术刊物。

《非非画报》画社由书画文学社社长杜其章担任“社长兼督印”，社员均为书画文学社社员，而其撰述部和美术部名单，则为国画研究会香港分会的主要成员，如罗落花①、潘达微、邓芬、邓尔雅、胡少蘧、张云飞、帅铭初和黄般若等，黎工佽则担任画报总编辑。② 画社宗旨为“提倡艺术、宣扬文化、保存国粹”，

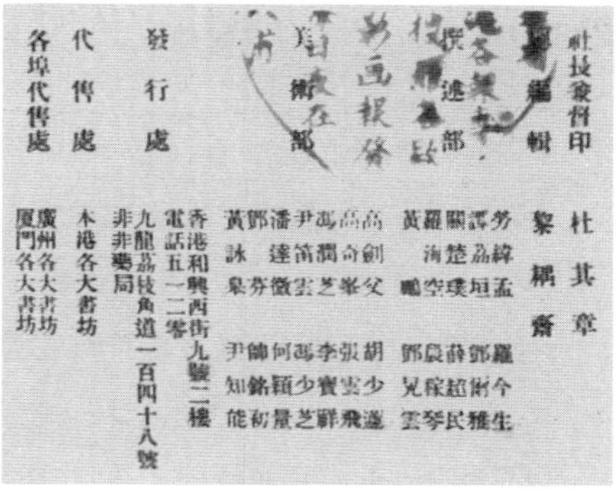
社長兼督印 杜其章

總編輯 黎耦齋

撰述部 勞緯孟 譚荔垣 關楚璞 羅海空 黃鵬 羅今生 鄧爾雅 薛超民 農稼琴 鄧晃雲

美術部 高劍父 高奇峯 馮潤芝 尹笛雲 潘達微 鄧芬 黃詠泉 胡少蘧 張雲飛 李寶鮮 馮少芝 何穎量 帥銘初 尹知能

發行處 香港和興西街九號二樓 電話五一二零 九龍荔枝角道一百四十八號 非非畫局

代傳處 本港各大書坊

各埠代傳處 廣州各大書坊 廈門各大書坊

《非非画报》撰述者

① 罗落花（1889—1942），名海空，字落花，以字行。广东台山人。工诗文，善书画。1928 年在香港成立香港书画文学社，罗氏任社长。曾主持香港《循环日报》《美术特刊》，后又主持《非非画报》和《南洋画报》。

② 《非非画报》创刊号版权页题：“社长兼督印杜其章；总编辑黎耦斋；撰述部，则有劳纬孟、罗今生、谭荔垣、邓尔雅、关楚璞、薛超民、罗海空、农稼琴、黄鹏、邓晃云。”参见《非非画报》（创刊号），1928 年，第 45 页。

与国画研究会之宗旨相通，《非非画报》关注的重点在于艺术与文学领域。

邓尔雅亲自参与了此画报的创刊活动，作为画报撰述部成员，积极地向《非非画报》撰稿，或以文、或以印、或以画等多种方式积极支持该刊的创办。《非非画报》创刊号以“说佛”“画佛”为开卷之专题，邓尔雅作“金人入梦”画，并发表《印塍》一文，配以自篆印二十多枚。

1928年6月26日，《非非画报》第2期以“屈原号”为专题，以应端阳节，邓尔雅篆书《橘颂》并录《楚辞》橘颂语“曾枝剡棘，圆果抟兮。青黄杂糅，文章烂兮”，“耦斋画盟属录楚辞橘颂语，戊辰五月，尔疋”。并发表《屈原与楚辞》和《邓斋印拓》，篆刻印章24枚。

8月21日，《非非画报》第三期刊出，因此期刊登香港各海澄海浴照片甚多，命以“游泳号”，潘达微在该期上发表艺术摄影数帧，均有邓尔雅题诗。①

10月1C日，《非非画报》刊登第四期，以“孔子号”（又名圣诞号、孔圣号）为专题，罗汝楠、岑光樾等人纷纷就孔子挥毫，或录礼运，或摘孔子名句，邓尔雅、杜其章等也发表了书法作品。邓尔雅书“大学之道”，篆书“天何言哉，四时行焉，百物生焉，天何言哉”。邓尔雅又发表题桂林山水诗十首，还为李崧摄影作品《浴馀》题诗：

才胜罗衣不胜春，轻小休夸似燕身。竞挽春衫来比并，一溪春色属何人。（集花蕊夫人罗虬韩愈李中）

几回始眼又低头，春入眉心两点愁。何似浣纱溪畔住，大都为水也风流。（集韩屋白居易司空图李甫）

11月21日《非非画报》第五期以“渊明号”（又名“菊花号”）为专

① 如《月下》：雪肤冰骨步轻轻，一笑从教下蔡倾。何似浣纱溪畔住，水烟疏碧月胧明。（邓尔雅集唐贯休韩屋司图空李九龄）；《入浴》：解衣先觉冷森森，六月清凉绿树阴。二寸横波回漫水，自知明艳更沉吟。（邓尔雅集唐韩屋陆希声李群玉张籍）一朵能行白牡丹，雪肌仍是玉琅干，相逢不用相回避，不敢公然仔细看。（集唐崔涯韩屋李涉李商隐）；《出浴》：身带春风立岸头，翠环丹脸岂胜愁。影遭碧水潜句引，画向丹青也含羞。还似洛妃乘雾去，更疑神女弄珠游。分明一任旁人见，渡口诸侬乐未休。（邓尔雅集唐薛能高蟾杜甫花蕊夫人冷朝阳孟浩然韩屋罗虬）；题《人体美》艺术摄影：堤上女儿连袂行，门前小滩浑欲平。溪头日暖眠沙隐，过后香风特地生。（邓尔雅集唐刘禹锡杜甫崔珏罗璞），以上皆出自《非非画报》第三期。

题，主要刊登以菊花为题作品达百馀幅。此期刊登邓尔雅作品颇多，诗、书、画、文皆有。邓尔雅楷书菊花诗一首，篆书“人澹如菊”；作对联一副：“未卜柴桑旧宅，将为松菊主人”，题“戏集苏东坡六言唐书韦表微传，戊辰九月尔雅”；作国画《小松针》，题“童年在江西见如图菊，名小松针者如此。尔雅”；又作《须摩那花》，题“梵语须摩那花，言为称意花，状如菊。尔雅写之以意”；撰《说陶》和《记桃源洞》二文。

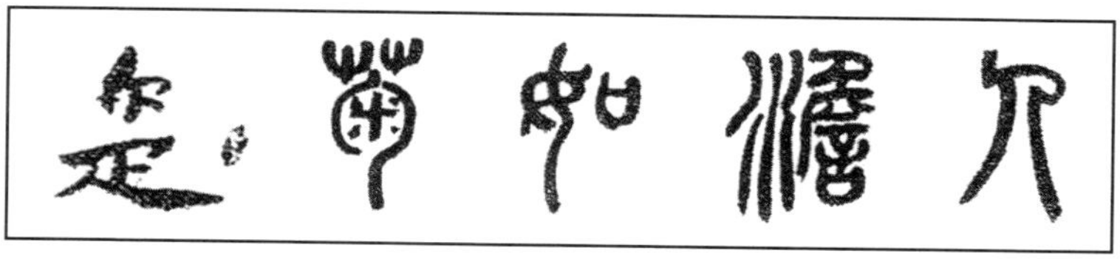

人澹如菊

1929 年 2 月 2 日，《非非画报》第六期以“新年号”（又名“梅花号”）为专题，主要刊登以梅花及新年为题的古今作品。邓尔雅作诗四首，题如下：

《题画梅花》（集古人咏梅句）：①

古今谁得传梅神，绝世清如古逸民。占得早芳何所利，清香散作天下春。（于若瀛僧明本来鹏王冕）

水边篱落立多时，靠尽栏干索尽诗。自有松篁深粘契，幽香不许俗人知。（孙□方逢辰朱之蕃段成己）

幽探自出尘境外，看尽春光不入城。天下无花堪伯仲，丰神已造圣之清。（朱子李东阳赵文郄之麟）

生憎施粉与施朱，日影描窗作画图。神全形枯近古道，天教飞雪伴清癯。（刘仲尹杨万里陆游刘子巩）

邓尔雅还以“八表”署名，发表《梅花与人》一文。以“尔疋”署名刊登其《梅花集联》88 首，以“尔雅”为名发表《记会同之游》一文。特别是《记会同之游》一文，文旁配上“会同之游”的摄影照片，图文并茂地描述了会同游玩之情景。1929 年 4 月，《非非画报》第七期，刊登邓尔雅

① 《非非画报》第 6 期，1929 年，第 9 页。

以双勾摹《好大王碑》中的“民国丰登”“四海永乐”。

邓尔雅在《非非画报》中发表的作品，数不胜数。书法、绘画、篆刻、诗歌、文学、艺术评论等各个方面皆有涵括，对推动当时的香港艺术、文学的发展发挥了积极的作用。

第三节　香港交游

在香港期间，邓尔雅在好友蔡守的引见下，结交了不少好友，他们一起谈诗论艺，共商弘扬国粹之大计。其中有一位为神交二十多年却未谋面的朋友，那就是黄宾虹。

自民国初年，邓尔雅加入南社，借着南社的关系，再加上好友蔡守的常常提及，邓尔雅对黄宾虹并不陌生，对其十分推崇，虽未谋面，但是一些诗作唱酬、书信来往，两人之间还是相当频繁的，特别是对于黄宾虹所举办的一些活动，邓尔雅都积极响应。1912 年春，黄宾虹与宣哲、徐乃昌、秦更年等人发起成立一个爱好金石书画的赏鉴家和书画家团体“贞社”。邓尔雅等人积极响应，在广州建立了贞社广州分社。广州贞社成立后，《时事画报》刊出了邓尔雅与蔡守合编的《贞社同人印课》，黄宾虹为之作序。

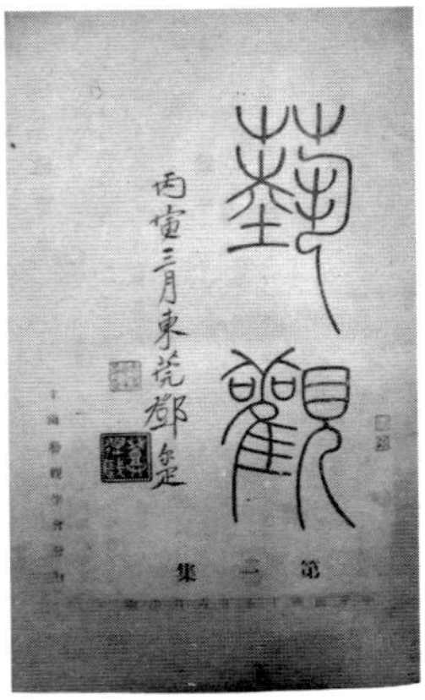

《艺观画刊》（封面）

1925 年黄宾虹等人在上海筹组“中国金石书画艺观学会”，[①] 1926 年“上海艺观学会”成立，以保存国粹、发扬国光、研究艺术、启人雅尚之心

---

① 黄宾虹：《中国金石书画艺观学会征集同人小启》，云：“近今万国交通，凡极文明之国，皆宝爱其国之土物，而考古之士益多。如欧美列强，其博物院、博览会等，几无处无之，故能扩充博大之学识，创造精美之工艺，固结贞坚之志操，养成高洁之性情。今我社员，凡隶于国籍之秀士淑媛，皆可入社。唯以收藏金石书画，以及研究书画篆刻之艺术者为限，相期集思广益，臻于美备。爰征同志为中国金石书画艺观学会，因订简章于后。一、定名：中国金石书画艺观学会。二、宗旨：以保存国粹，发扬国光，研究艺术，启人雅尚之心为宗旨。三、资格：经社员二人以上介绍，凡有志于金石书画及其收藏古物者，均可认为会员。四、会期：每季开常会一次。五、出版：本会发行刊本及杂志，系另集资设立，以为增广闻见，精进学术”。《艺观杂志》第 1 期，1926 年，第 1 页。

为宗旨。后筹备创办《艺观》杂志，由黄宾虹任主编。据第二期所刊《中国艺术学会简章》知，上海艺观学会改名为中国艺术学会，会址由上海威海怀路三百零九号半迁暂时至上海福煦路同孚路口汾阳坊四一八号神州国光社内，宗旨由“以保存国粹发扬国光研究金石书画启人雅尚之心为宗旨”改为“以研究中国金石书画文字西洋绘画彫刻及其他艺术为宗旨”。

据《黄宾虹年谱》记载，当时参与《艺观画刊》者，有刘晦之、宣哲、徐积余、高君介、秦曼青、王雪帆、李公度、姚光、朱伯荫、罗完白、吕荫任、葛子严、吴履夷、蒋莲僧、邓尔雅、蔡哲夫、谈月色等。①

邓尔雅又积极参与《艺观画刊》的编撰。1926 年夏历六月初十，《艺观》杂志第一集正式出版，邓尔雅为其封面题签。并在第一期中发表诗作《读艺观书后》：“继业名山苦褒□，信今传后桀新琴。圣门游艺齐仁德，散作寻常小道观。”②

邓尔雅还在该年《艺观画刊》上登载润约③，由上海艺观学会负责联系业务。学会从会员的作品交易中抽取费用，用于学会的运行。

在黄宾虹一些画作中常常可以见到邓尔雅的题识，如黄宾虹曾为傅熊湘作《红薇感旧图》④ 一帧，其中有黄宾虹、柳亚子、蔡守、高天梅、邓尔雅等人题咏或绘画。邓尔雅作诗二首：

底事千诗咏比红，好红休洗贮心中。
红楼梦里春红楼，冥想当年红拂风。

昔日红薇花未开，今日红薇花若开。
欲开不开守红死，甘与红羊劫共灰。

① 王中秀：《黄宾虹年谱》，上海书画出版社，2005 年，第 173—174 页。
② 《艺观杂志》第一期，1926 年 6 月 10 日，第 4 页。
③ 《邓尔雅润约》曰：“尺内堂匾，大字每字三元；尺五内堂匾，大字每字六元；二尺内堂匾，大字每字十元；三尺内堂幅，每幅三元；四尺内堂幅，每幅四元；六尺内堂幅，每幅六元；楹联单条照堂幅折半；扇面、册页、斋额，每幅一元五角，篆、隶、楷、草相同；寿屏、墓志另订。石印每字二元；大至寸外，小至三分内之印，每字四元；圆印及天然不方之印不论大小，每字四元；仿汉印象形者亦作字算。金、银、晶、玉等印不刻。印用排钱尺照横宽若干算。润笔先交，订期十日。甲子三月（1924）重订。收件处上海艺观学会。”载《艺观画刊》，第 1 期，第 12—13 页之间的广告。
④ 1912 年，傅熊湘由沪返湘，担任《长沙日报》总编辑，见傅熊湘辑：《红薇感旧记题咏集》，《南社研究》第 3 辑，1992 年，第 110 页。

又如：陆丹林曾收藏黄宾虹画作《双瀑图》、张大千画作《庐山观瀑图》，他把这两幅图合装成一卷，请邓尔雅题署，邓尔雅欣然书题并赋诗曰：

面目匡庐仿佛看，小时湖上瞥春峦。
银河倒挂全非俗，玉宇高层正要寒。
遮莫鏖糟将净洗，每于栖息愧平安。
画盟闻道都无恙，赤柱山中向陆丹。

1928年7月10日，邓尔雅与黄宾虹这一对神交已久的老朋友终于见面了。事情起因是：

广西大学筹备员马君武、陈柱尊、及暑假讲学会讲师陈钟凡、黄宾虹、白鹏飞、陈钦仁、丘景尼、唐庆增、姜琦、王克仁、马名海及其夫人等，于八号九号先后来港转轮赴梧。到港时，黎工次、杜其章二君设宴于南园，马君武、白鹏飞数君于席次挥毫题字，贻非非画报。老画家黄宾虹，亦走笔作山水二帧，一贻赠杜其章，一贻赠黄般若君。席间有叩马君武以广西大学筹备之经过，略谓广西大学校舍，已决定于梧州，现仍在建筑中。筹备于今年十月间开学，此次返桂筹备一切，并请国内学者往桂林讲学，顺道一游桂林，一月后即返广州云云。是日马君武、马名海二君，即转乘梧港轮赴梧，而黄宾虹诸教授等则留港一二日。黄君宾虹以南社之关系，与邓君尔雅神交已久，且以桂林为尔雅君旧游之地，欲一访邓君，询桂林之佳胜处，俾知游览之程序。十号与黄君国芳、黄君般若同访邓君。是日二君相见甚欢，畅论金石书画之学，逾三小时，后由黄君国芳导游太平山巅，登山时黄宾虹观港后诸岛，即索铅笔写数幅，至七时下山，尔雅君宴之于南园。黄宾虹出示所得古玉印数颗于席间欣赏。黄君曾刊有《宾虹藏印》前后二集，及《古画征》一卷（此书由商务印书馆出版），闻黄君于讲学之馀，游桂林名胜，允以绘图或影片寄赠港中诸友云。①

① 橄榄：《广西大学筹备员过港记》，香港《华星三日刊》，1928年7月21日。

此次会面，让邓尔雅相当高兴，当场画松以赠黄宾虹。邓尔雅自题：“用玉九山人写梅法画松，寄似濒虹社长，以为何如?”①

1930年十月，黄宾虹为邓尔雅作《绿绮园图》。1935年七八月间，黄宾虹应广西政府之邀赴南宁讲学，取道香港，到港当日，邓尔雅与黄般若、唐天如和黎工佽迎接。黄宾虹在港停留十日左右才去广西。黄宾虹与邓尔雅的女婿黄般若亦交好，为忘年之友。此次黄宾虹在港期间，所留相片“皆般若所手摄”。

另外，在香港时期，邓尔雅也遇到了其在广雅书院的同窗黄冷观。1918年，黄冷观携全家迁居香港，在香港担任《大光报》主编，兼任《香港晨报》笔政。也积极向其他港报撰文投稿，如《华字日报》《循环日报》《中华民报》等等。黄氏之作，多评论政治得失、经济利弊、社会良莠等，其爱国主义思想充分流露于字里行间。

1926年，黄冷观在香港创办中华中学，开始致力于华侨教育。受黄冷观之托，邓尔雅在中华中学担任教席，教授书法、文字学课程。黄冷观之子黄苗子也就读于中华中学，师从邓尔雅，又为其艺术素养打下了坚实的基础。

正如前文所言，邓尔雅在香港的重要收入之一，来源于在同窗好友黄冷观所创办的香港中华中学任教的收入。好友黄冷观的帮助，令邓尔雅非常感动，他也毫不保留地倾情教导黄冷观的子女。由于其真诚用心、教学有方，深得门生的喜爱，邓尔雅同样也与他们形成了亦师亦友的关系。

黄冷观第五子祖耀最为调皮。祖耀即著名的书法家黄苗子先生。其乳名猫仔，后改名苗子。五六岁时跟随父亲来港定居，当时住在十分简陋的砵甸乍街。黄苗子从小调皮，经常会到皇后码头闲逛，或到上环域多利戏院看电影，经常被父亲手中的藤条或“鸡毛扫”教训。此子令黄冷观十分头痛。后来，在黄冷观的力请之下，邓尔雅开始私塾黄苗子。邓尔雅教授黄苗子熟读和背诵古诗文，奠定了黄苗子的文学基础，为黄苗子一生开启了为学之门。

据黄苗子先生回忆：“一九二六年，我父亲在香港创办中华中学，尔雅

① 上海《艺观》第3期，1926年。

先生欣然接受邀聘，担任中华中学教席”，“在中华中学，尔雅先生教的是书法、文字学课程。”① “先生五短身材，精瘦有神，两撇胡子，更表现出庄重仪容与学者丰度”，② 对于其写字时之身影，更是历历在心，“少时亲见先生执管，臂、肘、腕、指的运用，灵活凝重，特别是行楷小书，握笔沉着矫健，挥洒自如，余小子侍座屏息，瞪目骇心的情况，七十年前事，至今还历历在心目中。”③

黄苗子谈到邓尔雅的教授方法，言邓尔雅在讲授文字声韵，强调地方方言的不同发音，并且用形象的例子来讲解方言，使学生在笑声中便领会了古代文字的“象形”、“形声”和“假借”等意义、方音的来源和演变等道理。

> 在中华中学，尔雅先生教的是书法、文字学课程，他不仅照顾学生的程度，深入浅出地讲授，使学生听得趣味盎然，自然是最受欢迎的老师之一。
>
> 先生教我们书法，主张各种书体都可以学，但以先从工整而笔致清楚的楷书入手为宜。要开张腕力，不妨参学隶书。
>
> 尔雅先生教书法，除了指导我们基本的用笔方法等以外，主张各自选性情所近的书体来学。但要求初学先务方整，勿求奇纵。他指导我除了学《张迁》《史晨》等汉隶之外，再选隋碑小楷放大临写。④

邓尔雅对于黄苗子影响最大的，除了课堂上讲授的知识外，还有邓尔雅言传身教的治学方法。邓尔雅发现有用的资料，就会用卷烟纸抄录下来，日积月累，收集多了，就进行分类整理。这一习惯让黄苗子认识到学问是由点滴积攒而成的，这对他影响深远、终身受益。

---

① 黄苗子：《邓尔雅之风——记邓尔雅先生》，载《画坛师友录》（增订版），北京：生活·读书·新知三联书店，2007 年，第 108 页。
② 黄苗子：《邓尔雅之风——记邓尔雅先生》，载《画坛诗友录》（增订版）三联书店，2007 年，第 109 页。
③ 黄苗子：《邓尔雅之风——记邓尔雅先生》，载《画坛诗友录》（增订版）三联书店，2007 年，第 103 页。
④ 黄苗子：《邓尔雅之风——记邓尔雅先生》，载《画坛师友录》（增订版）三联书店，2007 年，第 103—110 页。

黄冷观生有子女十三个，其第四子为黄祖雄[1]，据黄苗子说此人才算是邓尔雅之真正门生："尔雅先生真正的入室弟子，却是我四哥万夫（祖雄），他勤奋地从先生治小学和书法篆刻。先生于1922年定居香港以来，似乎够得上称弟子的学人不多，四哥是30年代亲炙深切的门生，四哥的学问功夫，受到尔雅先生的深切期许，但是由于当时有思想的青年人，都把爱国救亡视为生命的第一意义，抗日战争开始，四哥便放弃学业，只身从香港跑到陕北，最后，流血牺牲于晋冀察边区的日寇炮火中"。[2] 邓尔雅对于此生，是深为喜爱，曾作《赠黄万夫》[P351]：

> 先世通家久，无双江夏黄。蒿庐心印可，广雅梦相羊。
> 小学需吾辈，附庸为霸王。敢云承尔位，奇字我敢当。
>
> 古人风气竺，侪辈亦相师。莫让当仁者，宁徒诵学而。
> 校雠通篆籀，赏析到奇疑。不舍锲金石，藏山诚可为。

第四节 砥砺前行

一、田园梦碎

1929年，邓尔雅离开香港九龙，移居香港新界大埔，筑小园居之，名之为"绿绮园"。名园藏名琴，成为当时香港文坛佳话。邓尔雅亦作诗《绿

---

① 黄祖雄（1912—1942），又名黄中涧（后改作黄中坚），字万夫。也曾任教中华中学。1938年，广州被日寇侵占，黄祖雄与哥哥黄祖芬、黄绍芬一起积极参加抗日活动。是年冬天，黄祖雄从香港北上到延安，在延安抗大二分校学习，后调任《新华日报》华北版第四版《副刊》编辑。可惜，在1942年5月日寇扫荡太行山根据地时遇害，年仅三十岁。

② 黄苗子：《邓尔雅之风——记邓尔雅先生》，载《画坛师友录》（增订版），北京：生活·读书·新知三联书店，2007年，第109页。

绮园落成》志之，曰：①

谈何容易好林泉，流寓随他信脚缘。
禂祭仍遵荒古历，逸书重买中兴年。
巡檐梅与山相笑，移宅蘭将盎并迁。
将就一园容隐几，楼台印上夙亲镌。
千西庐墓锦为田，后叶犹容近祖先。
堂窄高吟暖岚气，岛荒长物富春天。
剩残山水非生客，句股梅枝入梦圆。
床左囊琴虽弗御，不妨高举契无弦。

其欣喜惬意的心情跃然纸上。初来大埔，邓尔雅面对久违的乡居生活，充满着新鲜感和满足感，作有多首吟咏田园的诗作。如《早起》诗云P189：

人境无喧适寝兴，起来忘却困腾腾。
开窗先迓山光入，密坐周旋花气蒸。
诗酽如茶宵不寐，书多插架岁还增。
沈要潘鬓消磨后，将欲高歌且未能。

邓尔雅在闲暇之馀，还做起了园丁，和家人在园中养花，卖花之所得，亦颇能贴补家用，《园丁》诗中有“岁入金三百”之句。有学者评论曰：“自居大埔后，邓尔雅的诗风似也为之一变，大体给人一种远离尘世纷扰之感。”② 筑园而居，曾是邓尔雅梦寐以求的愿望。远离尘世纷扰，寄情山水，

① 《邓尔雅诗稿》第144—146页有《绿绮园落成》，容庚编选《绿绮园诗集》中第42－43页亦有《绿绮园落成》，通过比对，两诗略同，但有个别字不同或小注不同，如《绿绮园诗集》中曰：“谈何容易好林泉，惟有随他信脚缘（蔦长庚词好底林泉信脚随缘寓）；禂祭仍遵荒古历，逸书重买中兴年；巡檐梅与山相笑，移宅兰将盎并迁；将就一园容隐几（黄九烟有《将就园记》），楼台印上夙亲镌。宋时庐墓锦为田，累叶犹容近祖先；堂窄高吟暖岚气，岛荒长物富春天；賸残山水非生客，句股梅枝入梦圆；床左囊琴虽弗御，不妨高举契无弦。”《邓尔雅诗稿》此诗中“禂祭”句后加有小注曰：“韩熙载南唐集字有禂祭、蚩尤句，盖南方多神农诸侯之裔。蚩尤为神农时诸侯之长，初二十六，疑即当时之朔望，或当时天算稍疏，后乃更正耳。”而《绿绮园诗集》中无此小注。

② 周成：《邓尔雅》，广州：岭南美术出版社，2012年版，第6页。

题诗作画，毕其一生，何尝不是每一个文人的心动选择？虽言士人家国情怀，但是在动荡的岁月里，在武人当道的时局下，一代书生究竟能有何作为？从日本回国十年来，邓尔雅以笔代戈，已尽洪荒之力，却也只看到军阀的纷争、民生的凋敝。毋庸讳言，曾经激情满怀的邓尔雅也向往静谧诗意的田园生活。事实上，绿绮园也成了邓尔雅与朋友相互雅聚赋诗、吟咏作画的胜地。1930 年，黄宾虹为邓尔雅作《绿绮园图》，邓尔雅为黄宾虹刻“宾虹”印章。高吹万为邓尔雅书“绿绮”，题曰：“尔雅先生老友嘱题，庚午秋中，吹万高燮”。在绿绮园里，邓尔雅还于 1931 年秋续娶叶氏，度过了几年田园生活。然而，修身齐家之后，治国平天下的士子情怀再度萦绕。1932 年，邓尔雅将所藏之六百多册《东塾遗稿》“移而为岭南大学之公物”。次年，邓尔雅在《国立中山大学文史学研究所月刊》发表《曹溪南华寺刻五百罗汉记》，记述十多年前游览南华寺得北宋木刻的经历。同年，邓尔雅参广东第四路集团军司令部咨议。1934 年，参与广东第二军军长香翰屏之幕及中区绥靖公署委员。1935 年，参加广东第四路集团军舰队司令部张之英幕咨议。然而，作为幕僚，邓尔雅在军营中并不如意，遂心生退意。1936—1937 年，邓尔雅两游罗浮，留下诗作颇多，如《罗浮道中》《罗浮》《罗浮杂诗》等。邓尔雅的田园之念，再度萌发。在《罗浮杂诗》之一，有诗曰：“不因学道顿皈依，却喜山深与世违。人自养神龟屏息，遂令鱼鸟各忘机。”①

在另一题为《入酥醪道籍道号员峤字壶系口占》的诗中，我们可以看出，在连年内乱纷争以及日寇大举侵犯中华的时代背景下，邓尔雅于 1937 年在罗浮山入道籍，道号“员峤”。

“历劫无恙发愿所写心经之一”印

罗浮山是岭南道教的发祥地，以其清幽的环境，历来为道家推崇，成为道士修炼的绝佳之地。由于是宗教净地，又远离闹市，不少学人来此隐居研读，早在明代罗浮山私学就成为岭南学术中心。邓尔雅的父亲邓蓉镜就曾读书于此，并尝入道籍，甚至当过罗浮山白鹤观

① 容庚编选：《绿绮园诗集》，1960 年稿钞本，第 87 页，《邓尔雅诗稿》中的《罗浮杂诗》中无此诗。

的主持。① 事隔多年时候，邓尔雅来到罗浮山，感慨良多。他入道门，也是为了寻找一种精神寄托，试图从在世事纷扰中，找到内心的平静。罗浮之行后，邓尔雅回归大埔绿绮园，重温田园梦。但是，饱历世变之后的邓尔雅心系田园之安宁、远离尘世之纷扰的美好梦想，在当时的社会形势下，却不能够得到实现。

1937 年 7 月，飓风为灾。邓尔雅所居大埔受灾严重，绿绮园仅存四壁，藏书被毁，所幸绿绮台琴完好。邓尔雅乃从大埔迁至香港岛。然而，此天灾之后，紧接着的却是人祸：1937 年，抗日战争爆发。1937—1938 年间，日本攻占广州，1938 年 10 月 22 日，广州沦陷，难民不断涌入相对较为安全的香港。至 1938 年 7 月，香港暴增近二十五万人。② 画盟亦避兵岛上。邓尔雅对此深感忧虑，他刻文殊佛像印，题曰："丁丑七月邓尔雅敬造文殊佛像一区，上为国土清宁，兵戎休息，下为人民安乐，年岁丰登；万品众生，一切同庆。"祈祷局势好转，国家安泰，人民安乐。

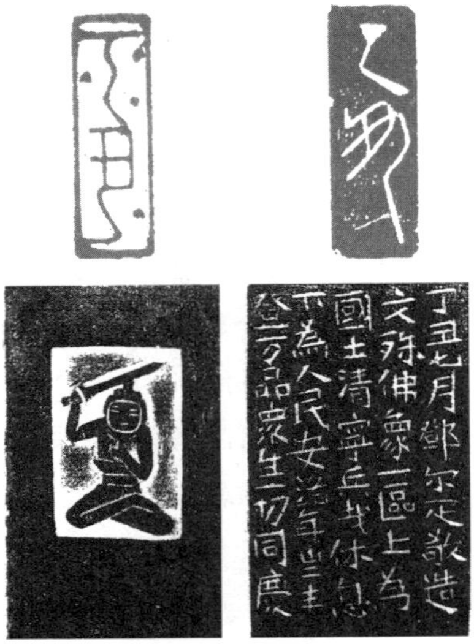

丁丑年造文殊佛像印及边款

同年，邓尔雅作《丁丑戊寅画盟诸友避兵岛上感赋先呈赵浩公黄少梅》，诗曰[P613－615]：

岛居触见感殊方，满地胡沙怯近乡。万物自然致刍狗，六丁收取上穹苍。
从来文士每流寓，敢说名山例弃藏。犹喜旧游仍似昨，论书愤画获商量。

太平何者属机关，似在书城笔陈间。欲把诵弦暖锋镝，从头收拾到河山。
黔雷不断柔翰补，苍帝先将画稿颁。为问赵昌黄子久，定须碧钝与青顽。③

① 邓尔雅作《罗浮杂诗》之一云："先君旧有昆仑籍，于此读书栖洞宫。忽记亲恩生异感，青山垂笑实无穷。"此诗后小注曰：先大夫尝主持白鹤观，"青山绿水垂笑于无穷"郑所南语。参见邓尔雅著，东莞市政协编：《邓尔雅诗稿》，广州：广东人民出版社，2007 年，第 393 页。

② 周子峰编撰：《图解香港史》（远古至一九四九年），香港：中华书局（香港）有限公司，2010 年，第 136 页。

③ 《绿绮园诗集》中此诗题下仅有后两首。

赵浩公取《文选》“同胞之往无所容居”语意，以“无所容居”为室名，邓尔雅为其刻“无所容居”印。此印边款云：“浩公画盟以无所容居名其斋，取《文选》同胞之徒无所容居语意也。既为治印，复繄以诗录便面呈教”。邓尔雅又赋诗曰[P634－635]：

同胞无所可容居，八尺匡床卧有馀。天下最难忘物与，风前聊且立斯须。
香山三愿吾能说，广夏千间足起予。此日闇窟元不陋，夜长各梦足华胥。

避兵幸得举家安，转愧苍黔日大难。墨井寓公流且住，道玄腹稿境尤宽。
再三桑海曾经历，万里江山且自看。各有升平双眼在，画盟此后必无寒。①

在诗中，不难看出邓尔雅的无奈，但是他还是抱着一种积极乐观、道法自然的精神，认为能够偏安香港，还是幸运的，假以时日，定能好转。1938 年，邓尔雅与简经纶②、冯康侯③等诸友合资，于港岛文咸东街租赁小楼，曰季庐，以为游息之所，解衣挥毫，笑谑无禁，常至夜分乃去。当然，在急剧的社会变革面前，他也清醒的认识到了个人力量之渺小。同年，邓尔雅刻“不求闻达”印，其心境不言而喻。

二、保存国粹

偏安香港时期，尽管时局紧张，但邓尔雅仍砥砺前行，积极参与各种保存国粹、发扬国光、倡导民族文化的活动。

---

① 《绿绮园诗集》中此诗题下仅有后两首。

② 简经纶（1888—1950），字琴石，以字行，号琴斋，别署万石楼主，斋名有千石楼、万石楼、千石居、千石室、千万石居。广东番禺人。中年曾任职南洋兄弟烟草公司主宣传。精诣书法篆刻。书法兼工各体，篆书雄奇古厚，隶书苍深朴茂，间涉章草。篆刻师法古玺及汉印，放逸沉厚。晚年偶以书法作文人画。1937 年冬自沪贺港，设袖海堂、琴斋书舍，从游习者众。香港沦陷，1942 年移家澳门，课徒为事。后迁返香港，直至逝世。著有《甲骨集古诗联》《琴斋书画印合集》《千石楼印识》《琴斋印留》等。《广东印人传·补遗》《广东印人传》《近代印人传》有传。

③ 冯康侯（1901—1983），名强，自号糖斋，晚号眇叟，别署可叵居主人。广东番禺人。从刘庆崧习六书及金石篆刻。曾受聘为国民政府印铸局技师。抗战避地澳门，1944 年在当地举行第一次书法篆刻展览。抗战胜利后返广州，任中华书局编辑。后移居香港，历任联合书院及德明、广大、香江等院校教授。曾设广雅书学社、南天印社收徒授课。《近代印人传》有传。

1939年11月，叶恭绰在香港极力倡导西南民族文化，并苦心搜求各地出品，两月内，征得出品五千多件，决定以“研究乡邦文化发扬民族精神”十二字为主旨举办广东文物展览会，得到了在港同仁的大力支持，组建广东文物执行委员会。11月9日，广东文物执行委员会在中国文化协进会会所召开第一次会议。出席者：叶恭绰、黄般若、陈君葆、简又文、潘庶春、邓尔雅；主席：叶恭绰；记录：黄般若。此次会议主要讨论第一次筹备委员会全体会议的召集时间、执行委员的工作分工、征集出品简则、展览会经费的预算和筹措、展览会场地等问题。11月15日下午四时，邓尔雅又参加在温莎茶室举行的筹备委员会第一次会议，叶恭绰担任主席，黄般若负责记录。首先由叶恭绰报告了此次展览会发起之旨趣，简又文报告了执行委员会之经过及简章，总干事黄般若了汇报了第一次执行委员会各项议决案；其次讨论了征集出品简章案及此次会议经费预算案等。[①] 12月2日下午三时三十分，执行委员会又召开第二次会议，邓尔雅亦为出席者之一。[②]

会议最终定下展览时间为1940年2月22日至26日，为期五天，场地暂借香港大学冯平山图书馆的场地。

“展览会由文化协进会理事会邀请筹备员六十馀人，推定执行委员叶恭绰、许地山、简又文、陆丹林、陈君葆、邓尔雅、李景康、潘庶春、黄般若九人，叶氏为主任。”[③] 其中叶恭绰担任主任委员，邓尔雅担任征集组主任。此次展览范围包括书法、绘画、著述、金石、手迹、图书、制器、文玩、拓片、精印本等物。此外，著名的古迹及古物亦有参加展览。因此征集作品分十二类，“征集地方远至重庆、昆明、上海、粤省内地及本港”，“目下亦能得二千馀件的珍品”。[④] 可见此次展览会规模颇大。此次展览会筹备历时三个多月，仍然以“研究乡邦文物发扬民族精神”为主旨。

此次展览会历时五日，阅览者多达十万人。会后出版《广东文物展览会出品目录（附广东名人小史）》一书，并以“参观广东文物展览会述评”

① 《筹备委员会会议记录》，广东文物展览会编辑《广东文物》上册，1941年，第196页。
② 《执行委员会会议记录》，广东文物展览会编辑《广东文物》上册，1941年，第193页。
③ 《广东文物展览会记录》，广东文物展览会编辑《广东文物》上册，1941年，第210页。
④ 《广东文物展览会记录》，广东文物展览会编辑《广东文物》上册，1941年，第212页。

为题举办学生徵文比赛①。会后，编印《广东文物》一书，“风行宇内，海外粤籍华侨，尤争相购置，盖爱乡爱国，人有同情。”②

此次展览会筹备了三个多月，从重庆、昆明、上海、广东及香港等地共征集二千多件珍品以供展出，因数量庞大，分为十二个类别：图像类、手迹类、典籍类、金石类、志乘类、文具类、器用类、古迹类、制作类、太平天国遗物、革命遗物等，邓尔雅展出了个人收藏的邝露旧藏绿绮台琴、今释《绿绮台琴歌卷》《邓承修奏稿》《何翙高先生遗稿》等，为推广传统文化，真是不遗余力。

1940年春，香翰屏调集一八六师以及东江地区的梁桂平、罗坤、袁华向等支队，潮汕的李坤纵队以及惠阳、东莞、宝安、海丰、陆丰等县大队，号称三个师的兵力，围追堵截活动在惠阳、东莞和宝安一带的曾生、王作尧两支抗日部队，迫使曾王部队东移海陆丰，遭受重大损失。香翰屏将军自前方来函，以东江一带惨受兵灾，伤民难民，亟待救济，请叶恭绰、邓尔雅和张英之等徵集书画三百件，运入内地推销，以筹善款。后来张英之等人协商请中国文化协进会来主办这件事。

中国文化协进会热烈响应，决定举行筹划义卖活动。此消息一公布，香港各界纷纷表示支持，文化界、书画家、鉴藏家等，热心协助，纷纷捐助作品或藏品。经过四个多月的准备，共收得1700多件展品。5月2日至6日，“东江兵赈书画展览会”正式在陶园酒家举行，到会者二百多人，有叶恭绰、高剑父、桂南屏、赵浩公、赵少昂、邓尔雅等，共收到善款港币七千多元。“东江兵赈书画展览大会，已于日昨闭幕，筹得款额港币共七千二百元，除拨出一部为该会之开销费外，约有三万馀国币汇回国内，书画共售出五百馀幅，尚存七百二十件，现暂珍藏某处。”③ 此次展会，邓尔雅个人就捐出书法作品二十四件。

① “本会在举行展览会时，为着旅居港九的学生，注意乡土史料起见，曾以‘参观广东文物展览会述评’这题目，征集学生论文，至三月十日止截，先后收到大中小各校的学生来稿九十四篇”，载《广东文物展览会纪录》，广东文物展览会编辑《广东文物》上册，1941年，第215页。《星岛日报》1940年2月22日和《华字日报》1940年2月23日皆有相关报道。

② 遐庵年谱汇稿编印会同人编：《叶遐庵先生年谱》，1946年铅印本，第393页。

③ 《书画展闭幕》，《华商报》，1941年5月7日。

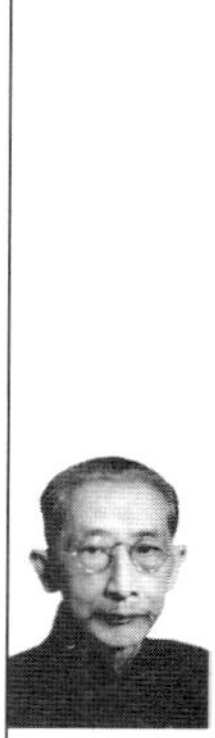

三、鬻艺为生

可惜，偏安香港的日子并不长久。1941 年 12 月，日军占领香港九龙半岛。1942 年 2 月，日本宣布香港为其占领地。日本占领香港后，马上封存了储备米粮，导致市面混乱，市民争相抢购。1943 年日本在太平洋战场失利，香港物资供应不足，日本实施粮食配给制度，“计口授粮”，对其他副食品也实行公卖配售，并停止港币，推行军票政策，但是日本滥发军票，导致香港物价飞涨，米价昂贵，香港人民处于水深火热之中，民不聊生。

在这种背景下，邓尔雅再度陷入经济拮据，甚至出现了生存危机。邓尔雅本抱负清奇，脱俗清高。他曾在《山水寄呈潘七》有云[P191－192]：

印有十不刻，琴有九不弹。绘事同一例，未可强所难。
前辈弗妄作，新画何汗漫。铜臭而已矣，焉能润笔漖。
生平耻市道，技蚌始濡翰。自娱非盗窃，吾亦抱吾残。
好山罗匈次，于卿底相干。毫墨我所写，初非要人看。
长生在美意，比之大还丹。日课有次第，大书记枝榦。
或者惊知已，山灵两相欢。山灵有旧盟，岁寒盟不寒。

然而，在那种严峻的生存压力下，“生平耻市道”的邓尔雅也不得不通过撰稿或替人刻印，聊以养家。1944 年 1 月，邓尔雅生订润约：

堂扁壹尺大字每字叁十圆，尺外至尺五每字六十圆，堂幅每幅六拾圆，屏条每幅三十圆，楹联每对廿圆，长联加倍。堂幅屏条楹联俱以三宣纸为度，扇面每幅卷册每尺十五圆，篆隶加五，寿屏、碑志另议。寸内石印每字二十圆，寸外加倍。小不及三分之石不刻，天然印不刻，牙角晶玉不刻，笔润先交，约期取件。三十三年一月重订。七月一号以后加倍。①

1945 年 1 月，由于物价飞涨，邓尔雅重新修订润约：

① 《邓尔雅润约》，1944 年，曾广才藏。

堂扁一尺大字每字百二十圆，尺外至尺五每字二百四十圆，堂幅每幅二百四十圆，屏条每幅百二十圆，楹联每对八十圆，堂幅屏条楹联以三宣纸为度，扇面每幅卷册每尺六十圆，篆隶加五，寿屏、碑志另议。寸内石印每字八十圆，寸外加倍，小不及三分之印不刻，天然印不刻，牙角晶玉不刻。润笔先交，约期取件。三十四年一月重订。（邓尔雅墨笔补“四月一号以后加倍”。）①

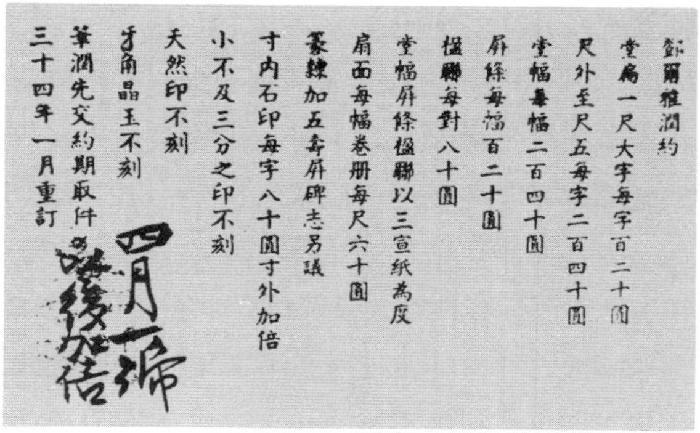
鄧爾雅潤約
堂扁一尺大字每字百二十圓
尺外至尺五每字二百四十圓
堂幅每幅二百四十圓
屏條每幅百二十圓
楹聯每對八十圓
堂幅屏條楹聯以三宣紙為度
扇面每幅卷冊每尺六十圓
篆隸加五壽屏碑志另議
寸內石印每字八十圓寸外加倍
小不及三分之印不刻
天然印不刻
牙角晶玉不刻
筆潤先交約期取件
三十四年一月重訂
四月一號以後加倍

1945 年 1 月邓尔雅修订的润例

8 月 15 日，日本投降，抗战胜利。邓尔雅刻“幸民”“历劫不坏”二印以记之。

9 月，邓尔雅再次根据物价调整情况，修订润约：

堂扁一尺大字每字十圆，尺外至二尺每字二十圆，堂幅每幅二十圆，屏条每幅百十圆，楹联每对十圆，堂、屏、联以三宣纸度计算，二宣加倍大宣三倍，小隶、分篆加倍，以上依前十年旧例；扁册□□不写，寿屏、碑志另议。寸内石印每字十圆，寸外加倍，仍依旧例。小不及四分之印不刻，圆印、天然印不刻，金玉晶牙等质之印不刻。润笔先交，约期取件。乙酉年乙酉月后以字行邓宠恩时年六十三。

四、晚年余晖

抗战胜利后，邓尔雅仍然靠鬻艺为生。1950 年 1 月，邓尔雅重订润约：

① 《邓尔雅润约》，载《九华堂所藏近代名家书画家篆刻润例》，第 83 页。

堂匾招牌尺字每字廿圆，尺外至二尺每字四十圆。堂幅每幅四十圆，屏条每幅二十元，楹联每对二十元。堂屏联以三宣纸度计算，二宣加倍，大宣三倍。篆分草楷相同。扇册小字不写。寿屏、碑志另议。润笔先交，约期取件。三十九年一月，邓尔雅订于香港。

是年，何筱宽在香港中环同文街口设一印店，经营印务，取名“艺一印社”，印人多在此接单，邓尔雅也常流连于此，即接即刻。同时，他也尽自己所长，传授印艺。张祥凝、刘玉林、唐积圣等人多在此店朝夕旁听，正是在此时跟随邓尔雅学习刻印。后来张祥凝、刘玉林、唐积圣、关少苍等人师承或间接受邓尔雅印法影响。香港著名书法家曾宗麟，也是邓尔雅入室弟子。还有陈少汉、莫铁等人皆曾师从邓尔雅习学书画篆刻。

在培育印坛新人之外，已经进入花甲之年的邓尔雅仍然不忘其发扬民族文化的人生理想，仍然积极参与推进文化发展的活动。年事已高，并不能阻挡他的脚步：1945 年 8 月，邓尔雅与陈君葆、叶灵风、戴望舒等以“超越的目光，以阐扬东方文明为目标”，组建香港文化联谊会。1947 年 1 月 29 日，中国文化协会及中英学会在般含道罗富国师范学院举办中国古代文物展览会。发起人为黄般若、潘熙等人。邓尔雅、黄般若、郑芷湘、何冠五等人展出了所藏的古代书画器物。邓尔雅所藏绿绮台琴是展品之一。2 月 2 日，邓尔雅在“中国古代文物展览会”中作关于书法的学术演讲。5 月 16 日，献校祝寿会在华商总会四楼举行“献校书画义展”，以筹建中正学校。赵少昂、邓尔雅、陈荆鸿等 40 多人积极响应，送展作品多达二百多幅，其中邓尔雅、赵少昂等人送展作品字每幅五十元起码，画每幅一百元起码。

“献校书画义展”后，余游未尽，在港一些书画名家自行组织一个中国近代书画汇。5 月 22 日，在大道中三十八号三楼（皇后戏院对面）举办名家书画展览，一共七天，其中展示的多为于右任、高剑父、陈树人、齐白石、徐悲鸿、张大千、邓尔雅等名书画家之作品。[1] 6 月 23 日至 7 月 2 日，又举办“书画扇面展览”。7 月 24 日，港九文艺研究会发动港九书画文艺义卖展览，赈济两广水灾，在中国近代书画汇举办“救济两广水灾书画文艺

① 《近代书画汇定今天开幕》，《星岛日报》，1947 年 5 月 22 日。

展”，展出书画家岑光樾、邓尔雅、罗叔重等四十多人精心之作，一共有三百多帧。又展出了广州书画家黄君璧、香翰屏、叶少秉等人送来的大批章石。①

1948 年，青年会为了提高学生书法水平，在 4 月 21 日发动全港中小学校书法比赛，报名参加者有小学生 70 人，初中生 41 人，高中生 16 人，共 127 人。5 月 1 日下午二时至四时，在青年会中学部举行“全港中小学校书法赛”，并聘请香港著名书画家区建公、邓尔雅、陈公哲三位为评判员。②

同年 8 月 7 日至 9 日，中国近代书画汇展出九华堂主人刘少旅所珍藏的名人书联条幅，其中有邓尔雅之作。③

同年 12 月 10 日至 12 日，圆社在思豪酒店主办“岭南五金石家篆刻书法展览会”，参展者包括邓尔雅、卢鼎公、冯康侯、林千石、冯师韩等人。④

1949 年 1 月 23 日，中环同文街口艺一印社展出名家书画作品，包括邓尔雅、罗叔重、叶观盛等。⑤

同年 4 月 15 日至 17 日，“叶遐庵先生书画展览会”在豪酒店画厅举行，展览会后出版《叶遐庵先生书画展览特刊》，邓尔雅为之题署。⑥

1950 年 3 月 15 至 16 日，“古书画展览”在香港圣约翰礼拜堂举行，展出六朝以来至近代书画，也包括历史档案、先贤遗泽、革命文献等。⑦ 展览会后出版《古书画展览特刊》，邓尔雅为此特刊题署。

3 月 26 日至 30 日，“平津京沪旅港藏家联展”在香港思豪酒店举行，展出北京、天津、南京、上海四地藏家所收藏之古书画一百多种，以明清两代作品为主。⑧ 邓尔雅再次题署此次展览

① 《筹振两广水灾书画文艺义卖展览，今天有即席挥毫义刻金石》，《华侨日报》，1947 年 7 月 25 日。

② 《全港中小学生书法赛颁奖》，《华侨日报》，1948 年 5 月 23 日。

③ 《中国近代书画汇书法大展览》，《华侨日报》，1948 年 8 月 6 日。

④ 《五名家篆刻书法展今日举行》，《华侨日报》，1948 年 12 月 10 日；《五金石家作品今日展览》，《星岛日报》，1948 年 12 月 10 日。

⑤ 《艺一印社展览名家书画作品》，《华侨日报》1949 年 1 月 24 日。

⑥ 《叶遐庵先生书画展览特刊》，《星岛日报》，1949 年 4 月 14 日。

⑦ 《古书画展览特刊》，《华侨日报》，1950 年 3 月 15 日。

⑧ 《中国古书画展》，《华侨日报》，1950 年 3 月 26 日。

之特刊。

……

1952 年，自知病重，沉疴难起，但仍“每改诸生功课，辄至夜深”。

1953 年养病在家。

1954 年 10 月 6 日（农历九月初十），邓尔雅卒于香港，享年七十二。

邓尔雅临终前，口示儿女，曰：“火葬后，骨灰不留，扬海外。”

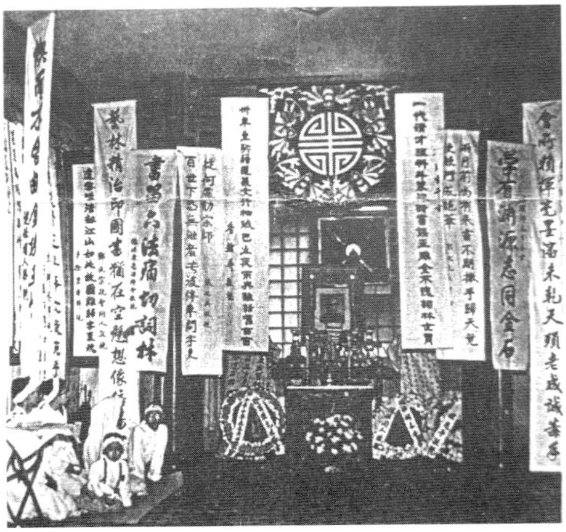

邓尔雅追悼会现场

是年 11 月 7 日为邓尔雅五虞之辰，其亲朋好友暨文艺界人士特租借香港殡仪馆举行追悼会，以志哀思。各方致送挽联诗词甚多，凌巨川、崔子范、黄宾虹、香翰屏、张之英、陈荆鸿等艺界名流皆忍痛书联以送尔雅先生。举例如下：

少日忆同寅，论学城南，时在光宣谈革命；暮年悲旧雨，潜踪海角，久曾篆刻共知名。

——凌巨川

训诂有渊源，记曾旧学商量，文字校仇如昨日；精诚若金石，何止留名篆刻，诗书遗泽足千秋。

——崔子范

一代清才，擅科斗篆隶诸书，镂玉雕金，不愧词林世胄；卅年至契，藉道义文行相砥；巴山夜雨，与谁话旧西窗。

——香翰屏

得公篆刻最多，吸牧甫治石精华，其谁能继？是予日所常见，临铁书法之秀硬，竟以乱真。

——张之英

训古有渊源，记曾旧学商量，文字校仇如昨日；精诚若金石，何止留名篆刻，诗书遗泽足千秋。

——朱子范

旧物有绿绮琴台，德者本也；考终次素王年寿，大哉死乎。

——陈荆鸿（孔子卒年七十三，今尔雅先生以七十二逝世故云。）

万岁流传，人出东官精治印，六朝更迭，台称绿绮许闻琴。

——谭荣光、戴健夫、陈少英

论儒雅风流，南国佳人，遗世而独立；数说文篆刻，北方学者，未能或之先。

——莫俭溥

金经写墨，碑石题朱，曾为先慈祝冥福；小学论源，印章治古，却从艺海哭斯人。

——李建丰

知也无涯，研艺论文怀大雅；锲而不舍，断金攻玉怆生平。

——冯骏

博雅冠儒群，五十年治学唯勤，文字源流许祭酒；高风传岭表，三百载抱琴守道，行藏磊落使将军。

——顾淡明

万古长存，华胄籍东官，学绍青箱，书印专精，书从印入，印从书出；岁月如梳，宫墙慗北面，台名绿绮，人琴两念，人传琴乎，琴传人乎？

——曾宗麟

南枝凄绝冷香飘，小阁幽楼清閟高。莫讶调丝琴韵寂，寻仙海上石嶕峣。

——黄宾虹《慰邓尔雅悼亡》

第八章

诗书画印　道德文章

邓尔雅以篆刻、书法名于当代，“篆刻学邓石如、黄士陵；正书学邓承修；诗学龚自珍，而均能变化以自成家，观者罕知其所自出”（容庚语），其艺术水平，在近代广东乃至全国，均可置于一流之列。邓尔雅在篆刻和书法艺术上的杰出成就，与他的文化素养与道德修养是紧密相关的。在学术方面：他幼承家学，钻研小学，精于文字。一生学问从根底做起，每有疑问，必追根究底，其《文字源流》为其毕生精力之杰构，惜其长期居于香港，著作不为外人所知；在诗画艺术上：邓尔雅诗宗龚自珍，生平作诗颇多，约存2000馀首。邓尔雅亦工画，无门户之见，善集百家之长，自成一格，尤擅山水花石，下笔脱俗，作画多岩穴野僧，菊石墨梅，可惜传世不多；在道德修养上：邓尔雅富有家国情怀，修齐治平，以爱国弘道为己任；他坚韧执著，出淤泥而不染污，逢乱世而思君子；他性喜雅集交游，谈笑有鸿儒，往来无白丁；他修己渡人，学不私藏，诲人不倦，桃李芬芳，培养出像容庚、容肇祖这样的学术巨擘。

概而言之，邓尔雅可谓是集金石印人、文字学人、书画奇人、性情诗人、传统士人于一体的文化名家，其名于世的是篆刻和书法艺术，但其卓越的学术和诗文的文化素养，及其心系家国、修己渡人的道德境界却是其取得篆刻和书法艺术成就的重要因素。

第一节　金石印人

邓尔雅的印名远被南北，遐迩海外。其印其人早在1910年便被收入西泠印社出版的《广印人传》。2002年，邓尔雅的外孙黄大德编撰了《邓尔雅篆刻集》，辛勤汇编邓尔雅篆刻近两千五百馀方，由荣宝斋出版社出版。邓尔雅在篆刻方面的毕生心血，得以与世人见面，并永久流传。

“金石刻画臣能为”印

对于邓尔雅治印，已故西泠印社社长沙孟海先生在《沙村印话》中云：“南国锲家以东莞邓尔雅（万岁）、鹤山易大厂最为老师。”南社社友沈禹钟曾云：“早时金石号神童，长被黟山默化功。入印真书新创例，六朝造像字同工。”“八岁即能篆刻，及长，多取法于黟山黄牧父。晚年好以楷书作印，乃从六朝造像文字脱胎而成者。”邓尔雅的卓绝印艺得到了众多专家学者的高度关注。

一、印艺发展

结合学者陈治军等对邓尔雅篆刻的研究，我们可以把邓尔雅的篆刻分为五个阶段，即兴趣启蒙阶段、师法黄士陵阶段、上溯秦汉阶段、独具创新阶段、稳定成熟阶段：①

兴趣启蒙阶段。如前文所述，邓尔雅出身于篆刻世家。先祖邓云霄、邓逢京、邓逢年、邓锡祚、父亲邓蓉镜皆能治印，家风不失。邓尔雅幼时受家风熏陶，耳濡目染，对篆刻产生了浓厚的兴趣，主动钻研学习。邓尔雅曾曰：

> 先兄长余六年，师教兄以文字蒙求、说文部首诸书，因得旁观窃听，略知六书体例，乃比人为早，后捉刀嬉戏，童心颇顽，加以家有藏书，凡关于篆印之属，偷得馀闲，辄手一卷，稍窥门径，遂解刻划，锲而不舍，直以石材代玩具。及弱冠，益购金石图籍，当时盛行点石影印，价值亦廉，其难得之本，或借诸戚友，用资博览，即冲刀切刀之法，亦得之于书，非全有师成。②

早年的邓尔雅在篆刻上除了受家风影响外，更受清代篆刻大家邓石如印风的影响。

邓石如（1743—1805），清代集书法家、篆刻家、画家、文字学家于一生的艺术大师和学者，安徽怀宁（今安徽安庆）人。初名琰，字石如，避嘉庆帝讳，遂以字行，后更字顽伯，因居皖公山下，又号完白山人、笈游道人、凤水渔长、龙山樵长。邓派篆刻创始人。少好篆刻，客居金陵梅镠家八年，尽摹所藏秦汉以来金石善本，有《完白山人篆刻偶存》。

邓尔雅曾刻“生后完白山人百四十年”白文印，指其比邓石如晚生140年。邓尔雅出生时，邓石如虽然已经过世80年，但其在篆刻上的成就仍然誉满大江南北，经久不衰，也影响着身处岭南的邓尔雅。邓尔雅在篆刻启

① 陈治军、田英：《上追甲金石，旁及陶瓦砖》，《中国书法》，2015年第3期，第88—93页。
② 参见《邓斋印可·自序》，稿本。

蒙时期，就对邓石如的篆刻不胜推崇。他在《治印示儿辈》中云：“完白接二李，黟山私淑之。非关同姓者，而号邓斋为。”邓石如在徽派前辈的基础上开启了以己书小篆直接入印的新范式，成为篆刻史上的重要里程碑，尤以书法的笔意刻印影响了此后的众多篆刻家，邓尔雅就是其中之一。

邓尔雅曾经临摹过邓石如“以书入印”的代表之作“江流有声断岸千尺”印，这方印，邓石如将浑厚而又婉转的小篆植入印面，达到“疏处可走马，密处不透风”之风貌，邓尔雅在临摹时，虽未达到原作那样舒展自如，但是从其刀法和笔意，已有完白风格，也做到了疏密对比的效果。

“江流有声断岸千尺”印

师法黄士陵阶段。黄士陵（1849—1908），字牧甫，一作穆父，号倦叟，别署黟山人。安徽黟县人。“黟山派”开宗大师，是中国晚清时期成就很高的书画篆刻家。黄士陵的篆刻从浙派入手，师承皖派邓石如，融皖、浙两家之长为一体，形成了独具风格的“黟山派”。他的篆刻艺术，取法于秦玺汉印，取材于钟鼎、钱币、诏版、碑额、砖瓦等文字，各体悉入，无格不备，兼收并蓄，熔于一炉。篆刻章法能在险中求稳，刀法刚健，书法精魏碑、大篆，笔如刀削。又擅工笔花卉。

“花之君子”（黄士陵刻）

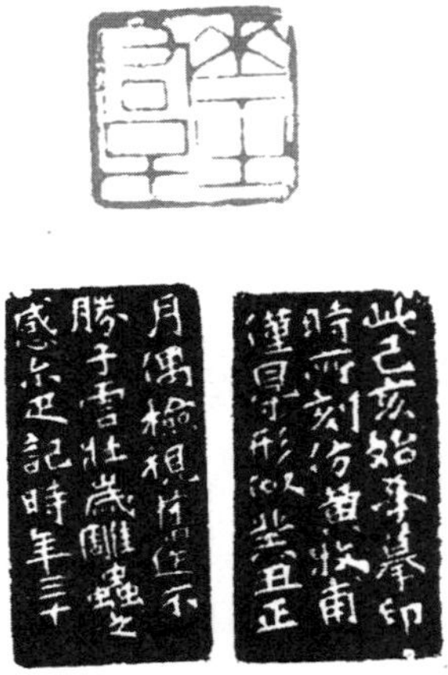

“花之君子”（邓尔雅仿黄印）

黄士陵于光绪八年（1881）来到广州，在广雅书局做了大量的经史金石书籍文字的校刻工作，前后十多年。在此期间，邓尔雅有机会向黄士陵学习求教，从黄士陵那里得到了绝佳的篆刻艺术滋养。邓尔雅在这个时期的代表作就是 1899 年摹仿黄士陵的“花之君子”印。该印在形上有着黄氏的“光洁之美”，深得黄氏篆刻的精髓，具有静穆古雅之韵，其刀法“薄刃冲刀”，印面光洁平整，体现了邓尔雅极好的悟性和扎实的基础。

“花长好月长圆人长寿”印

邓尔雅通过对黄士陵印作的大量模仿和借鉴，熟练地以稳健的双刀冲刀法呈现出平实、光洁的线条，继承和发扬着黄士陵“无一印不完整，无一印不光洁”的审美理念。“花长好月长圆人长寿”印，是邓尔雅对黄士陵治印风格领悟最成功的作品之一。此印印面呈现“布白几何”之势，印面章法疏密有度、错落有致。特别是印中三个“长”字，以不同的篆法安排在印文中，极大地丰富了印面的变化，“圆”字更是借用金文大篆的形态，展现出印风的活泼。

上溯秦汉阶段。1900 年黄士陵归故里后，邓尔雅继续学习和探索篆刻艺术，开始由追摹黄士陵到上溯秦汉。正如齐白石所云：“刻印，其篆法别有天趣胜人者，维秦汉人。秦汉人有过人处，全在不蠢，胆敢独造，故能超出千古。”① 邓尔雅在领悟黄士陵治印方法之后，又有所拓展，在这一阶段开始摸索先秦、汉代的印玺，在对秦汉封泥风格的吸收，对秦汉印雄壮、高古的气韵把握上创造出了自己治印体会和特色。“1917 年 10 月，邓尔雅为亡女招魂造像永充供养，刻‘招魂’一印，并在边款刻上亡女的影像以示纪念。这方印已不是标准的黄士陵风格了，已不是标准的四方形印面，而是略有残缺，边栏线条若隐若现。篆法印文时续时断、笔断儿意连，似在不经意间；边栏似刀划过印面，运刀如笔，格调高雅，静穆而有动感，是一方艺术性很强的作品，……可见邓尔雅学习古印形态的准确和气息的相通，与后来为陈少梅刻的‘梅在斯’印均可见其对汉玉印的吸收与把握达到了很高的程度。”②

① 胡佩衡、胡橐：《齐白石画法与欣赏》，北京：人民美术出版社，1992 年，第 118 页。
② 陈治军、田英：《上追甲金石，旁及陶瓦砖》，《中国书法》，2015 年第 3 期，第 92 页。

“招魂”印

“梅在斯”印

“隋斋”印

独具创新阶段。1917 年至 1937 年这二十年，是邓尔雅篆刻艺术的独具创新期。此时期，“尔雅先生此时的篆刻，视野已从秦汉古钵上升到了更为广阔的艺术视角里。”① 在这一阶段，邓尔雅广交师友，相互唱和切磋；阅历更广，古文字学也更精深。这些都使得邓尔雅在古文字入印上更得心应手，尤其他在刻印中逐步汲取甲骨、瓦当、鸟虫文、楷书、佛像甚至少数民族文字入印，邓尔雅治印作品的独创性开始凸显。如刻于 1933 年的“隋斋”一印，边款有“肴见古陶，寱斋以为隋字。刻呈隋斋方家正之，尒疋，癸酉小寒。”据陈治军等学者的研究，此印有封泥印的神韵，下部印边较厚重，运刀已有变化，布局严谨而有气息，“已有自家的语言了。”②

稳定成熟阶段。1937 年后这一阶段，是邓尔雅篆刻技术稳定成熟时期。该时期，邓尔雅在广搜博取、学习借鉴的基础上，通过自身长期实践，形成了自己独到的治印风格，印艺趋于稳定和成熟。邓尔雅曾在香港《春秋报》上开辟《邓斋印可》专栏，每日一二印，并配文字说明，展示着其稳定而成熟的篆刻技术。

二、治印风格

对于邓尔雅的治印风格，有学者认为：邓尔雅的印章用字丰富活泼，多变而准确。印章刀法上以酣畅的长冲刀为主又不乏微妙的变化，爽健光洁的基调下体现润泽文雅。章法上知白守黑，以几何结构来划分空间，穿插错落，不拘一格，别出心裁，借光润的线条中和灵动巧丽的表象，独具

① 陈治军、田英：《上追甲金石，旁及陶瓦砖》，《中国书法》，2015 年第 3 期，第 92—93 页。
② 陈治军、田英：《上追甲金石，旁及陶瓦砖》，《中国书法》，2015 年第 3 期，第 92 页。

匠心又耐人寻味。①

这种风格是邓尔雅长期博采众取的基础上，不随流俗、着力创新的成果。如前文所述，邓尔雅早期篆刻宗法邓石如，后见黄士陵治印，更为喜爱，乃专心私淑黄士陵。邓尔雅十分推崇黄士陵治印风骨，曾曰：

> 黟县黄穆甫先生，为吴窸斋门下士，博综小学，諳究六书，工写篆籀，既青于蓝，私淑完白，上追二李，渊懿朴茂，直入神品。其于印也，有笔有墨，有刀法，尤长于布白，方员并用，牝牡相衔，参伍错综，变化不可方物。印大方二寸强，小不及三分或多至卅册言，不易排列亭匀便嫌板滞者，独能疏密歪扁互见，宜称雍容安闲，心手相忘，实以玺印合鼎彝、石鼓、碑版、砖瓦、权量、符节、镜币、刀布乃至古玉古陶诸骨董冶于一炉，调剂而熔铸之，据篆室以出入，集印人之大成。完白而后，允推黟山，为学者所公认。梁节庵丈与先大人书云："穆甫印今推海内巨擘"，信为定论。先生高足弟子李茗柯，旧藏先生印稿，十九为印存初二集所未收者，今归澄海高子贞白。自欣奇获，宝若璆珣，拟付影印，传诸久远，题曰续补，索余序言，附录旧作七言律诗，用志赞叹，且幸眼福。②

邓尔雅又作《题黄穆甫印谱》，诗中对黄士陵印艺推崇备至。诗曰[P284]：

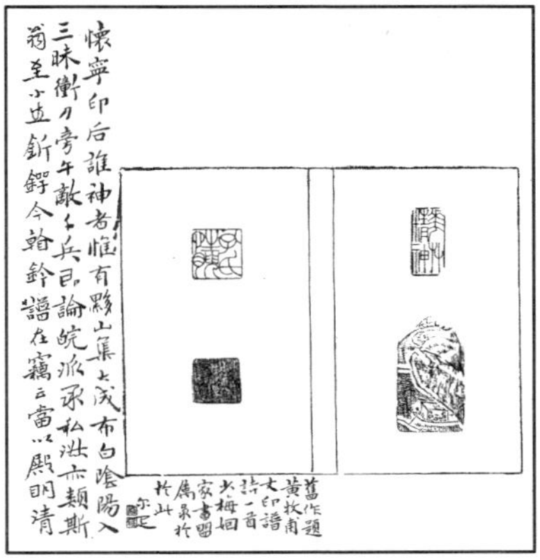

邓尔雅题《黄穆甫印谱》

怀宁印后谁神者，惟数黟山集大成。
布白几何入三昧，冲刀旁午敌千兵。
即论皖派承私淑，亦类斯翁至小生。
斵锷今看铃谱在，窃云当以殿明清。

黄士陵的篆刻风格，最显著的有三

---

① 陈郦：《邓尔雅篆刻风格研究》，中国美术学院，2016 年 5 月，第 23 页。

② 《艺林丛录》第二编，香港：商务印书馆香港分馆，1962 年，第 169—172 页。

点①：其一，从篆法上来看，其篆书直追三代吉金文字，线条光洁含蓄，其印文亦是方圆相参，方中带圆，其印面结构疏密变化，特别是将印章文字从邓石如的以圆转为主变为以方为主，方圆相生，加之有些文字笔画或增或减，或并笔，或移位，使得整个印面活泼生动了许多。其二，从刀法上看，线条光洁平整，与邓石如截然不同，多以薄刃冲入，以平正光洁之姿出之，犀利挺拔，如治玉印，光洁妍美，古气穆然，不论朱文抑或是白文，走刀一气呵成干净利落，没有断断续续的刻划和反复修改，不可以模拟斑驳的“金石味”，在皖浙两派之外，另辟蹊径，笔画亦常常不刻足或刻过头，用爽利的自然行刀刻出线条，具有顿挫洒脱之感。其三，从章法上来看，平中有奇，险中求稳。从字法的疏密关系穿插到整个章法，布局大胆，顾盼有度。

邓尔雅自称为黄士陵的私淑弟子，传承了黟山派印风。虽然邓尔雅自己刻过“皖黟之间”“皖黟山楼”，然而他的篆刻作品，无论是简洁爽利的刀法，还是广取金石文字、章法布局等方面，无疑更多是受黄士陵的影响。

“上马击狂胡下马草军书”印及边款

黄士陵推崇以光洁的线条来表达古意，并且擅长用薄刃快刀形成锐利光洁的线条特质。对此刀法，邓尔雅钦佩有加，对其线条光洁甚为认同。邓尔雅刻“上马击狂胡，下马草军书”一印时，在该印边款中，邓尔雅也提到这个观点：“汉印中以平实者为难，平实尤以光洁甚不易。”另外，从章法上看，邓尔雅继承并发扬了黄士陵的追求雅意隽秀的文人味，强调印面冲突的形式美，关注字法章法间的联动关系等美术性特征。

邓尔雅初刻印中有很多都是模仿黄士陵之印作，深得黄士陵精髓，真假难辨。如邓尔雅所刻的“末技游食之民”印，其精妙之处，丝毫不减原印风采。又如仿朱文古玺“乐斋”，简洁大方；“徐进”“波若”“人比黄花瘦”等仿秦印，深得黄士陵精髓；“黄三”“无双”“黄三（西夏文）”“江

① 陈郦：《邓尔雅篆刻风格研究》，中国美术学院，2016年5月，第24页。

夏”诸印，小四面印，其中三印仿汉，皆可称得上黄士陵三昧的精到之作。[1] 邓尔雅相当一部分作品中劲净的用刀以及独特的章法布局都取法黄士陵，可见黄士陵的篆刻艺术风格对邓尔雅的深远影响。

然而，尽管邓尔雅的篆刻风格以取法黄士陵印风为主要特色，但他也绝非墨守成规、机械模仿。正如黄士陵融皖浙印风为一体、创立黟派，邓尔雅对于篆刻也有自己独到的创新。马国权在编撰《近代印人传》中更是高度评价邓尔雅，曰“虽未得黄氏亲传，而黟山法乳，实幸赖以发扬光大。”[2] 沙孟海评其印曰：“尔雅私淑黟山，得其靓挺之美，时出新意。”[3] 对于所谓“新意”，“最见于‘印外求印’”：北京国子监的经历让黄士陵汲取大量钟鼎彝文、砖瓦镜文的元素，那么邓尔雅东渡日本的经历，收藏甲骨、金石拓片的爱好将“印外求印”的思路更加广泛的继承起来，可贵的是邓尔雅进一步的融会历代印章资料，除了将六朝楷书融入印章之中，甚至将西夏文、满文入印，使篆刻艺术呈现出一个崭新的面貌。[4] 这也是邓尔雅所说的“上追甲金文，旁及陶瓦砖。三代同风气，印人所以传”[P169]。

可以说，邓尔雅的篆刻技术是对黄士陵印艺的传承与拓展。比如，与黄士陵一样，邓尔雅治印借鉴了古玺的形式以及以大篆文字入印，但二人的印面效果却大有不同。黄士陵利用大篆文字结构的特性，在篆法和章法上进行了大刀阔斧的经营，点划的收放、粗细，章法的疏密开合尽显于印内，且因势生形，使印面生发出强烈而又有动感之势，表现出一种写意性。邓尔雅则另辟蹊径，他在不破坏章法的平正性为前提下对篆法进行了精心的安排：尽管他对篆法进行了很多几何化的处理以及斜线的运用，字态却基本保持正势，在篆法和章法上不做强烈的疏密开合对比，表现出的是晴朗、净雅的工笔特质以及不激不厉的传统文人气息。“他深得黟山三昧，却又不拘于黄牧甫的面目，创造出了许多新的风格，清新、雅致而又简洁大方，更富有文人味和书卷气。”[5] “他又广泛吸收秦汉三代的权、量、泉、布、镜、鉴、瓦当等铭文并将之入印，或采入六朝佛像、碑字。这种创新，

① 刘绍刚：《邓尔雅篆刻的古意、大气与童趣》，《中国书法》，2017 年第 3 期，第 28 页。
② 马国权：《近代印人传》，上海：上海书画出版社，1998 年，第 199 页。
③ 沙孟海：《沙村印话》，《沙孟海论书丛稿》，上海：上海书画出版社，1987 年，第 106 页。
④ 陈郦：《邓尔雅篆刻风格研究》，中国美术学院，2016 年，第 27 页
⑤ 刘绍刚：《邓尔雅篆刻的古意、大气与童趣》，《中国书法》，2017 年第 3 期，第 28 页。

有位奇谲美妙。其朱白文印，下刀斩钉截铁，朴拙遒劲而姿媚绝俗，这似乎又在前人至上了。”①

马国权曾在《邓尔雅先生的艺术成就》一文中云：“印艺的变化，往往与篆法有密切的关联。（邓尔雅）中年之后，印臻妙境，古玺巧于离合聚散，汉印一路则于平正之中而寓奇崛，皆富动感，盖由多样的线的曲直运动和空间构造所形成。”② 正是如此，邓尔雅篆刻艺术特色之一就是擅用多变的字法。字法的多变极大地丰富了印面，对邓尔雅篆刻作品表现起着重要的作用。当然，多变的字法使用是离不开印的整体章法的，出于章法的需要，邓尔雅灵活改变字的结构，进行夸张、变形、增省或修饰等方式来改变印面，使其印面表现更为活泼。邓尔雅篆刻章法也是富于多变，表现在其运用几何形、斜线、入古出新的古玺印式以及对美术性倾向的追求，使印面呈现出错落的美感、装饰的味道和设计的倾向。另外，邓尔雅在篆刻上继承了黄士陵爽利的冲刀法，所篆作品线条表现平实而光洁者居多。

邓尔雅篆刻具有古意、大气以及童趣的特点。③ 古意体现在其以汉隶、六朝碑版文字及楷书入印，且能实现古文字的“印化”。邓尔雅印或仿古玺、秦汉印，自有出处；或以早期图形意味极浓郁的金文入印；或仿鸟虫书，简洁、洗练；或仿瓦当；或以隶楷入印；或以西夏文、苗文、满文、高丽文入印，可见其对古代印玺的高超见识、对黄士陵印章刀法和布局的精湛理解，使其印章古意盎然而又了有生趣。大气体现在其印疏密分布对比强烈，用刀爽劲，有很强的视觉冲击力。正如邓尔雅诗中所云：“临移变化无不可，良由眼学原相同”，此句正体现了邓尔雅在篆刻艺术上达到了大气而自在之境界。童趣表现在邓尔雅还刻有不少造像印，用刀爽利，简练抽象，别开生面。他刻的肖形印，绝不故作斑驳、做一些类似“仿旧”的处理，而是刻上小小的版画，比如刻一个鹿头的剪影，刻一个长颈鹿，

麒麟印

① 黄苗子著，李辉主编：《黄苗子自述》，郑州：大象出版社，2003 年，第 92 页。
② 邓国权：《邓尔雅先生的艺术成就》，《邓尔雅书画印集》，澳门：澳门艺术博物馆，1999 年，第 14 页。
③ 刘绍刚：《邓尔雅篆刻的古意、大气与童趣》，《中国书法》，2017 年第 3 期，第 28 页。

边上刻上“其（麒）粦（麟）”二字；刻一个房子，上边刻个月亮，或者是刻一个人在拜月等，把书、画、印融为一体，童趣十足。

三、印艺经验

邓尔雅以治印名于世，其治印有何经验或者心得？我们后人可以从中得到什么启示？我们可以从邓尔雅写下的许多治印诗句或者语录中一窥端倪。邓尔雅曾写《治印示儿辈》组诗，以诗论治印之道。诗曰[P168－170]：

李斯同文书，伏波正印章。玄亭识奇字，知否白下羊？
作字如治印，治印如作字。腕下著以沉，书契原一事。
谱录眼饱看，何止卅五举。心手两想忘，自然不踰矩。
画有笔墨色，印有笔墨刀。天一人无一，纯緐眼福高。
上追甲金石，旁及陶瓦甎。三代同风气，印人所以传。
大巧浑如拙，小学必先通。俗伧不识字，捉刀非英雄。
琴有九不弹，印有十不刻。岂但藏名山，治印如治国。
完白接二李，黟山私淑之。非关同姓者，而号邓斋为。

再比如，邓尔雅常常在印之边款作印语，提及自己的心得体会。

汉印瘦劲之神，妙不可及。（邓尔雅刻“镁桥外史”印之边款）

单刀之佳者，似汉人凿印，然残缺太甚则入魔矣，生平幸未犯此病。（邓尔雅刻“小窗横幅”印之边款）

八分入印较缪篆参错有致，（1935 年，邓尔雅刻“小天禄阁”印之边款）

此古嬴字，见荀伯簋。黄氏本来嬴姓，封于黄。（邓刻“嬴”印之边款）

从他的治印组诗和印语中，我们不难从中找到值得我们学习借鉴的治印经验。

首先，“大巧浑如拙，小学必先通。俗伧不识字，捉刀非英雄”，此句诗体现了邓尔雅对于小学文字学与篆刻之间关系的深刻理解：没有文字学的功底，篆刻也很难有所成就。

邓尔雅幼承家学，少时便通晓六书，潜心小学，凡见到天下奇字都会精心记录和考究。著有《文字源流》，凡二十一册，三、四十万馀字。深厚的古文字功底，对邓尔雅"印外求印"的印风发展提供了保证。他的印章取材从甲骨文、金文、战国文字，上到秦汉镜文、泉货文字、汉碑，下至隶书、楷书，取材丰富，用字讲究。邓尔雅印作中，处处展现了他不断能准确地区分开商周文字、战国文字，甚至在对战国文字不同国别的划分和使用上，也能做到准确无误。能否精确使用古文字入印，是衡量一个篆刻家文字学素养的标尺。邓尔雅以深厚的文字学、训诂学修养为治印的基础，为我们当代的篆刻家提供了一个很好的榜样。纵观当今印坛，不少篆刻者在操刀刻印时仅靠篆刻字典，不通篆法，不习篆书，其篆刻作品很难出彩。只有精通篆书，才能使印面上的文字彼此协调，转折有度。所以，要想成为杰出的篆刻家，就必须对文字学基础予以高度重视。这是我们后来者应当学习与借鉴的。

其次，"作字如治印，治印如作字。腕下著以沉，书契原一事"，此诗体现了邓尔雅对于书法与治印之间的关系：书法与治印关系密切，书印合一，二者不能分开。邓尔雅这一思想实际上是受邓石如"书从印入，印从书出"思想的影响。清中叶的流派篆刻，当浙派日渐式微之时，怀宁邓石如在徽派前辈的基础上开启了以己书小篆直接入印的新范式，成为篆刻史上的又一重要里程碑。邓石如将自元代几百年来的篆刻样式从秦汉印中脱离开来，形成了以自家书风来表达篆刻艺术的一种新范式，开创了篆刻家以篆刻来彰显艺术个性、思想和情感的新局面，拓展了篆刻艺术的表现语言。邓尔雅的篆书师法邓石如和黄士陵，同时又喜欢在小篆内加入甲骨、商周金文元素，形成了古朴雅致而又富有变化的篆书风格。[①] 邓尔雅曾在《刻印口占》一诗中云："书从印入印书出，私淑吾宗前辈前。"表达出了他对邓石如"书从印入、印从书出"思想的认同。邓尔雅不仅是杰出的篆刻家，更是卓越的书法家，邓尔雅书法与其篆刻相辅相成，以书入印，无论书法还是篆刻均达到令人赞叹的高度。邓尔雅对于"印从书出"的强调，对于我们当今篆刻者不无启示。正如明邹迪光在《朱修能印品序》中指出：

① 曲学朋：《邓尔雅篆刻艺术的特色》，中国艺术研究院，2013 年，第 4 页。

“印章虽以刀用，而有临池之义在，……不通书法而袭印法，则印亦不精”。[①] 要成为卓越的篆刻家，同时还应当成为一名卓越的书法家。

最后，“上追甲金石，旁及陶瓦砖。三代同风气，印人所以传”，此诗体现了邓尔雅对于“印外求印”思想的认同。“印外求印”思想是从“印从书出”的基础上发展而来的。乾嘉之后，随着文字训诂学、碑学的兴起以及大量金石鼎铭器物的出土，篆刻家开始不再满足于“印从书出”，而是开始将印外的鼎彝、砖瓦、泉币、碑版等器物上的文字借入到印面中来。清代篆刻家赵子谦首先主动、系统地将大量的印外文字经印化处理运用到印内，并对印内印外的关系进行了阐发。之后吴昌硕、黄士陵等在“印外求印”思想的启示下，创作出了更为丰富的印面形式。邓尔雅沿着黄士陵这种印外取材的创作观一路走来，承继和发扬着“印外求印”的思想。邓尔雅不仅上追甲金石，旁及陶瓦砖，他还将鸟虫书、六朝楷书、西夏文、满文、卦文乃至古希腊文等异域文字列入其入印的素材；肖形印、佛造像印、押印也是他借鉴的形式。邓尔雅从中汲取养分以丰富篆刻艺术表现形式，将“印外求印”的思想进行了淋漓尽致的发挥。邓尔雅这种不仅传承传统，更有胆识去突破和求索的精神，值得我们学习和借鉴。我们当今篆刻者也应传承传统优秀的印艺，但不能仅满足于模仿，更需要结合印外丰富的素材，创作出自己别具特色的艺术风貌。

四、印学文存

除印诗印语外，邓尔雅还撰写了许多关于治印的文章和专著，如《印学源流及广东印人》《岭南近代印人征略》《邓斋印拓》《邓斋印可》《邓斋印媵》《洗砚池馆印句》等，甚至还亲自抄录了谢景卿[②]的《选集汉印分韵》《续集汉印分韵》等书。

其中，《邓斋印拓》乃其选取平时旧作二十多枚汇总而成，其中有“大篆者两钮”“小篆者两钮”“缪篆者两钮”“仿碑作真书者六钮”“翻摹碑字入印者七钮”“橄榄核印五钮”“象牙印一钮”等等。对于每一印，邓尔雅

① 黄惇：《中国印论类编》，北京：荣宝斋出版社，2010 年，第 1011 页。

② 谢景卿（1735—1806），字殿扬，号云隐。广东南海人。博学嗜古，精研六经之学。工诗善书，以篆隶见长。平生以鬻印、书画、鉴别为生。除精刻印，还精于印学，多精诣之论。辑有《选集汉印分韵》《续集汉印分韵》，有《云隐印稿》《云隐印选》《紫石山房印蜕》传世。

皆附以释文及说明。

《邓斋印可》也是选其旧作，配以印图和释文，讲解了印文出处、典故，解释印文用字等。如“芝材之玺”四字，下释：“之即古芝字，象嫩草之形，才即古材字，又即古哉灾字，象水闸之形，指水灾而言也，旧无此说，自殷甲骨出土，始证明灾象水闸耳，木材人才初哉，皆后起之义，非朔谊也，玺字古但作尔，此则古璽中常见矣，亦有左旁从金或从土者，印为从弟芝材刻，仿古玺字字皆皆极疏，颇相称也。”

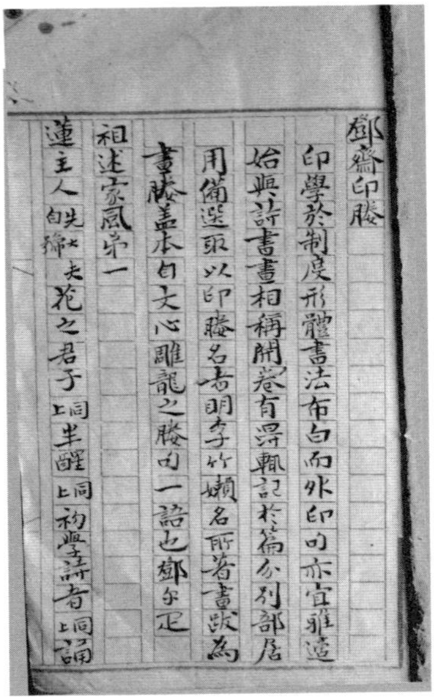
鄧齋印賸
印學於制度形體書法布白而外印句亦宜雅適
始與詩書畫相稱開卷有得輒記於篇分別部居
用備選取以印賸名者明李竹嬾名所著畫跋為
畫賸蓋本自文心雕龍之賸句一語也鄧尔疋
祖述家風第一

《邓斋印賸》书影

《邓斋印賸》，题名源自“印学于制度、形体、书法、布白而外，印句亦宜雅适，始与诗书画相称，开卷有得，辄记于篇，分别部居，用备选取，以印賸名者，明李竹嬾名所居画跋为画賸，盖本自《文心雕龙》之‘賸句’一语也。”

邓尔雅首先提出：

篆学与印学，当画而为二。小学者经学之附属，而篆又小学之部分也。治经学必先治小学，小学亦不止篆，音韵、训诂等并包括在内，若止治篆，不必定兼治印，便治篆治印，必旁及金石、文字。印学大略、印谱印人传外，有源流制度之书，如《篆学丛书》《三十五举》陈东塾《摹印述》等；有形体沿变之书，如《古文四声韵》《殷墟书契》《说文古籀补》《缪篆分韵》《隶篇》《隶辨》《说文通训定声》等，及其他篆学针度之属。凡论配字、刀法、款识、图案、印材、器具，诸书皆不可少。小小一科，亦非读书万卷不办。兹草印賸一篇，才二千言。挂一漏万，诚不能免。“印賸”者，谓印语，仿自昔人诗中虚字曰“賸句”，画中题词曰“画賸”。“賸”有随从之义，犹附属部分耳。①

① 邓尔雅：《邓斋印賸》稿本，由黄大德先生提供。

然后详细地阐释了印之起源、印之用字用语、印之形制以及印之发展。该书又从六个方面罗列了一些印文，为了便于使用，有些印文皆附以小注来加以说明。如下：

第一，祖述家风。引用了一些邓尔雅父亲邓蓉镜日常使用印之印文，如：

“莲主人”，下注：“先大夫自号。”

“诵芬堂”，下注：“先大夫斋居名。”

“太史氏”，下注：“修撰、编修、检讨三官，明太祖自国史院移入翰林院，故相承称太史，亦称史官。先大夫辛未翰林，旧有此印。”

“校理秘文”，下注：“西都赋，先大夫充文渊阁校理，旧有此印。”

“江西提刑”，下注：“文天祥官此，先大夫三署臬篆。”

“观察江南西道”，下注：“韩愈文，先大夫官江西督粮道。”

“广雅书院”，下注：“先大夫掌教此书院。”

“广雅书院山长”，下注：“书院设山长，见《元史》，又见《荆湘近事》，则五代时事，明清犹有此称。”

“吉水故家”，下注：“先世于北宋时自江西吉安府吉水县之白沙村迁东莞县之锦田村，锦田村后分县新安，今改名宝安，晋时郡名宝安也，后改东官者，则本晋之东官盐场也。古东莞在今山东，与此不同，先大夫旧有此印。”

“赵宋粉侯之裔”，下注：“自明公尚主，宋高宗之姑也。宋时称驸马为粉侯，见《宋史长编》，又驸马兄弟称粉昆。”

“清白吏子孙”，下注：“《后汉书·杨震传》，先大夫官江西按察使时，平反冤案，有邓青天之称。”

“东官十都十二图五甲”，下注：“宋时保甲制度至今沿用，今锦田村割于香港前，此为东莞九都，馀未详。”

第二，姓氏急就。如：

“黄帝初祖”，下注：“王器权，尔疋为黄帝百卌八世孙，又有黄帝子孙四字，亦可入印。”

“南阳人”，下注：“《神仙传》。”

“南阳布衣”，下注“徐陵文。”

“出自黄帝之苗裔”，下注：“《张黑女志》。”

“其先出自有殷”，下注：“《汉金城太守殷君碑》。”

“黄帝苗裔出自嫫母”，下注：“黄帝四妃嫫母生苍林及万阳。苍林生始均，为北狄之祖。万阳之后在有虞之世封侯国于曼，在周邓侯离吾其裔也。据《新安邓氏族谱》。”

“治印世家”，下注：“明先十四世祖虚舟公，讳上云下霄，万历进士，官至参藩，子孙曾文世，世能刻印。详容庚《东莞印人传》。”

第三，肇锡嘉名，引用印文中关于名字者。如：

“邓溥”，下注：“原名。”

“甫”，下注：“溥之省文”

“尔”，下注：“尔又即古玺字，印谱尔字印甚多。”

第四，印上楼台，引用印文中关于斋室名及风景胜地之处。如：

“邓斋”，下注：“私淑完白。”

“邓岩”，下注：“遊桂，得岩无名，题以邓岩而自有之。”

第五，干支时令，引用印文中用以纪年之干支时令者。如：

“尔疋柔兆摄提格”，下注：“至元三年重修天安寺记，丙寅。”

“尚名焉逢摄提格”，下注：“《史记》历书，甲寅。”

“太岀在寅”，下注：“尔疋释天。”

“花生日”，下注：“二月十五，一说初二，十二。”

“昌蒲生日”，下注：“四月十二”。

第六，郡邑山川。如“南穷仓梧，东涉溟海”，下注：“李白。”

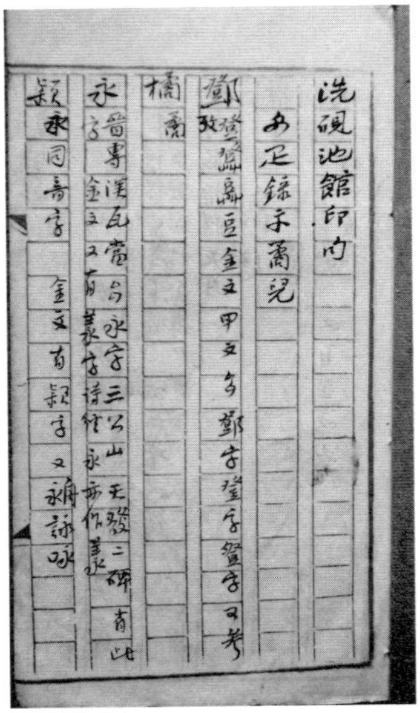

《洗砚池馆印句》书影

此书言简意赅，附以小注，清楚明了。

《洗砚池馆印句》（稿本），开篇第一句“尔疋录示喬儿”，就点明此书乃为儿子邓橘习学篆刻时使用，使其能很好地参考印文字面。

是书主要辑录一些字在印文中的写法和出处，如邓、橘、永、颖、永寿、永昌、内白等等，印文下皆有小注：如：

“邓林”，下注：“《列子》地名，邓林即橙林，地名，改从邑，橙即橘属，即邓国之橘也，谓之邓橘。”

“永昌”，下注：“古玺有此，借作吉语。”

“内白”，下注：“见屈原《橘颂》。内，汉即作内内，帛金文白，又悬针，篆亦佳，圆朱文亦可，”

“笈遊”，下注：“邓石如号笈遊道人，笈亦作极，遊、斿通。”

“邓公子”，下注：“金文有邓公子，敦可仿刻之。”

“此山房”，下注：“取唐人‘只在此山中’句意。”

“长十八”，下注：“邓橘邓林之邓，即古橙字，又作枨，仿徐青藤田水月例，刻长长十十八八，又花名也。”

1939 年 7 月至 8 月，邓尔雅差不多费时一个月时间，抄录谢景卿《选集汉印分韵》和《续选集汉印分韵》，供初学篆刻者使用，全文字迹工整，一丝不苟。

五、印人培养

1922 年邓尔雅定居香港，在香港篆刻艺术界颇有名气，人称“香江五老”之一。“香江五老”，即邓尔雅、罗叔重、冯康侯、陈语山、卢鼎公。不少学子求学邓门。在邓尔雅的指导下，有不少成为了岭南篆刻名家，如余仲嘉、张祥凝、刘玉林、莫铁等。据梁晓庄先生归纳：“从邓尔雅学印的有余仲嘉、刘玉林、张祥凝、莫铁，还有他的外甥容庚、容肇祖及侄子邓祖颉。另外，尔雅的子女和继室皆擅刻印。”①

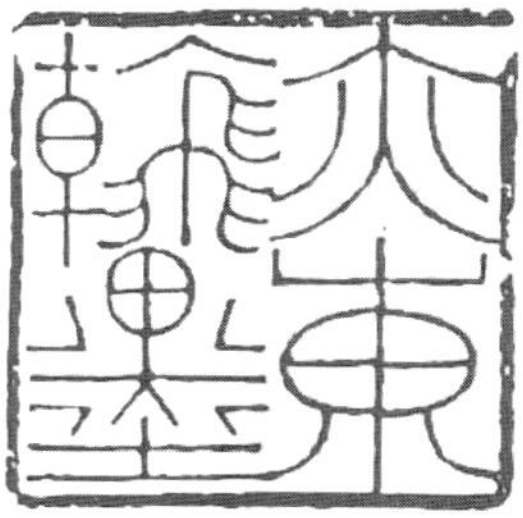

余仲嘉刻印

余仲嘉（1908—1941），原名衍猷，字仲嘉，以字行。因天生聋哑，故号默尊者。广东南海（今佛山）人。余楚帆之子。余楚帆能诗善书，家藏丰厚。余仲嘉早为聋哑，但理解力和记忆力极好，幼时，其父教以慎《说文解字》，余氏默写篆文无误。书法，喜临帖，不局一家，颜、柳、褚、欧诸体法帖皆常置案头，常临《张迁碑》《曹全碑》和盂、克鼎铭文和古籀篆文，所书篆、隶皆古朴灵秀。“而文字、书法、治印，实得于邓尔雅先生之

① 梁晓庄：《黄士陵与岭南篆刻》，《收藏·拍卖》2007 年第 5 期。

谆谆启迪为多也”。① 聪慧好学，半年即精通。其治印，“专学黄穆父，得其神似，坚卓老成，不尚修饰”（褚德彝评）。余仲嘉善刻竹。余仲嘉虽师从邓尔雅习篆刻，但是邓尔雅一直把他视作好友，而非师生关系。余仲嘉成亲时，邓尔雅集陶潜《闲情赋》、曹植的《洛神赋》成聊祝贺，“愿在竹而为扇，讬微波以通辞”，对于此联，余仲嘉十分喜爱，悬于壁间，遇方家过访，余氏即会咿哑介绍此联，一时传为佳话。1938 年夏，余仲嘉把自己竹刻扇骨一一拓制成册，其中就收有二人合作扇骨三柄，书成，余仲嘉敬请邓尔雅题签“墨君良友”。可惜，余仲嘉年未四十而病逝于香港。余仲嘉逝后，家人辑其印稿成册，邓尔雅为之署签，并赋诗二首曰[P447]：

余仲嘉刻竹

> 名在竹人传，印宗完白山。
> 眼学入三昧，笑而心自开。
> 良工苦用心，心画精如许。
> 此意我能言，愧作尔馨语。

在这首诗前自注，邓尔雅称余仲嘉为其亡友，并称其“刻竹最精，篆印皆能之”。②

刘玉林印

刘玉林（约 1901—1950），字无逸，一字语铃，号野马道人。江西南城诗人刘竹庵之子，印人刘庆崧侄。侨居广州。早孤。能守家学，工画，善书各种字体，能治印，挺劲清拔，有俊逸气。刘玉林自谓作印多私淑黄穆甫，故自号穆斋，一作木斋。初从叔叔刘庆崧习学篆刻，后因刘庆崧歿，遂师从邓尔雅。刘玉林与邓尔雅之间的关系似师似友，邓尔雅每拟一印，皆

① 马国权：《近代印人传》，上海：上海书画出版社，1998 年，第 464 页。

② 邓尔雅：《题余仲嘉印稿》，邓尔雅著，东莞市政协编：《邓尔雅诗稿》，广州：广东人民出版社，2007 年，第 447 页。

相与切劘，如邓尔雅刻“刘玉林印”，边款曰：“曾见黄牧甫丈为刘聘孙丈治名印，玉林世兄印盟为聘孙丈之犹子，印亦宗牧甫，视拙作此印有些子似牧甫不?”又如邓氏刻“木斋”印，边款：“木斋私淑牧甫，与尒疋同，此作以为似些子不?”

张祥凝（1911—1958），号作斋居士。曾藏东汉永建三年“项伯庶钟”，故取室名项钟庐。广东番禺横沙乡人。工书善画精篆刻。少嗜艺术，曾入广州市立美术学校习学国画。曾加入广州国画研究会，又与李研山、邓芬创办天池画社。与赵少昂交，始治印。后经刘玉林介绍，始师从邓尔雅习篆刻，“邓老精六书，深究牧甫印艺，为岭南一代印宗，作斋频往请益，复遍搜牧甫印蜕以供取法，习之逾年，尽得牧甫印作铦锐挺劲、光洁妍美之趣，即边款亦近肖之。闻日寇陷粤，迫于生计，曾仿牧甫印百数十方，以济要厄，非深通此道者，莫能辨也。”① 对此刻印，朱子范②曾评曰：“初由黟陵入手，烂熟之后，乃上窥秦汉铸印，溯流及于丁敬身、邓顽伯，旁出西泠七家，泛滥浙宗，而探计于曼生，用笔廉悍，奏刀砉然，不支离、不怪诞、不妄作、不矜奇，必使刀有馀妍，篆有根据，句斟字酌，古趣盎然。”③ 马国权也评其为“牧甫印派第三代之翘楚”。

賓公

张祥凝印

邓、张师徒常常合作治印，一个书，一个刻，其乐融融。简又文④处就藏有很多邓张师弟的合作之印。简又文喜收藏好友高剑父的作品，简氏搜罗高氏旧作不遗余力，共收藏一百多幅，藏品上多有邓尔雅、张祥凝师徒所刻“简氏斑园供奉剑父百品之一”印，据简又文

① 马国权：《近代印人传》，上海：上海书画出版社，1998 年，第 479 页。

② 朱子范（1902—1958），字澹园，室名万卷书楼。广东番禺人。幼承家学，后师从岭南大儒陈澧弟子杨翰芬，故朱氏常自称为陈澧的“小门弟子”。民国初入读学海堂。国立中山大学成立，以第一名的成绩考入国文系研究生，毕业后留校任教，中山大学教授。工诗善书画。

③ 马国权：《近代印人传》，上海：上海书画出版社，1998 年，第 479 页。

④ 简又文（1896—1978），字永真，号驭繁。广东新会人。家境富庶，早年留学美国，1918 年毕业于奥伯林大学，获文学学士学位。1921 年因父病归国。其父简寅初为马来西亚华侨，经营橡胶、矿产等，在南洋加入中国同盟会会员，曾帮孙中山筹措革命经费。回国后的简又文投身于教育事业。1924 年任教于北平燕京大学，后任教岭南大学。

云，此印章有大中小三枚，皆“由吾粤名印人邓尔雅书篆，张祥凝镌刻”。①

邓祖尉（1901—1933），又名小雅，字鼎臣。邓尔雅长子。幼聪颖嗜学，得父亲身传。用刀爽快犀利，拟古玺精妙可人。次子邓橘，名祖永，字主臣，号有林，治印方面也得邓尔雅亲传。兄弟俩常与父亲一道参加印学社活动，得闻父辈们论学谈艺，所见益广。可惜，邓祖尉年三十三而殁，留有金石著述《瓦当文录》稿本一部，邓尔雅题诗云P690－691：

邓橘（祖永）印

吉语嘉名溯未央，故宫出土賸残甍。
何为不改秦文字，千古胡从质汉皇。
圆转绸缪布白舒，必追秦汉始工书。
抛荒笔砚非关懒，其奈年来久索居。

邓祖颉（1919—1995），名寿康，字硕臣，号有强，晚号铜岭山人。斋室名萱北堂、象塔山房。自幼随侍伯父邓尔雅治小学。又随邓尔雅习学书法篆刻，得其家传，书法篆刻皆精，以小篆渗入大篆，作品清新秀丽。

祖颉之鉨　　硕臣

邓祖颉印

容氏三兄弟自幼皆随四舅邓尔雅习学治印，“兄弟三人皆随四舅学习篆刻”，② 并皆得其家传，尤其是容肇新，更是深得邓氏印风传承。在舅父的指导下，容庚治印先致力于邓石如，后私淑黄牧甫。其所作虽仿古玺，然

① 简又文：《革命画家高剑父——概论及年表》，《传记文学》第21卷第6期，1972年，第35页。

② 容肇祖：《我的家世和幼年》，东莞市政协编：《容庚容肇祖学记》，广州：广东人民出版社 2004年，第244页。

端工清丽。曾撰《雕虫小言》来阐述自己对于治印的一些想法，如文中提到作为印人，“未有不习篆书，不通《说文》，徒攻乎石而能以篆刻自矜者也”，提到习篆之道，言“古文当以三代彝器款识为宗，石鼓副之。小篆当以秦碑、权、诏版，新莽量布为宗，李阳冰篆书副之”，还提出“名印朱文仿秦小玺，白文仿汉印，此正轨也。间参以钟鼎彝器镜币瓦甓之意，尤觉古茂可爱”。①

1921 年容庚又与弟弟肇祖共同编辑《东莞印人传》，其中最后一位印人则是弟弟容肇新。

容庚、肇新、肇祖三兄弟刻印

仲弟肇新，号千秋。工书，初学颜鲁公，后得包世臣《艺舟双楫》及康有为《广艺舟双楫》读之，始肆意于北碑。……岁甲寅，从邓尔雅舅氏学篆刻，白文仿汉印，朱文仿秦小玺，间参以钟鼎彝器、镜币瓦甓之意。于近人亟称邓完白、赵撝叔、黄牧父三家，浙派剑拔弩张之习不尚也。②

据容肇祖回忆，“二兄从尔雅舅学刻印，以尔雅舅名万岁，他自号千秋，于近代篆刻家酷爱邓石如、赵之谦、吴熙载，时或仿汉印秦小篆，舅氏亟称之。”③

可惜，容肇新年二十而卒。邓尔雅曾评其遗印，曰：“索丘典坟，北碑籀文，在旁珠玉相亲，奈难招弱魂。紫泥旧痕，遗编仅存，倘天假以秋春，宁止传印人。”④

---

① 容庚：《雕虫小言》，载曾宪通编：《容庚杂著集》，上海：中西书局，2014 年，第 156—158 页。

② 容庚、容肇祖：《容肇新传》，容庚、容肇祖同辑：《东莞印人传》，1921 年。

③ 容肇祖：《我的家世和幼年》，东莞市政协编：《容庚容肇祖学记》，广州：广东人民出版社，2004 年，第 245 页。

④ 容庚、容肇祖：《容肇新传》，容庚、容肇祖同辑：《东莞印人传》，1921 年。

第二节 文字学人

一、《文字源流》

文字源流书影

作为一位学人，邓尔雅最主要的成就在于文字学方面。他一生都在钻研文字，秉承着“读书必先识字”的名言，以“问字”为其室名，并以“问字楼主”自居，可见其究心文字的志趣。最能代表邓尔雅文字学成就的则是《文字源流》，这是邓尔雅倾尽心血，花费二十多年完成的专门研究探讨六书之学的重要著作。

此手稿由邓尔雅后人捐赠给香港艺术馆，目前收藏在该馆，但并未得到整理出版。据笔者所见，此手稿正文乃札记式，每一篇札记则设一小标题，约有一百多个，每段约三四百字不等，长短不一。据粗略估计，此手稿总字数约有三四十万字。

是书首有邓尔雅撰自叙一篇，从小学起源讲起，其中引用大量的诗句或掌故娓娓道来。是书卷端题名实为“邓斋印外之一　文字源流小记”，可见《文字源流》也是为习学篆刻所用之参考书。

此书由一百多个札记组成，每段札记皆有篇名，摘录如下：

名及文字、小学象例之一、许氏说文、部首、许书之误、新附新解、转注、六书、反文合文增减重叠、笔法、金文小篆、隶变、讹误、校雠、别字、假讬及拟作、谥讳、反切声韵、羲娲、周易、卦即数目、太极仪象及五行、河洛龟龙、干支、仓颉沮诵、黄帝、蚩尤兄弟、痴昧、百越、盘古、胡越、翻译、纵横交午、从一至从十、壹贰参（叁）、圆廓、平面、正视、覆载、曲折隐蔽、日月、气乙、火主、水川、山阜、圆颅、大太、人卩、女母乃、羽尾、傩礼、首头、目臣、自白、口耳、肉有、手又、足止、酒示、食器、旗㫃、卑单、弓矢、戈矛、其番、丝系、絲系、牙牌博塞、艸木、华蕊、果实、隹鸟、蚀蟲、龙、凤、玄武、麟鹿等等。

这一百多个小标题下，都有一段邓氏对每一个问题所作的详细论述，如：

> 名及文字：“周易上古结绳而治，后世圣人易之以书契，《礼》：‘黄帝正名百物’，《疏》：‘上古虽有百物，而未有名，黄帝为物作名’，又曰‘六年教之数与方名’，《周礼》掌达书名于四方，注古曰名，今曰字，《仪礼》：‘百名以上书于策，不及百名书于方’，《中庸》方策，借策为册，木方有觚，觚见《论语》，宋龚颐正《芥隐笔谈》云：‘左方者，谓简之左。’许慎《说文解字》：‘文，错画也。’许说文叙依类象形，故谓之文形声相益，即谓之字，字者言变乱而寖多也，桂馥注引顾亭林曰：‘春秋以上，言文不言字，以文为字乃始于史记秦始皇琅邪石刻。’曰：‘书同文字’，段玉裁说文注名者，自其有音言之文者，自其有形言之，字者自其孳生言之，按文爻省，爻兼书数，故教学字并作从爻，卦爻数目十言之教一画指事六书之始。《说文》名自命也，从口从夕，夕者冥也，冥不相见，故从口自名，按夕月省于义不协，证以金文辟字从名，名字从卩，（礼节作卩，从竹符节）象人侧面，折节而坐。口道名词，文指其形，名指其用，朔谊姓名，引申事物，左传《云名》，水名、火名、龙名、鸟名並造字，辟指名法，从口用法，刑名一语，始见《荀子》。……”
>
> 转注：“杨桓《六书统》三体以上展转附注，是曰转注。邓泰《六书统叙》转注者，取文相附注，以足其意，如‘聖賢’之类，从口耳壬，以其问无不通，言无不中，壬则人在士上，聖又士之大者。賢从臣从寶省，以其臣有所守，则国之大宝也。……”

六书：则细分甲、乙、丙、丁、戊、己、庚、辛、壬、癸、闰十一个小段来诠释“六书”。

笔法："《法书要录》、羊欣《古来能书人名》、'蔡邕授于神人'、《春雨杂述》。蔡邕于嵩山石室淂八角垂芒之秘，遂为书家授受之祖，当是方士，史失其名。八角垂芒，疑包世臣《艺舟双楫》，始艮终乾，始巽终坤，大意相同。著录最早李斯笔法，先回急下，鹰望鹏遊，信其自然，而不重改，游鱼得水，景山兴云，或卷或舒，乍轻乍重，是否李说，疑后人述。卫夫人铄《笔陬（阵）图》叙昔秦丞相斯见周穆王书，七日兴叹，患其无骨（中略），今删李斯笔妙更加润色（中略），善笔力者多骨，不善笔力者多肉。多骨微肉者，谓之筋书；多肉微骨者，谓之墨豬。多骨丰筋者圣，无力无筋者病。王羲之《用笔赋》'藏骨包筋，含文包质''破真成艸''改变驻笔''如花乱飞，遥空舞雪'；时行时止，或卧或蹶（卧指逆入，蹶犹堀尾）。《书法本象》（按，实为陈绎曾撰《法书本象》）'执笔合法，筋骨血肉合法，平正圆方合法，偏旁分布合法，变化合法，谓之楷书'。……"

金文小篆："《晋书·卫恒传》'六书二曰奇字（《汉艺文志》古文奇字，篆书、隶书、缪篆、虫书），即古文而异者也。'如'儿'字下曰'奇字，人'，'无'下则云'奇字无也'。戴侗《六书故》'人、儿非二字，特因所合而变'。朱谋瑋（㙔）《古文奇字辑解》昔扬子云好奇字而不释奇字，许叔重释秦文而不释古文。夫字本于文，文本于形与意，各有攸当，非有奇也。自我释之硗（晓）陋浅尠，遂以为奇字。传写得真斯称古文一涉譌脱遂成奇字，得解则奇字，自昭奈何两汉博雅多闻之贤，舍古文不一措意，顾较义例训诂于斯邈之间，使后世不复知先圣人制作文字之精微，乃马头人为长人持十为斗之说就能眩耳目寖入肝脾，欲古文宣明，岂不难哉？……"

每一个问题，邓尔雅都引经据典进行详细的阐释。

邓尔雅在每一页两面的书页天头部分，分别用四字至八字撮取正文内容的概括，起到提纲挈领的作用，如"名及文字"一共23面，栏上分别注明：正名百物、名即文字、名字从卩、谓之知名、借繇为籀、籀译别字、合为三苍、籀非人名、讽籀书、诵释写三事、讽释写各三千字、篆掾喙鬃本字即彖、秦人字书、张读爰说杨采郑加、小学专门、举劾请正等等，很清晰地反映出此面所讲述的内容，起到一种检索的作用，十分直观，翻阅起来相当方便。

此书手稿目前仅存二十一册，其中第二十册和二十一册的内容是与前面第三册、第四册内容相同。

邓氏病重时还念念不忘此书的整理，称此书乃“我一生心血结晶”，可惜“稿本涂改太多，非手民所能识，而神衰目眊，又无法再事誉正”①，只好留下一遗憾。

由于此手稿未得整理，学界对邓尔雅在书法篆刻之外的学术造诣也就未能有一个全面的认识，见过此稿者则是充分肯定了此手稿的学术价值，如马国权先生称此手稿是邓尔雅遗著中“分量最大、内容最精”的，并说“在近世书林印苑名家之中，像先生这样深于六书之学的，并世罕有其匹。”②

除《文字源流》之外，邓尔雅对于文字学方面的发明和创见，在其诗作中也多有体现，特别是诗作中的一些自注，皆可窥见一二。

如《琼州杂诗》P99曰：

倖女㐌娃风浴春，温泉一庙祀何神。
小要白凿璩穿耳，或是唐朝杨太真。
象形文字无人识，但解操觚数目镌。
独喜六书搜例证，无疑指事定居先。

其中“倖女㐌娃”后自注曰：“土著四曰苗黎倖㐌。㐌音岐。”诗后自注曰：“苗数目字刻木片为券，只有数目字作一二三亖乂⿱乂一⿱乂二⿱乂三爻。”

又如邓尔雅曾作一诗，其诗题就相当一篇论述文字的文章了，如：

卦即文字，古有是说，而无释文见于著录者，惟益从☷坤作☷而已，尔疋以为，八卦并奇偶适得十文，当即数目字之一种也，奇一偶

① 陈荆鸿：《邓尔雅精研小学》，载陈荆鸿撰：《岭南艺林散叶》，广州：广东人民出版社，2009年，第81—82页。

② 马国权：《邓尔雅先生的艺术成就》，陈浩星主编：《邓尔雅书画印集》，澳门艺术博物馆，1999年，第14页。

二乾三坤四震五兑六坎七离八艮九巽十，盖奇偶合而为乾，乾三画一，增一竖画为四形，虽得六短画，实暗藏一竖画于乾之上也，抽去竖画即成坤卦，五六以下之阳爻，则初爻代一、中爻代三、上爻代五，阴爻则否，易之一三五当位，疑即指此耳，如此五七九皆阳数，六八十皆阴数，阳卦长男、中男、少男顺数之，阴卦长女、中女、小女逆数之，并皆符合其法，疑本是结绳之制，其天地雷风，乃至为牛为马皆结绳时所代表之物象也，画谓之爻，盖即指此，因偶悟之，所以为偶者亦并非两小画并列，实乃加一竖画于横画之上如午贯也。

此诗题相当于一篇论述文字的文章。诗句为：

六书原指事，一画象先天。
绳具几何学，爻生书契前。
阴阳交午贯，奇偶则坤乾。
玩索非疑古，心惟及万年。①

二、甲骨文研究

邓尔雅对甲骨文研究也颇为究心。邓尔雅曾刻“殷契学人”印以自勉，常自称为“殷人”。

“殷契学人”印

甲骨文又称契文、卜辞、龟甲文字或殷墟文字。是商代的文字，主要刻写在龟甲和兽骨上。

光绪二十五年（1899）金石学家王懿荣无意中在中药店的“龙骨”上发现了甲骨文。甲骨文开始受到世人的瞩目。金石学界也开始了甲骨文研究。1904 年孙诒让撰《契文举例》，开始对甲骨文进行考释。1928 年 10 月 13 日至 30 日，“国立中央研究院历史语言研究所”第一次对河南安阳殷墟进行科学发掘。该次发掘收藏古器物十多种，甲骨文字 784 版。董作宾作为主持人，在完成发掘后，对这

① 邓尔雅著，东莞市政协编：《邓尔雅诗稿》，广州：广东人民出版社，2007 年，第 329—343 页

批材料进行了整理，撰写了《中华民国十七年十月试掘安阳小屯报告书》《商代龟卜之推测》《新获卜辞写本》《新获卜辞写本后记》等文章，发表在《安阳发掘报告》第一期上。[1] 其中，《新获卜辞写本》摹录了所发现的甲骨文中的381片，以图的方式石印出版，而《新获卜辞写本后记》则是对殷墟的发掘、殷墟历史进行了考评，并对一些甲骨文字进行考释。

这一批新材料的发现，引起国人振奋，学界瞩目，学者们纷纷投入到甲骨文研究中，在学界引起一场关于甲骨学研究的讨论。邓尔雅也撰写《跋董作宾新获卜辞写本》[2] 一文，积极参与甲骨学研究的讨论。该文对董作宾所考释的文字中不确定或未释出的文字进行了补充考释，如下：

> 枈，説文「剢木枈枈也。」（按粵語謂一枝爲一枈，當即此枈字。）疑非朔誼。麓，古文作禁，殷卜辭同。按禁，從林從枈，「枈」疑象鹿首正面，如牛羊之例。枈，金文作[illegible]，卜辭作[illegible]，[illegible]；又禁，從枈，作[illegible]，[illegible]，[illegible]，皆似鹿首也。此新獲卜辭有[illegible]字，象鹿首側面，疑即禁之別搆。説文「麓，守山林吏也。」此增從攴旁，守之義耳。（卜辭[illegible]字有正面側面兩形。）
>
> 金文百朋之朋作[illegible]，朋友之朋從人，作[illegible]，[illegible]，[illegible]，[illegible]，[illegible]。其二朋，五朋，十又四朋，十二朋，廿朋，卅朋，五十朋皆有合文，並見金文編，無從人者，可證也。新獲卜辭有[illegible]，當是大朋之合文。（卜辭朋友之朋作[illegible]。）
>
> 新獲卜辭有[illegible]字，按陳侯匜簋敦「諸侯祼薦」祼作[illegible]（從吳大澂說）。又魯侯角「[illegible]」，徐同柏亦釋祼。（吳大澂古籀補亦引徐説。）卜辭果字作[illegible]，疑[illegible]字亦即祼字。此祼之從果所來由也。其所從之[illegible]，[illegible]，亦皆似果形耳。
>
> 又[illegible]字，董氏原釋羋，於文當是國名。按楚姓羋，隸變作米羊，之形聲並近似米字，故訛作米。米南宮有「火正後人」印文，以此，祝融官火正，楚其後也。卜辭此字，疑楚國本名羋，後乃改名楚，而以羋爲姓。古代姓氏，多爲地名耳。
>
> 新獲卜辭「庚戌卜王[illegible]」，疑從疒之字，上有橫畫，象枕，此或是疾病名，故卜之也。説文有疕字作[illegible]，「頭瘍也」。集韻「頭瘡也」。周禮天官醫師「疕瘍者造焉」。或象頭痛臥牀之形耶？古籀補收玉璽文有「疕」字，作[illegible]，別有璽文作[illegible]者，亦略近似，疕，説文作[illegible]。

1931年，邓尔雅在《岭南学报》发表了《地支与十二禽》[3] 和《地古

① 参见《安阳发掘报告》第1期，《国立中央研究院历史语言研究所专刊之一》，1929年。

② 邓尔雅：《跋董作宾新获卜辞写本》，《国立中山大学语言历史学研究所周刊》，1929年第7卷第75期。

③ 邓尔雅：《地支与十二禽》，《岭南学报》第2卷第1期，1931年，第117—121页。

文作厶说》①，这两篇文章都征引了一些甲骨文字形来阐释他的观点，特别是《地支与十二禽》一文中，他引用了大量的甲骨文字来解释地支与十二生肖古字在字形上存在着诸多联系，如下：

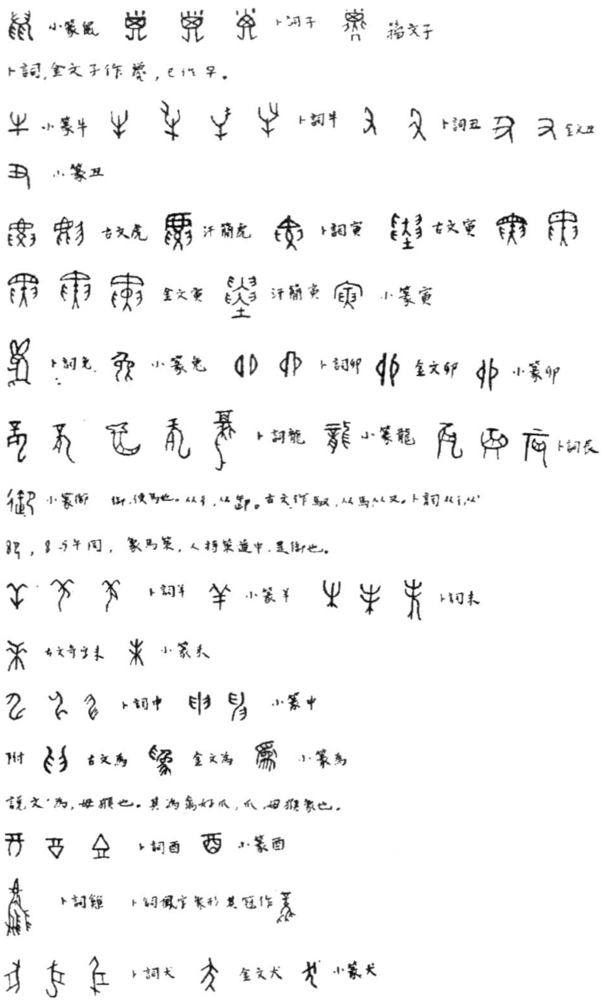

以上鼠、虎、龙、蛇、马、羊、猴、豕最似，牛、犬次之，兔、鸡则不甚似，马完全相符，但非马而为马策耳。然御字，卜词，金文、小篆皆从午，虽非象马，转足确证也。猴虽非猴，而母猴之为字，古文只象两爪，尤与申字符合。蛇、豕，则自来已云巳象蛇，辰象豕也，

① 邓尔雅：《地古文作厶说》，《岭南学报》第2卷第2期，1931年，第1—3页。

且有三豕渡河之古典。卜词犬反文与戊正同，酉疑象鸡冠，卯疑象兔耳。盖鸡之特征在冠，兔之特征在耳，亦甚相似。①

邓藏甲骨

邓尔雅个人也收藏了不少的甲骨文版，其中有56片甲骨文乃是其外甥容庚在北京为他选购的。邓尔雅收到后，欣喜若狂，一头钻进甲骨文世界。

邓尔雅逝世后，1969年由其子嗣邓祖玄将这五十六片甲骨文赠送给香港中文大学合书院图书馆收藏。《联合书院学报》专门刊载此事：

一九六九年五月间，本校理学院邓祖玄同学奉母命，以其父尔雅先生遗存龟甲卜辞三十三片，兽骨卜辞十二片，又残骨十一片，合计五十六片，慨赠本校，今归图书馆收藏，现存放于联合书院图书馆。据李棪先生考之，此五十六片甲骨为晚殷武丁第一期，及祖庚、祖甲第二期之物，此乃本港现藏甲骨中最丰富者。兹就文字可读者四十五片列于后。另附李棪先生选录其中七片甲骨之释说。②

邓尔雅女婿黄般若也曾为其购买甲骨文，这在邓尔雅的诗作中有所体现，《般若得殷骨甲见贻》：“墟古契犹新，奇文上帝珍。非关足徵宋，其实变于秦。骨甲玄灵在，氊椎瘦劲神。不徒贻眼学，而我亦殷人。”P65－66

在其书法篆刻中也多使用甲骨文，如1930年为黄宾虹刻印，其中“宾虹”一印，边款曰“仿殷甲骨文寄滨虹印盟教正，庚午十二月尔疋”；又如“艺盆”印，边款曰“殷契入印，尔疋记”；1934年8月，“初学”，边款曰：“殷甲文学字作爻，甲戌八月尔疋篆令叶姬刻之。”1935年端午节刻“梦良“印，边款曰：“乙亥耑午节刻为梦良社长以寿，尔疋，仿殷甲骨文，颇精工”。1936年夏至日，邓尔雅篆甲骨文七言联“五风十雨天时足，二水三山林谷幽”，“伯任先生属篆，集殷甲文，丙子长至，邓尔疋。”

① 邓尔雅：《地支与十二禽》，《岭南学报》，第2卷第1期，1931年，第121页。
② 《联合书院图书馆新获东莞邓氏旧藏甲骨简介》，《联合书院学报》，1969年第7期。

邓尔雅为黄宾虹刻印

邓尔雅也曾指导外甥容庚习学甲骨文，并助其编撰《金文编》。据容肇祖回忆，“他为容庚兄研究殷周铜器文字创造了难得的条件，他为容庚兄借了许多稀有难得的金石文字书籍。”①

在日本留学期间，邓尔雅留意到日本学界对甲骨文的研究热情，如“已三亥豕鲁为鱼，篆刻能为小学疏。私淑窸斋惊补籀，近来着意至殷墟。”②

三、方言与文字学

邓尔雅还把方言与文字学加以联系，融会贯通。据黄苗子回忆，当年邓尔雅在香港中华中学任教，教授的课程中有文字学。邓尔雅授课时把方言与文学学相结合，把枯燥的文字学讲得绘声绘色，深受学生的喜爱。

> 记得先生讲文字声韵，说到每一地方方言的不同发音，他认为广东土音还保留了隋唐正音；他又说：广东话有无的“无”，方音略如“髦”，是由古代汉语“毋”、“罔”、“亡”、“无”等字的一音之转，而在湖南，就念作“卯”；到了广西，“母懊”切的上声音，就念为“摩凹”切的平声。他讲：“从前有一位到广东经商的广西人，收到妻子托人捎来的家书，是不识字老伴的手笔，上面画个猫咪，下面画个铜钱。旁人看了莫名其妙，丈夫一看就说，‘这是没有（猫）钱，向我告急了。’”③

① 容肇祖：《容肇祖自传》，东莞市政协编：《容庚容肇祖学记》，广东人民出版社，2004 年，第 261 页。

② 《倭奴竹枝词》，邓尔雅著，东莞市政协编：《邓尔雅诗稿》，广州：广东人民出版社，2007 年，第 27 页。

③ 黄苗子：《先生之风——记邓尔雅先生》，载《画坛师友录》（增订版），三联书店，2007 年，第 109 页。

如此形象的故事，既可以让人产生兴趣，又可以让学生很容易地去领会方音来源和演变的道理以及古代文字的“象形”和“假借”等意义。

又如，在谈到“茶”与“荼”两字的渊源，邓尔雅曰：

> “茶”即“荼”和“贯”字的音转。茶最早由福建输往欧洲，福建方言“茶”的发音，也是“荼”的音转；而欧洲人对这未见过的舶来品，只能依出产国的发音作 tea，即是闽语“茶”的外语拼音。①

邓尔雅在文字学方面取得了重大的成就，但是他仍然十分谦虚。曾作诗曰“小学全非大学生，仅能识字讲形声。足征律例容翻案，幸审奇觚始正名。歪扁甚于眉乱画，健顽留得眼升平。我师东塾无门户，南面姑云可百城。”

第三节　书画奇人

邓尔雅在文化圈内声望极高，主要因其不仅为篆刻大家、文字学人，更是书画奇人。书法方面：邓尔雅兼善四体书，而以篆书尤胜。楷书师承邓承修，篆书师承邓石如与吴让之。他博取诸家，笔法苍劲典雅，古朴豪雄，字形微方，婉而遒劲。他在写小篆时，往往合以古籀，又将篆书笔法融入到其他书体的创作当中，形成自己独特的风格。赏邓尔雅的书法，观者莫不惊叹。莫家良评价其书法道：“其篆书精妙绝伦，功力之深，格调之高，时人鲜能与之抗手。”在绘画方面：虽然邓尔雅之画作存世不多，但其画作也深得同人赞赏有加。李健儿在《广东现代画人传》中评价道：“尔雅绘画，下笔超脱，多取岩穴、菊石寒梅之类的题材，然画名为书名印名所掩，只留其一传而已。尔雅所绘小品，大多逸笔草草，不求形似，以其深厚书法功力，书印结合，相得益彰，深得文人画之神妙”。鉴于邓尔雅画作传世较少，本节拟从其书法为例，探寻其源、其妙。

① 黄苗子：《先生之风——记邓尔雅先生》，载《画坛师友录》（增订版），三联书店，2007年，第109页。

一、学有渊源

邓尔雅在书画艺术上的成就，自然是其着力用功、持之以恒的结果。但不可否认的是，邓尔雅的书画艺术的高度，也得益于其先世的熏陶、学问的涵养、篆刻的渗透以及志趣的推动这些因素。

邓尔雅的父亲邓蓉镜，本身就是热衷书画艺术的传统士大夫。他精于书道，所书行楷工整匀称，端庄婉丽。如邓尔雅在《邓蓉镜传略》中称父亲邓蓉镜“书法极工，即试场中草稿，亦作小楷。”不仅如此，邓蓉镜还有收藏书籍字画的爱好。邓尔雅回忆：“由于家藏甚丰，金石、拓本、书籍、古玩、印谱一应俱全，挤置四壁，故自幼承家学，博览群书。”应该说，作为传统文人家庭出身的邓尔雅，自幼浸润在书香之中，浸染于艺术氛围之内，矢志于书画艺术，实属自然。另外，邓蓉镜作为岭南名儒，往来交游者多艺术名家。据《颂斋书画录·序》中载：邓蓉镜“在京期间常与书画鉴赏家来往切磋，见名人遗迹，即购藏之，并记其人、事，品评书画”。童年时期的邓尔雅，常在左右，得以亲睹前辈风采。邓承修、梁鼎芬等书法大家都与邓蓉镜十分熟稔，其为人为艺均对邓尔雅有较为深刻的影响。

邓承修（1841—1892），字伯纳，号铁香。广东归善（今惠阳）人。咸丰十一年（1861）举人，累官至鸿胪寺卿官，曾在总理衙门参与外交机要工作。以直言敢谏闻于朝，更因弹劾李鸿章而声名大振，被誉为“铁面御史”。邓承修的书法以风格独特的行楷为最，书如其人，论者谓以“瘦硬通神”，恰与其耿直的性格相称。

邓尔雅对邓承修的书法极为偏爱，不吝赞美之词，以其为学书典范。1938年重阳节在收到外甥容庚购置的邓承修所书联，邓尔雅欣喜万分，立即赋诗为纪，事见诗前小注“邓伯讷宗丈与梁节庵世丈皆先大夫至交，伯讷此联题签为节庵手笔，尤不易得，外甥容希白自故都购以惠寄”。《得伯讷书口占》诗曰[P549－550]：

真草篆分集所长，还从虞褚到钟王。
吾宗前哲有深意，神品高风不可当。
心画令人见劲道，通神瘦硬贵银钩。
铁香外号闻天下，尽洗铜山邓氏羞。

一般认为，邓尔雅的楷书及行书，其源自邓承修。从传世《邓尔雅书临〈兰亭序〉真迹六种》之中，第一种为篆书，第二种即为仿邓承修，其题曰：“曾见铁香宗丈临兰亭，瘦劲通神，每欲仿之，未能有些子似之。”[①]书法研究学者周成认为，邓尔雅对邓承修的学习取法，更多的是一种方法上的借鉴，而非机械的模仿。黄苗子先生曾云：“他的行楷早年接近晚清流行的北碑格调”，“其后见到他的前辈——有铁面御史之称的晚清广东名夙邓承修以北碑参小篆、八分的行楷书风，深受影响，一变而为瘦逸遒劲的独特的风格”，[②] 可见邓尔雅受伯父邓承修之影响至深。邓尔雅习碑文而不拘于北碑，隋唐人碑版亦是学习的好材料，再上汲晋与汉，广采博收，形成了自己的风格。邓尔雅的行楷书，于秀硬之中兼以腴润，笔硬中含柔，含蓄而见妩媚，邓尔雅欣赏苏轼“书贵瘦硬方通神”句，不喜欢刘墉（石庵）的“肉多于骨”，认为“学之容易近俗”。

梁鼎芬与邓蓉镜相交甚笃，来往密切，二人谈诗论艺时，年幼的邓尔雅常在一旁，梁氏对其偶有指教。梁鼎芬的书法，“风骨棱棱，颇如其人。初学柳公权，用笔多侧锋入，斩截峻峭，精神显露，力破馀地，表现出一种刚劲的气势。”[③] 梁氏书法，尤以手札为最，潇洒天成，论者尤以行书中带草意者为上佳妙品。邓尔雅非常欣赏梁翁手札书法，曾作《题梁节庵尺牍后》一诗志之。观邓尔雅手札，确有梁鼎芬之书风矣。

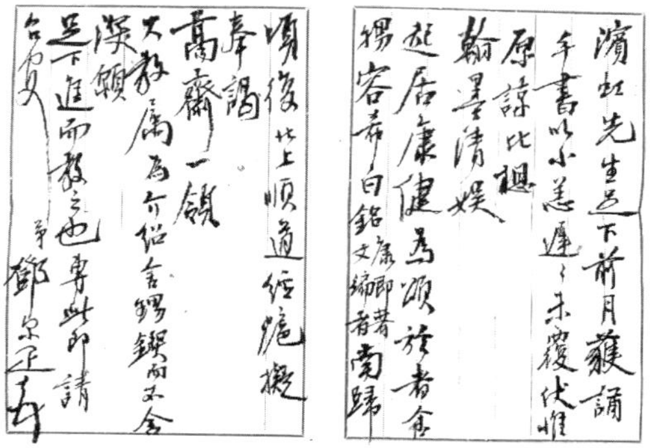

邓尔雅手札

如前所述，在邓尔雅四体书中，尤以篆书最胜。纵观邓尔雅的传世篆书，无不端庄娴雅，息气温纯，笔画运城，然湿润厚健，皆以“雅正”为基调。既无故作婀娜或剑拔弩张之俗态，亦无机械般模仿之规矩整饬。邓

① 东莞市政协编：《邓尔雅书临〈兰亭序〉真迹六种》，广州：广东人民出版社，2007 年，第 16—17 页。

② 黄苗子：《先生之风——记邓尔雅先生》，载《画坛师友录》（增订版），三联书店，2007 年，第 102 页。

③ 陈永正：《岭南书法史》（修订本），广州：广东人民出版社，2011 年，第 183 页。

尔雅的篆书受邓石如、陈澧的影响很深。

邓石如，乃清代篆刻家、书法家。清代后期以来，邓石如已经广被尊为篆书巨匠，地位超然。邓尔雅对于邓石如篆书十分推崇。他在《文字源流》中亦云："今小篆法，始邓石如，湿笔铺毫，布白合度，拟汉碑额，得垂露意，刚健阿那，允推神品。"可见他对邓石如的"湿笔之法"较为推崇，对于以往世人写篆即翦毫烧毫、以求工整停匀之法并不赞同，也不欣赏"工整近滞"的篆书，较为推崇邓石如的"刚健阿那"。

另外，邓尔雅对于陈澧也是极为推崇。陈澧乃一代学术大儒，时有"岭南皓月"之称，不仅学问渊博，篆书成就亦极高。对于邓尔雅来说，陈澧不仅是"异邑同郡"的先贤，更是其治学的祖师前辈。邓尔雅曾师从何邹崖，而何氏为陈澧之再传弟子，故邓氏实为陈澧门下三传。陈澧论书，曾谓"作篆以雅正为尚"，作为东塾门下三传学子，邓尔雅亦承传此观点。

前辈书法大家的熏陶和影响，诚然对邓尔雅的艺术成就功不可没，但邓尔雅的书法是典型的学人书法。对治小学金石的书家来说，书法不应只讲笔法，更须兼顾文字学。邓尔雅在《文字源流》中曾云："晋唐以来，妙于笔法，而不通字学者多矣。"

邓尔雅四联书法

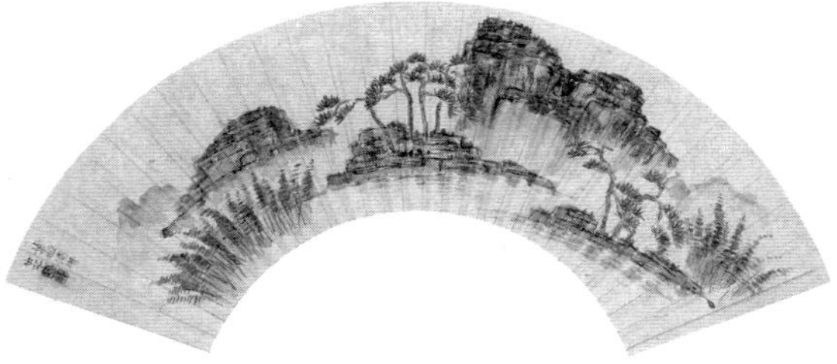

邓尔雅画作

邓尔雅的书法，特别是其篆书水平之高，是来自于其深厚的小学根底。书体之中，篆书尤应讲字学，不通六书，篆字难免出现谬误。作为"小学专家"的邓尔雅，其书法背后，有着厚重的字学功夫支撑。邓尔雅在《治印示儿辈》中云："大巧浑如拙，小学必先通。俗伧不识字，捉刀非英雄。"邓尔雅篆书书法与字学齐备，正是这种文字学的学养，使其书法卓然不群。1948 年 12 月，"岭南五金石名家篆刻书法展览会"在香港思豪酒店举行。邓尔雅的篆书为报章报导，云："尔雅篆法，凝重闲逸，韵隽神清，久为世人推赏"，"他的篆书称誉与全国，为邓完白之后第一人"，"其篆书娴雅端秀，昌硕以后无出其右者"。

邓尔雅在熟练地掌握李斯、李阳冰以来的小篆发展规律后，开始效法邓石如之篆书风格，取其圆润，再参以金文与甲骨文，逐步形成自己的篆书风格。邓尔雅书篆，用笔万豪齐力，厚重而精气内敛，整体的结字布局工整匀适，凝练端稳。“邓尔雅的篆书从邓石如、吴让之、黄士陵三家化出上溯金文彝鼎，所以从用笔上看，是峄山、琅琊刻石一路圆笔藏锋的小篆风格所演变；从字体上看，则保留了商周金文的自然朴拙、气韵静穆高估一路，收锋之处常作方笔，金石味十足。讲究‘以参差求整齐’。篆书求整齐易求参差变化难，一味整齐，易入呆滞；一味变化，没有依据又会使格调低下。邓尔雅有着深厚的文字学基础，为了追求篆书美的规律，又时像孩子玩积木般区尝试各种形式，在直线与曲线的变化中，利用笔画繁简、字形长短欹正的不同，力求分行布白的变化，达到了寓动于静的艺术效果。故有‘近世以小篆名者，罕与其匹’之誉。邓尔雅的隶书取法《曹全》《史晨》二碑，得汉人精髓，含蓄而灵动，气息高古。”①

“先生的篆书风格和功力，也得力于他长期的治印功夫，他把秦汉玺印的结构布局应用到篆书的结构章法上，形成一种古雅而又新颖的独特作风。”② 邓尔雅治印师学黄士陵，又能自出机杼，特立独出，以黔山派的有力传扬者被载入印史。而黔山派印人皆追求笔笔光洁，邓尔雅正是将从刻印实践得来的“光洁”之趣味，融入其书法创作而形成的书法美学。“邓尔雅先生的书法，无论篆、隶、行、楷，都给人以一种整洁圆静的美感”。③这种美感的获得，正是得益于邓尔雅在篆刻创作中积攒的审美趣味。

二、学书之法

邓尔雅早年随邓承修习北碑，后又大量临习隋、唐、元、明诸贴，尤喜隋唐诸碑，也在明代黄道周、倪元璐的书法上下了很深的功夫。经过博采众长，邓尔雅形成了自己苍润秀劲的风格，“集众妙而攸归”。正如黄苗子所言：“先生的篆书，大抵从小篆入手，其后参以金文大篆，这本是吴大澂、黄士陵当时的风尚，但尔雅先生本人，更在承接前人六书、训诂学问

① 陈治军、田英：《上追甲金石，旁及陶瓦砖》，《中国书法》，2015 年第 3 期，第 90 页。

② 黄苗子：《先生之风——记邓尔雅先生》，载《画坛师友录》（增订版），三联书店，2007 年，第 110 页。

③ 黄苗子：《先生之风——记邓尔雅先生》，载《画坛师友录》（增订版），三联书店，2007 年，第 102 页。

基础上，加以在不断发现、日益增多的商周金文与甲骨文字中，搜剔整理和广泛探讨古代书法的美学规律，于是形成了篆书的新风。”①

故而，邓尔雅指导后人习书法时，比较强调临帖的基本功，勿求冒进，同时更强调博采众长，不主张强求一派之书。黄苗子先生少时曾从邓尔雅学习书法，他回忆道：“尔雅先生教书法，除了指导我们基本的用笔方法等以外，主张各自选性情所近的书体来学，但要求初学先务方整，勿求奇纵；他指导我除了学《张迁》《史晨》等汉隶之外，再选隋碑小楷放大临写”，可惜“没有遵从师训，打下严格的基本功，以至垂老无成，至今回想，后悔已来不及了。”② 可见，邓尔雅认为学书法需要严格基本功，不能急于求成，求新求异、敷衍塞责，但要博采众长，方有精进。

这个基本功还包括执管运笔的功力。腕、指动笔的玄通入化，对书法家来说是参修得道的关键命门。梁章钜曾曰：“腕不定，指不熟，动即参差，欲求整齐，又何可得哉。”③ 叶恭绰也曾曰“书法功力之深浅，以悬肘为上，悬腕次之，掌运又次之，指运为最下。”④ 而邓尔雅“执管运笔的功力，更为卓越独到。只有具备斩钉截铁的运笔功力，参差变化才能意态不穷”，⑤“少时亲见先生执管，臂、肘、腕、指的运用，灵活凝重，特别是行楷小书，握笔沉着矫健，挥洒自如。”⑥

另据郑逸梅评论说：“邓尔雅工书法，楷学邓承修，篆学邓石如与吴让之。书屏幅，桌小不便挥毫，往往张诸壁间，悬空书写。”⑦ 可见，邓尔雅常能悬肘书写。

---

① 黄苗子：《先生之风——记邓尔雅先生》，载《画坛师友录》（增订版），三联书店，2007年，第104页。
② 黄苗子：《先生之风——记邓尔雅先生》，载《画坛师友录》（增订版），三联书店，2007年，第110页。
③ 梁章钜：《退庵随笔》卷二十二，载《近代中国史料丛刊》第44辑，台北：文海出版社，1969年，第1176页。
④ 叶崇德：《忆先叔叶恭绰二三事》，载中国人民政治协商会议番禺县委员会文史资料研究委员会《番禺县文史资料》第9辑，1991年，第43页。
⑤ 黄苗子：《先生之风——记邓尔雅先生》，载《画坛师友录》（增订版），三联书店，2007年，第106页。
⑥ 黄苗子：《先生之风——记邓尔雅先生》，载《画坛师友录》（增订版），三联书店，2007年，第103页。
⑦ 郑逸梅：《南社中的几位能书者》，载郑逸梅撰《文苑花絮》，北京：中华书局，2005年，第295页。

这个博采众长，不仅意味着要研习各派的书法，还包括更要拥有学养作为后台支撑。邓尔雅在《治印示儿辈》中，就篆书与治印的关系做如是说："作字如治印，治印如作字。腕下著以沉，书契原一事。"在他看来，篆书与治印陈陈相因，相辅相成，都应严谨审慎，务必用心，方能提高水平。如黄苗子先生就通过邓尔雅的言传身教，认识到"但更重要的体会是：书法、篆刻，原是一门艺术，我原以为只要从书法的用笔、结构布局等笔墨方面用功，或顶多读几本《临池管见》《艺舟双楫》等，便可以跻身于书法家之林。但当我体会到尔雅先生的艺术成就如此卓越超群，原来在笔法（书艺）、刀法（篆刻）之外，还有一个极为重要的学问根基——小学训诂的学术修养。这门学问似乎和书法艺术的成就无关，其实，要达到书法艺术的深造，字的根源、演变、结构，字体的陶文、甲骨、大小篆以至隶书、行、楷的发展，都和书法艺术有内在联系。书法、篆刻的功夫越是到家，越觉得这门学问缺少不得。"① 诚哉斯言！

西汉文学家扬雄曾言："书，心画也。"这句话得意思是说书法是人的心理描绘，是以线条来表达和抒发作者情感心绪变化的，书法能反映书家的情感以及品格。从这个意义上看，邓尔雅的书法得以"卓越超群"，还在于其具有"卓越超群"的品格。我们将在下两节论及邓尔雅的情感与品格，继续感受邓尔雅的为人与他的艺术成就之间的关联。

第四节　性情诗人

邓尔雅是南社重要的诗人之一，在岭南诗坛上占有一定地位。其诗作丰富，藏于香港博物馆的邓尔雅诗作散稿本就有诗作两千多首。邓尔雅的诗作，风格独特："隽永有味，古朴中含清新"（黄苗子语）；"读尔雅诗，总觉得有一种与众不同的味道，既不是盛唐的气势，也不是晚唐的婉转；既非晋人的古朴，又非宋人的明晰""奇屈之气，起自卷中；孤峭之风，生

① 黄苗子：《先生之风——记邓尔雅先生》，载《画坛师友录》（增订版），三联书店，2007年，第111—112页。

于笔底。面目自具，风格不群”。[1] 邓尔雅同窗好友陈之达评论其诗曰：“尔雅之诗，刚凉沉实，荡逸明华，合其殊观，均归壮丽。知其缘情实深，且往往融化古意于融畅圆美中，又得力于学问者矣”。[2] 这些评语充分说明了邓尔雅作为一个诗人的卓然不群，自成风格。其中，陈之达对好友邓尔雅诗作何以“均归壮丽”给出了两个原因，即“缘情实深”“得力学问”。诚哉斯言！邓尔雅是一位传统文人，所谓“读破古文千万卷，昆吴神力自精严”，其深厚的传统文化功底必然渗透到他的诗作当中。本节我们着重讨论作为一个性情诗人的邓尔雅。

一、性喜游历

邓尔雅本人曾云其诗：“大抵自述、寄人、纪游、题画者居多，以吟讽消遣”，“其佘绮语、闲情、应酬、游戏之作，都火之矣。”[3] 的确，邓尔雅诗中，纪游诗比例较大。邓尔雅游历广泛，东莞、广州、韶关、日本、桂林、罗浮、海南、香港等地都留下了他的足迹。“游人自爱佳山水，不问湘妃事有无。”（《漓江杂诗》）他尤其对民俗、山水深感兴趣，并赋诗题记。

尽管邓尔雅留在故乡东莞的日子并不长，但他对东莞的民俗、文化、风俗都甚有了解，诗作多用方言或粤语作韵，诗风别开生面。如《东莞竹枝词》P5-8：

万家妇孺作荆鞭，火树银花不夜天。
烽燧废为游戏物，私心请祝太平年。

糖饼油鎚饾饤陈，谁家巫妪惯祈神。
锵锵刀剪招魂祭，千些声哀怯比邻。

趁墟吃饭荷包绿，苇脍调羹菊有华。
鹦鹉牡丹都不及，吾乡春水足鱼鰕。

南音体例若弹词，书熟刚同饭熟时。
从古稗官能化俗，家家解诵摸鱼儿。

---

① 杨宝霖：《邓尔雅其人其诗》，载东莞市政协文史资料委员会编《东莞文史》第21辑，1993年，第50页。

② 陈之达：《邓尔疋诗序》，载容庚编选《绿绮园诗集》，1960年稿钞本，第1页。

③ 邓尔雅：《绿绮园诗集题识》，载容庚编选：《绿绮园诗集》，1960年稿钞本，第4页。

荔丹而后接蕉黄，年尾村村迮蔗浆。
予亦闲情在莞愿，卉名先识茳夫王。

一佃香田饱食香，女儿香贮女儿箱。
玉肌岁岁胼胝苦，私蓄丰馀作嫁裳。

麻姑田酒女儿香，夫妇罗浮岁月长。
如此温山得柔水，仙乡不墒墒何乡。

前三首诗歌描写了东莞除夕风俗，有糖饼（炒米饼）、油髓（音堆），也有“喊惊”、唱“木鱼书”、女儿香（莞香中的一种）等东莞本土风物。

邓尔雅东渡日本期间多游历，对日本民俗之美吟咏甚多。他在日本诗作《倭奴竹枝词》就达百首。每去一地，见风土之异，邓尔雅多赋诗以志之。如云[P24－26]：

麻姑沧海何须买，日浴咸池任饱看。
船入神山天上坐，眼中疑似汉衣冠。

复姓胡为五字长，三郎称谓太郎当。
阿房莫指鹿为马，颂祷惟电至吉羊。

居然三子同二屐，客至随时倒屐迎。
户外不知几双屐，户内不闻私语声。

正襟危坐足承尻，举案齐眉献玉醪。
礼失犹容求在野，鞠躬磬折敢辞劳。

邓尔雅居桂林期间，遍访桂林名胜，并四上漓江。象鼻山水月洞、叠采山风洞、辰山栖霞洞、独秀峰、明靖江王府、漓江之画山，皆有留题。其所作《桂林杂诗》《桂游杂诗》《漓江杂诗》就多达五十多首。邓尔雅的桂林山水诗，读后使人如身临其境之感。如：“江流清浅但容舠，天落银河渐渐高。三日此山仍在望，榜人撑折万枝篙。”“下水全非上水船，飞流一瞬翦江天。渫云洑雨催颁白，屏息无言是长年。”“天上河源去不穷，千回百折大江东。绿衣黄裹天然好，绣出鸳鸯格外工”等等，不一而足。

1915 年 8 月，邓尔雅携家游桂林，三上灵川县落笔山，一度欲于该处

常住，曾云“长此青山共鹿车，不复作他想矣。”同年10月21日，在桂林搜得一锦窈处，极爱其幽深秀丽，作诗并名之曰“邓岩”。此后更三游邓岩，均有赋诗。若干年之后仍作诗《忆邓岩》，可见邓尔雅对桂林山水的真心喜爱。

邓尔雅在韶关期间，亦作《韶州杂诗》《韶州微雪》等诗。

1920年邓尔雅游海南岛琼州，除作《琼州杂诗》数首外，特作诗寄爱妻陈灵淑云[P100]：

琼岛拟春台，仙源访问来。
苗孃跳月去，黎婺采珠回。
水浅犹如昔，山深有未开。
槟榔听事影，闺梦认徘徊。

邓尔雅犹爱罗浮，作诗更丰，仅《罗浮杂诗》就有七言绝句一百四十多首。另还有《罗浮道中口占》《梦罗浮》《罗浮道士》《忆罗浮》等等。邓尔雅曾有一诗题为《题罗浮千首之一》，揣测其罗浮诗作甚至有千首之多。罗浮山的岚光山影、瀑布流泉、物产、传说、建筑、古迹一一写出，读其诗，如读罗浮山志。

1922年邓尔雅流寓香港，亦作《香港杂咏》，写出了香港当年的风貌[P124－127]：

香炉鱼市接渔家，景物年年有岁差。
依旧入春开踯躅，因风敛冉向西斜。

市廛热闹为谁忙，辄得居民尽饮狂。
分赁楼头犄角小，虫虫甜蜜恋蜂房。

濒海羁縻属旧州，族居支派近罗浮。
山家宋物千年在，父老逢人说粉侯。

邓尔雅的山水诗、纪游诗篇数甚多，由于篇幅所限，这里仅能列举一二。但我们不难看出，性喜游历，寄情山水，实乃邓尔雅真性情也。

二、情牵亲友

邓尔雅亦性情中人。他对待妻儿戚友、新知故交，均用情极深。例如，他与妻子陈灵淑情深义重，在乱世当中一直相互扶持，举案齐眉，相敬如宾。稍有分离，则莹然入梦：“小额亲题同梦栖，罗浮山下旧时闺。”此联所指一件邓尔雅与妻子心心相印之趣事：1916 年 2 月，邓尔雅独游桂林，妻儿避乱香港。其间，邓尔雅与妻子同夜同梦两人同游桂林栖霞洞之仙人房。此后，邓尔雅命名居室曰“同梦栖”，并与次年 9 月绘制同梦栖瓷枕以纪与妻子同夕同梦游栖霞洞。

其妻因病去世后，邓尔雅极为悲痛，三年后作《悼亡》诗十二首，其中有诗句云：“夜长唯觉眼常开，入睡仍难好梦来。”“看书虚恍月干泪，伏枕匡床雨打心。”“分明一觉罗浮梦，晓起难求仙蝶踪”。读后让人唏嘘不已，邓尔雅对妻子的深情怀念动人心弦。1931 年，邓尔雅遵前妻“断弦不续非爱琴”之遗言，续娶叶奕。叶奕过门后，在邓尔雅的引导下，也不时操刀治印，从摹写、布白、操刀，后来竟也挥洒自如了。

叶氏刻印

邓尔雅对其家人均悉心关照。邓尔雅对容氏兄弟，可谓倾情付出。容氏兄弟能成为学术巨擘，与邓尔雅的帮助密不可分。前文已有介绍，此处不再赘述。1916 年 11 月 5 日（十月初三），邓尔雅外甥容肇新，年方弱冠，不幸病逝于东莞故里，时邓尔雅远在桂林，收到容肇新去世噩耗悲不自胜，作《哭容千秋外甥》P57：

偏著昌黎未抚棺，苦思风韵剧辛酸。
文章竟失吾家宝，旁在真同珠玉看。
深感唐衢挥涕泣，微闻长吉欧心肝。
后生连榻当时话，幽梦山斋烛焰寒。
（诗后邓尔雅自注曰“讣至之前一夕梦见之。”）

邓尔雅的悲痛哀婉之情真使人一洒同情之泪。

据邓尔雅的外孙黄大德先生回忆，后辈出生时，邓尔雅多为写联、刻印。邓尔雅曾为黄大德先生刻一方印，并写一副集邵雍句的对联，曰：“立身须作奇男子，善处方名大丈夫”。此联即是对外孙的希望，同时也反映了邓尔雅的为人处世观。此联至今仍然挂在黄大德先生的书房门口。

邓尔雅一生情牵交游，喜雅集论艺。所结交朋友甚多，且往往情深义重。“诗人黄晦闻、画家黄宾虹、高剑父、张大千；粤中名士蔡寒琼、潘致中等，与先生艺文探讨，诗札往来不绝。”①

在人生的各个时期，邓尔雅都视与友人的雅集交游为人生乐事。无论是在广州还是东莞，桂林还是在韶关，琼州还是港岛，他都经常与艺坛友人雅集论艺，乐此不疲。其诗作中，有很多是寄人、唱和之诗作。

令人感动的是，邓尔雅对于志同道合的文人雅士，惺惺相惜。由于时空限制，有些未能常晤面，邓尔雅往往难以释怀。比如邓尔雅仰慕苏曼殊的对于绘画艺术的卓绝才华以及革命精神，一直希望能够晤面交游，但遗憾的是二人竟然曾擦肩而过，并因为苏曼殊的过早离世而永无机缘。邓尔雅对于苏曼殊的特殊情怀，让人非常感动。邓尔雅与黄宾虹之间神交甚久，终有一面之缘。邓尔雅与柳亚子神交数十年，终未有机缘见面，但二人诗词互为唱和、互动频仍。邓尔雅甚至对于明末清初的遗民如邝露等，亦甚为虔敬。邓尔雅欣赏邝露的才学与高风亮节，尤其感佩邝露怀抱古琴殉国的爱国忠烈精神，所以邓尔雅对邝露所抱之绿绮台琴珍爱无比。不仅作诗，还专门筑园贮藏之，名之为“绿绮园”，后又名其诗集曰《绿绮园诗集》。这也反映了邓尔雅作为诗人丰富的情感世界。

三、诗道自由

邓尔雅有《自题诗稿》四首，自道作诗的观点：“律虽非细求疵少，我自狂吟我自听”。在他看来，赋诗应该是自己兴致的表达，不应该过度吹毛求疵，拘泥于各种规范细节；“诗家嗜好各酸咸，技痒非关解俗馋。人籁还须合天籁，彤诸翰墨已平凡”。他认为诗人的喜好是各不相同的，诗的题材、用语、风格应该多元化，兴之所至，即兴作诗。诗作应合天籁，而不能仅为迎合时人而媚俗；“何必规规仿古诗，朝云笑我不时宜”，他认为作诗不应过度仿古，而应力求有所创新，他也自嘲自己的诗不入时人之眼。邓尔雅的诗的确如黄苗子先生所云“面目自具，风格不群”。

① 黄苗子：《先生之风——记邓尔雅先生》，载《画坛师友录》（增订版），三联书店，2007年，第113页。

比如，邓尔雅对方音方言甚感兴趣，“于方言颇留意研究，遇他省友人，必询其乡土语言风俗。”也正因为此故，邓尔雅的诗惯用方言：“爆仗喧将厅闹热，围炉趁得醉麻茶”“双目初花且未花，蝇头小字不麻茶”“异植南方多近似，误看罂粟眼麻茶”这里“麻茶”为古汉语“蒙茶茶”之意；“忽梦银河天上水，人间一为洗鏖糟”，“遮莫鏖糟将洗尽，每于栖息愧平安”，这里“鏖糟”，即为古汉语“污糟”，意思是脏。邓尔雅用方言入诗，真是别开生面。粤人读之，倍感亲切，但至于北方人能否读懂他的方言诗，倒不是他考虑的事情了。

邓尔雅的诗还时用西语：“一针十九维他命，百岁寻常贺尔蒙”“剩残山水非山客，勾股梅枝入梦圆”“所期勿煞佳风景，不必纵横绘几何”。这里的“维他命”“贺尔蒙”“勾股”“几何”都是当时西方名词，邓尔雅即拿来赋诗，颇有趣味。

邓尔雅的诗还时用冷僻古语和典故：“湖目有心替垂泪，料应何止湿青山”，“夜春盈野一何忙，朝起潺湲乱入塘”，“曲终人去成陈迹，留得裘钟友扈斑”；“衫袷黑烧煎灼地，年来怪得苦相思”，“黑黄不敢占天矢，盈昃何从语叩明”。这里“湖目”“夜春”“裘钟”“扈斑”“黑烧”“黑黄”“天矢”“叩明”等词，都是相当冷僻之词，一般人往往不明所以，所以邓尔雅对于诗中这些冷僻此多有注释。

当然，邓尔雅的诗也不乏秀雅工致的诗句，如“岫云将雨出山去，分得余甘已润花”“蕉隔床头鸣旧雨，苔承屐齿范新痕”等等。但邓尔雅的诗更多讲究诗道自具，不过度媚俗、仿古，故能别具一格。邓尔雅曾云：其赋诗“不自珍重作传世之想”，其目的“以吟讽消遣云尔。”这正体现了他作为性情诗人的特点。

第五节　传统士人

我国传统文人，大都性喜游历、交游，吟诗作画，崇尚自然、寄情山水。邓尔雅也是如此文人。然而，邓尔雅并不仅仅是文人而已，他还是士人。士人和文人的不同，体现在有没有风骨，有没有社会担当，有没有家国情怀。我国知名学者易中天在一篇题为《士人风骨》[①] 的文章提到：当年

---

① 《南方都市报》，2012 年 6 月 8 日。

刘备寄居刘表时，就曾当面痛斥一个名叫许汜的人，说他明知天下大乱国难当头，却居然“求田问舍，言无可采”，徒有士之名，当为士林不齿（《三国志·陈登传》）。士或士人既是一种“职业身份”，又是一种“文化精神”。文化界普遍视梅兰芳为士人，尊称其为“梅先生”，是因为他职业虽是艺人，但成就极高，更在抗战时期，表现出传统士大夫的精神气质。士大夫传承文化、忧国忧民，富有家国情怀，而且往往在艰难的处境下能坚韧执著，不忘初心，一生更皆能身先垂范、修己渡人。邓尔雅正是这样的士人。

一、家国情怀

邓尔雅青年时期，正值清末民国时期，社会急剧动荡时期，外敌入侵，国家危机严重，甚至处于亡国灭种的关头。邓尔雅虽幼承家学，专精小学，而且是工于诗书画印的艺术家，但邓尔雅并不甘于做“两耳不闻窗外事，一心只读圣贤书”的迂腐文人，而是心系家国，尽己之力，为国奔波。在军阀混战以及日寇侵占时期，致力于保存我中华民族之文化，以期救亡、保种。

邓尔雅的外孙黄大德先生曾在《外公邓尔雅之谜》一文中详述了他对“少日忆同寅，论学城南，时在光宣谈革命”一联（凌巨川致邓尔雅挽联）的理解。通过梳理邓尔雅在清末民初生活轨迹和他的朋友圈，黄大德发现邓尔雅具有“那个时代热血青年忧国忧民的情怀”。

早在1898年，年仅16岁的邓尔雅与他人一起创办新学，后来成为广州第一所小学的启明小学，志在培养新人、为国育才。另外，在创办以及执教启明小学时期，邓尔雅作为常客，经常到位于永清门外南城太平沙的邓芬家“清谈”。在邓芬家的常客有陈诗仲、马耕耘、张竹君、沈佩贞、唐群英等。这些人都是一群思想激进的热血青年：陈诗仲（？—1908）为兴中会员，香港《中国日报》记者；马耕耘是维坤女校校长；张竹君为辛亥先驱之一，中国第一个女西医；沈佩贞是著名的女权活动家，反清女将；唐群英，为中国同盟会第一个女会员，被称为“中华民国”的缔造者之一。其“清谈”的内容，何也？必定与“革命”有关，也必定与“国家”有关。

1905年9月，潘达微在广州创办《时事画报》，以宣传孙中山的革命思想为旨归，“集同人，振其舌，摇其笔，高呼于五岭之南，而冀人民及早警觉”。邓尔雅虽在日本，但仍为“美术同人”，积极参与为该报写稿，发表美术作品。邓尔雅在《时事画报》上发表诗词小说政论及美术作品多篇，不少作品如《题张文烈公遗像》等含有强烈的忧国忧民的情怀。1906 年邓尔雅参加邓实、黄节等所组建的“国学保存会”，与潘达微、朱锡昌等人创办《赏奇画报》和《滑稽魂》画报，均以宣扬革命、救国救民、改造社会为目的，而同时期所交游之文人雅士，同时也多是革命志士。

从邓尔雅的印谱中，不少印作中是在辛亥革命前后所刻：如“待从头收复旧山河”“当为国家扫天下”“处乱世思君子”“国耻未濂”“毁家纾难”“为国驰驱已十年”“立义行事”等洋溢着那个时代的气息，也折射出青年邓尔雅的家国情怀。

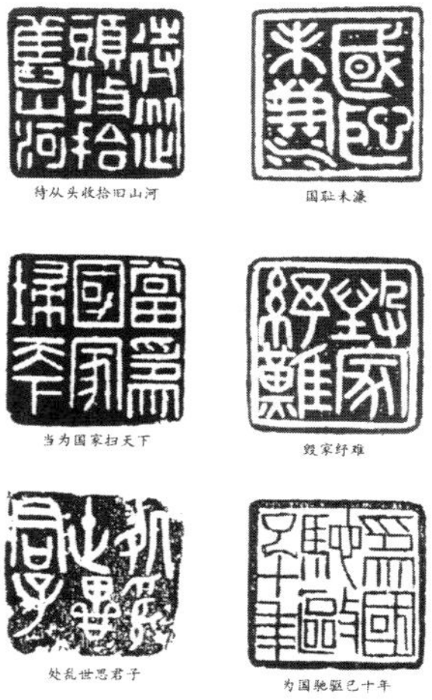

爱国情怀诸印

但辛亥革命后，军阀混战，生灵涂炭，中华民族的文化典籍、文物古刹惨遭兵火之祸。邓尔雅又致力于保护国粹，传承中华文化的活动中来。他曾经直接参加军营，参与重修曹溪南华寺、张文献公公墓等，也曾雅集论艺，参加各种保存、研究、发扬国学的活动，更积极捐款捐物，奔走呼号，抢救、整理、展览、宣教民族文化和文物。宋朝大儒张载曾云：“为天地立心，为生民立命，为往圣继绝学，为万圣开太平”，这就是传统士大夫的至高境界。从邓尔雅的身上，我们可以看到这种精神，看到他的担当和追求。邓尔雅的一生颠荡流离，一度经济拮据，甚至鬻艺为生，但他并不太过在意俗世之物。他所在意的，就是学有所承，国有所安。所以他一生无论如何艰难，都倾心于保存、传承和发扬中华民族国粹，称其为士人，可谓名副其实，实至名归。

二、坚韧执著

中国传统士人，大都能坚韧执著。所谓“出污泥而不染，濯清涟而不妖”“穷则独善其身，达则兼济天下”是我国不少传统士大夫的胸怀和品格。他们大都能进能退，能入世亦能出世。儒、释、道之间多能转换自如，坚韧执著，不忘初心。纵观邓尔雅一生，我们不难看到，邓尔雅一生中面临诸多的变故和挑战，然而，邓尔雅都能够坚韧执著，不忘初心，不忘保存国粹、发扬国光，体现了一个士大夫的坚强品格。

首先，邓尔雅经历了父亲离世，家道中落的现实困境。父亲为东莞名儒、同治辛未翰林邓蓉镜，历属江西粮道、文渊阁校理、国史馆提调等职，

三次诰授资政大夫，晋授荣禄大夫，加二品衔花翎。然而，“先世廉吏，薄产非多，子孙日众，只足糊口。祖宗馀荫，全在道德、学问、功名、地位维系之。”① 家境虽非富足，但是“糊口”是没有问题的。然而，邓蓉镜却在邓尔雅年仅二十岁时就病逝，从此失去父亲的庇护。以后的日子越发艰难，以至于邓尔雅在一生多数时间里，生活都显拮据，多靠鬻艺为生。“手不停挥，”而所获收入，“聊胜于无而已。”然而，邓尔雅并没有因此失去志向，没有为迎合市场而放弃自己的初心。

据黄大德先生研究，在店铺林立的香港，邓尔雅仅仅为一家印社题写过招牌，即“艺一印社”，另外还为一家茶社，即“春兰茶庄”，别无其他。众所周知，邓尔雅的书法篆刻在香港是极为知名的，如果邓尔雅为稻粱谋，生计定然不愁。然而，在谋利问题上，邓尔雅是有所坚持的。他在《山水寄呈潘七》中尝云：“印有十不刻，琴有九不弹。绘事同一例，未可强所难。铜臭而已矣，焉能润笔幹。生平耻市道，技痒始濡翰。”他遗嘱中有句话可以看出他的原则：“大抵福禄货财，须以劳力得之，才能处理之，道德享受之，审美领略之，功业长久之。”在邓尔雅看来，诗书画印是基于道德与审美的需要而作，非是用来在市场上交易的。他在给容庚的信中也曾云：“我本碌碌无所长，又不愿取不应得之财”。这些充分表明了邓尔雅的价值取向。作为一个有操守、有信仰的士人，邓尔雅在生存困境与名利诱惑的双重压力下坚韧执著，始终“处乱世思君子”（邓尔雅之印），令人敬佩。

其次，邓尔雅还经历了科举中断、学医不成、革命失败等前途困境。早在1889年，幼承家学的邓尔雅就获准做监生，本欲科举入仕。然而十年后科举之路为变法所断，且新学风潮势不可挡，少年邓尔雅不能再走父亲的道路。他赴日学医，也终因对医学兴趣不大而放弃。转学美术，然而不到一年，因为母亲去世而国奔丧，日本留学之路亦断。面对这种曲折辗转，邓尔雅并没有怨天尤人，而是广交革命志士，找到一条革命的道路。他以笔代戈，积极投身到革命事业中去。然而，期待的革命并未成功，革命的果实被袁世凯所窃取。在这种情况下，邓尔雅仍一腔热情，上下求索，最终从以笔代戈、宣传革命转到保存民族文化、发扬国光的道路上去。

再次，在邓尔雅的一生当中，诗者多情的邓尔雅经历了1902年父亲病逝、1915年外甥容肇新早逝、1928年妻子陈灵淑的早逝、1929年好友潘致

① 邓尔雅：《邓尔雅遗嘱》稿本影印件，由黄大德先生提供。

中病逝等悲痛事件；经历了避乱桂林、流寓香港等辗转流离无奈体验；经历了1920年广州寓所被焚、书画付之一炬，1937年大埔绿绮园为飓风所毁、藏书尽失之天灾人祸。这些事件对于邓尔雅的打击都是沉重的。然而，他都以自己独到的方式使悲痛得以疏解，那就是赋诗、刻印。邓尔雅没有把悲痛埋在心里，而是通过艺术表达出来，让情感得到释放。邓尔雅面对大灾大难，能够如此坚韧执著，与他善于诗书画印，善于通过艺术表达情感有重要的关系。

当然，挫折面前，邓尔雅也不是没有心生退意。如前文所言，邓尔雅曾经寄情桂林山水，曾经留恋大埔绿绮园，曾经罗浮山入道籍，也曾经在流寓港岛时，与众文友赁小楼名之“季庐”以为游息之所。但终究没有放弃治国平天下之士大夫之志。邓尔雅在《罗浮杂诗》中曾云：“不因学道顿皈依，却喜山深与世违。”；“出家心似在家僧，深入罗浮且未能”，表明他在遭遇世间的无奈困境之后，会去深山游历，会思禅学道，但是不能完全放下，不能做到“皈依”道门：邓尔雅曾于游桂林之后的1918年入李根源幕，1920年因李根源下野而黯然回粤；1933年在绿绮园享受田园生活之后仍复出任广东第四路集团军司令咨议，1934年任广东第二军军长香翰屏之幕及中区绥靖公署委员，1935年参广东第四路集团军司令部张之英幕咨议。士大夫能出世亦能入世，能够在儒释道之间能够进退自如，邓尔雅正具有坚韧执著的士人品性。

三、修己渡人

传统士大夫志在修身齐家治国平天下，注重文以载道。邓尔雅不光有家国情怀，更对自己要求甚严，修身养性。“静以修身，俭以养德，入则敦行，出则友贤”。所交游者多是志趣道合者，以期“同声相和、同气相求”。其性淡雅如菊，不急功近利，不“急向欢娱”。容庚曾回忆说，“舅氏蔼然可亲，未尝见其愠怒之色。”试想，如果没有严格的律己，恐怕尽管幼承家学，邓尔雅也不能在诗书画印上达到如此高的水平。邓尔雅无论在何种境遇中，不仅以修身自保，而且都对诗书画印以及小学学问用功不辍，终以之安身立命，成一代岭南大家。

邓尔雅自身成就斐然，但他并不以此傲骄。他乐于助人，乐于培养新人。邓尔雅早年即从事教学，不仅开创了近代小学教育之先河，提倡教育改革，实行“趣味教学”，支持招收女学生，而且培养出像余仲嘉等篆刻名家，以及容庚、容肇祖这样的学术巨擘。对于邓尔雅，黄苗子曾云：“尔雅

先生五短身材，精瘦有神；两撇胡子，更表现出庄重仪容和学者风度。在追随先生的六七年中，从未见过他疾言厉色，喜欢说点笑话，喜欢谈文艺掌故，恨不得把一脑门子学问都掏出来给人。”① 邓尔雅曾在启明小学、东莞中学、桂林中学、香港中华中学等学校任教，因他的课堂生动有趣，深入浅出，博学而又不拘泥于前人之说，故而十分受学生欢迎。

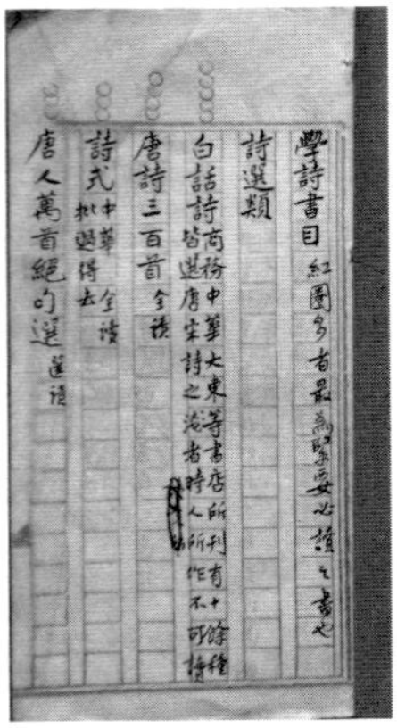
學詩書目 紅圈多者最爲緊要必讀之書也
詩選類
白話詩 商務中華大東等書店所刊有十餘種皆選唐宋詩之淺者時人所作不可讀
唐詩三百首 全讀
詩式 中華 批過得去 全讀
唐人萬首絕句選 選讀

《学诗书目》书影

邓尔雅在诗学、治印、书法上都有独到的研究，并乐于示人、度人。比如他曾编撰《学诗书目》，内容如下：

类别	内容	邓尔雅标注
诗选类	白话诗	商务、中华、大东等书店所刊有十馀种，皆选唐宋诗之浅者，时人所作不可读
	唐诗三百首	全读
	诗式	中华，全读，批过得去
	唐人万首绝句选	选读
	千首宋人绝句	选读
	《八代诗菁华》	医学书局，选读
	《王荆公唐百家诗选》	医学书局，选读
	《古诗选》	选读
	《古诗源》	与《古诗选》大略相似，如已有《古诗选》则不必《古诗源》也
	文选	内有诗，选读
	《诗经》	必全读一次，不必理训诂，略通大意可也。四言诗不必学，学亦必不似，但后人之诗乃至外国诗不能出诗经范围，温柔敦厚之宗旨，尤不可不知。以上初学

① 黄苗子：《先生之风——记邓尔雅先生》，载《画坛师友录》（增订版），三联书店，2007年，第109页。

类别	内容	邓尔雅标注
	《玉台新咏》	略看
	《唐诗纪事》	医学书局，略看
	《影印汲古阁本诗词杂组》	医学书局，略看，内有宋人集唐句之诗，宫词最多，李易安、朱淑真集，女红馀志等
	《全汉三国晋南北朝诗》	略选凡所谓略看、略选者欲知历代诗人之神韵方法变化、体裁等也，记得否可不理，以知为要
	《文选》	内有诗
	《古文苑》	内有诗，选读
	《续古文苑》	内有诗，选读
文选、词选类（凡学诗必兼看文及词）	《古文辞类纂》	
	《楚词》	略读一次
	《六朝文絜》	
	《四六丛话》	
	《绝妙好词笺》《词话》	
	四家词选	梦窗、稼轩等四家，另《辛稼轩集》《姜白石集》亦可一看，非学词如此已足
	《汉魏六朝名家集》	医学书局
	《四六法海》	略选，大约每类选三两篇读之，略知四六体裁已足
	白话文、白话词等	各书店刊
诗集类	王之涣	未见专集，但全唐诗有各家选诗，必选其一二首，诗极少而好
	王维	另有王孟诗评，乃王维、孟浩然合刻者，王、孟皆五言好
	孟浩然	
	陶渊明	全集有诗有文，六朝陶最好且易明，谢次之，鲍又次之，陶集可全读，《形影神》三首，悟道之言
	李白	古诗最好，可全读

类别	内容	邓尔雅标注
	白居易	七古、乐府最好，唐人以白为最浅而易明，初学先读白集
	杜甫	杜诗统铨好，律最好，学杜先由二李入手，二李，李商隐、李贺也
	李商隐	即《李义山集》，义山、长吉皆学杜，必内行者乃知之。字面太涩晦而难明
	李贺	即《李长吉集》，二李选读可也
	谢灵运	五古好，文选已有
	鲍照	五古好，文选已有
	韩愈	即《韩昌黎集》，七古好
	陈后山	七律好，宋人学唐，最好后山
	黄山谷	可删
	苏东坡	略选少许，太杂而欠修饰，聪明语耳
	陆游	即《剑南集》，全读。宋诗陈后山、陆剑南最好，陆语悲壮而不衰？学唐能变化
	郑所南《井中心史》	非正轨，不必学。可略看一次，多奇语
	邓牧	多奇语，郑、邓皆宋遗老，故奇。未见全集，文集名《伯牙琴》，极好，似《明夷待访录》
	屈大均	屈、陈、梁有岭南三大家诗，广东屈最好，邝次之，陈又次之，梁不如也，皆明遗老，故奇语，多哀感深也
	陈恭尹	
	梁佩兰	
	《岭南诗存》	商务，何翙高师选《广东古今人诗》
	邝湛若	诗名《峤雅》
	赵秋晓	即《覆瓿集》。岭南十三家之一，《宋遗民东莞诗》只赵最好而已，然不及屈、邝
	《张文烈公遗诗》	明末起义兵战死者。诗有聪明语，学力不深，不耐久味，赵、张皆东莞人，不可不略看一次

类别	内容	邓尔雅标注
	王渔洋	声调最好，清初王渔洋、吴梅村最好，不必学，选读可也
	吴梅村	不必学，选读而已
	《全唐诗》	随意选读
	《香屑集》	集句诗甚多，此为最通行。不必做集句，略看一次足矣。宋、李、龚有《剪绡集》，乃集唐之最早者汲古阁《诗词杂俎》中有此书，未见单行本，此外近代尚有《饾饤集》等
	龚定庵	略看，不可学，非正轨也。又不可不一见，太杂。聪明语颇多，闻人心思，但学龚者多半学虎不成反类狗，不如不学
	题画诗	清湘八大恽南田、郑板桥、金冬心、华新罗皆可，清湘南田更好。题画另外一种体裁，非内行不可乱题，此所以必看画家之题画诗也。画跋亦不可不看
	梁鼎芬	学宋颇有味，不必学，略看一次《梁文忠集》
	康有为	口气大，不免沙石，不必学，略看一次《万木草堂集》
	黄遵宪	颇新而已，不必学，略看一次《人境庐集》。以上三人皆近诗人
	附家学：	
	虚舟公《紫烟楼诗集》、《冷邸小言》	《冷邸小言》乃诗话也，浅而易明
	莲裳公《不易居诗集》、《棣华书屋试帖》	试帖即排律之变体。初学最易明，但不宜做试帖诗，其方法则排律诗相同而已

类别	内容	邓尔雅标注
诗话类（注重内行所以选诗话特多，意在通其理，知其法，否则虽偶有佳句无用也。）	《历代诗话》二十八种续编二十八种、《清诗话》四十二种	医学书局，或其中有王渔洋、沈德潜各书。惟《随园诗话》万不可看
	《学诗法程》	内包括书五种，王祖源编，即《然灯纪闻》《律诗定体》《小石帆亭著录》《声调谱》《谈龙录》，此五种宜细看，亦有单行本
	《说诗晬语》	沈德潜
	渔洋诗词	凡渔洋议论皆好，宜细看
	《瞻岵诗话》	蔡常云著，纪晓岚批，方法清楚，宜细看
	诗律	黄晦闻师范讲义，宜细看
	《乐府解题》	宜看一次，知其规矩
	《学诗初步》	中华书局，浅易明，另有学词初步
	《唐诗研究》《宋诗研究》	大东书局，浅易明
	《金圣叹批才子唐诗》	附论诗尺牍，批好闻人心思，非因学金圣叹也
	《金圣叹批杜诗》	两书宜细看其批，初学亦合，不甚深也。金文学得力于佛书
	《香石诗话》	浅易明，书少容易看完
其他直接、间接有关系之书	《四六丛话》	
	词律	
	词话	忘记书名
	诗品	表面馀诗，暗中具有哲理，甚佳
	《涵芬楼文谈》	文之体裁
	《五经四书》《尔雅》《孝经》	读一次，十三经看此已足
	《史记》《前汉书》《后汉书》《三国志》	选大事、名人列传、儒林、文苑、外夷及奇怪有趣者看之，文则《史记》最好，《廿四史》看此四史已足，因非做专门史学也
	《纲鉴易知录》	略看，大事不必细玩
	《中国历史沿革地图》	

类别	内容	邓尔雅标注
	《老子》《庄子》《列子》《墨子》《孔子家语》《孙子》《管子》《山海经》《荀子》《淮南子》	略看一过，子书如此已足
	《百子金丹》	另有《百子全书》，太多
	《四库全书提要》	
	《书目答问》	张之洞著
	《文心雕龙》《宋元学案》《明儒学案》《汉学师承记》《宋学渊源记》《日知录》《美术丛书》《艺术丛书》《九通序》《艺舟双楫》《广艺舟双楫》《古今伪书考》《历代名人年谱》《千百年眼》《说文提要》《说文解字段注》《文字蒙求》《楹联丛话》《明夷待访录》《伯牙琴》	
	俞长城史论	宜初学
	俞曲园楹联	
	《清朝诗人征略》、又续编	广雅书局版
	《艺谈录》	广雅书局版，清代诗文家琐事
	李氏五种	内有《纪元编》《地理韵编》等
	《广东通志》《广州府志》《东莞县志》《岭南丛述》《诗韵》《字典》《史略》《子史精华》《月令粹编》《词林正韵》《经籍纂诂》《纲鉴类函》《古事比》《事类统编》《壹是纪始》《佩文韵府》《陔馀丛考》《廿四史劄记》《骈字类编》《广群芳谱》《辞源》《格致镜原》《史姓韵编》《艺苑精华》《人名大词典》《唐诗金粉》《文选锦字》《文选集句》《宫闱联名谱》《迭雅》《骈雅》《方言》《通雅》《释名》《急就篇》《小尔疋》《尔疋翼》《画史彙传》《墨林今话》《艺舟双楫》《桐阴论画》《谈艺琐录》《商务新书》《中国文学小史》《图书馆指南》（顾实，医学书局，馀皆商务）、《中国美术》《中国美术小史》《图书馆学》《中国版本学》《中国雕版源流考》《文字学概说》《中国小说研究》《宋人平话四种》、先秦汉魏六朝唐代宋代辽金元明代清代文学、《中国风俗》《目录学》《图书馆学研究法》《中国音韵学概论》《中国古代哲学史》《中国文字之起源及变迁》《中国文字之特长》《中国文字变迁考》《中国文字与书法》《字例略说》《孔子》《扬朱》《墨子十论》《宋学》《儒教与现代思潮》《中国人之宇宙观》《儒道两家关系》《道教概说》《宋儒与佛教》《章句论》《宋词概论》《骈文概论》《古画微》《艺术之本质》《美学浅说》《唐诗概论》《中国诗学通论》《诗经学》，大略次序，择必不可少者列之，除注明全读外，皆选读，其馀可选数种读之	
	白话诗	

类别	内容	邓尔雅标注
	白话文	非诗而与诗有关系者也
	诗式	全读
	六朝文絜	
	金圣叹批唐诗，又杜诗	全读
	《古诗选》	《古诗源》亦可
	《古文辞类纂》	
	文选中之诗	
	文选中之文	
	《诗经》	全读一次，《诗经》略讲四始六义体裁、方法，不必逐字讲，四书五经但求识字，事后不必记得，每日可读千馀、二千字或再多亦可
	四书	全读一次
题画诗	王之涣	全读
	白居易	全读
	陶渊明	全读
	李白	全读
	王维	全读
	陆游	全读
	陈后山	全读
	屈大均	全读
	卪露	全读
	陈恭尹	全读
	杜甫	全读
	以上皆须读，以下则必看之书	
	涵芬楼文诗	
	《金圣叹批唐诗》附录论诗尺牍	

类别	内容	邓尔雅标注
各种诗话（即上文之五圈四圈者也）	《楹联丛话》	
	《词话》	
	《纲鉴易知录》	
	《四六丛话》	
	《沿革地图》	
	《老子》《庄子》《列子》《墨子》	
	四库书目	
	《宋元学案》《明儒学案》	
	《经学师承》《宋学渊源记》	
	《日知录》	
	《千百年眼》	
	《说文提要》	
	《俞曲园楹联》	
	《清朝诗人征略》	
	省志府志县志	
	以上皆必看之书，以下为参考书必备者	
	《诗韵》《字典》《词林正韵》《子史精华》《壹是纪始》《韵府》《广群芳谱》《格致镜原》《人名词典》《唐诗金粉》《骈字类编》 以上必不能再少	

是书上下两册，从诗选类、文选词选类、诗集类、诗话类以及其他直接间接有关系之书等五个方面，罗列了二百多种初学诗者必读和选读之书，要求初学诗得“知其体裁，明其大意，不顾训诂，不问典故，分其章句，味其声调，不理宗旨，不求神韵，学其假借。”

此书是邓尔雅专为初学诗者而撰，旨在指导他们如何选择书籍。邓尔雅很详细地指出哪些书籍要精读，哪些只要涉猎而过。授人以渔，最重要的是教会学生学习方法，邓尔雅此书，即是此的体现。

为了让初学诗者更好地学习，对于每一种书名，邓尔雅皆作批注，或为圈点“红圈为者最为紧要必读之书也”，或为解说，或对此书的评价，或对此书的版本要求等等，又怕读者不清楚自己所列书单，在文中注明，有

些是文，非诗者，但是与诗相离不开关系的书，采取低一格书写，以示区别。

邓尔雅作为文化名家，有着深厚的文化积淀。他在篆刻、书法艺术上成就了传奇的一生。他终生勤奋求艺，并能修己渡人，泽被后世，他的精神与品格，后人当敬仰，永志不忘！

附录一　邓尔雅年表

一八八三年光绪九年（癸未），一岁（以虚岁记）

十二月三十日除夕（1884 年 1 月 27 日）生于北京。出生日为癸未除夕，按旧历，出生便得一岁。取“风兰贺春”句中“贺春”为乳名。

一八八四年光绪十年（甲申），两岁

据母陈太宜人云：贺春在年三十除夕日出世，一天作一岁，今天就是过大年之期，我要进宫朝觐太后（慈禧）。于是抱着他在胸前三拜九叩向太后恭祝懿安。（黄表）

一八八五年光绪十二年（乙酉），三岁

一八八六年光绪十二年（丙戌），四岁

“先君外放江西道”，父亲邓蓉镜授江西督粮道，随父出都门往江西。“予生于北京，四岁出都”（《丁丑秋冬杂诗》）。

一八八七年光绪十三年（丁亥），五岁

约是年，私塾南昌沈幼沂。“南昌沈幼沂，儿时受业师也”（《纪梦》）。

一八八八年光绪十四年（戊子）六岁

“六岁诵无邪”（《己卯端午画钟葵于扇以赐儿辈，三男闰儿时七岁，仿余画之，为讲钟葵本椎字反切》）。

十二月十七日，父亲邓蓉镜代邓尔雅捐银五十四两，户部据直隶赈捐局册报，邓尔雅获准作监生。

一八八九年光绪十五年（己丑），七岁

正月三十日，邓尔雅得国子监监照。

一八九零年光绪十六年（庚寅），八岁

八岁学篆，初识风丁。

一八九一年光绪十七年（辛卯），九岁

作《江西督粮道署书斋儿时读书之所》诗。

一八九二年光绪十八年（壬辰），十岁

二月，黄穆甫刻“莲裳翰墨”印。

一八九三年光绪十九年（癸巳），十一岁

《光绪癸巳恩科江西乡试，先大夫充提调官，值九月初五生朝，尔雅时

方十岁，随兄入贡院祝寿》曰："闱中彩笔例丹青，癸巳恩科我弱龄。今不写花写风树，无心亦会感心灵。"

一八九四年光绪二十年（甲午），十二岁

丁先祖妣何太夫人忧，随父归东莞守制。

一八八五年光绪二十一年（乙未），十三岁

始读陈澧《摹印述》，"十三已窥摹印篇"（《刻印寄许守白陈鲁厂陈微尘》）。

一八九六年光绪二十二年（丙申），十四岁

一八九七年光绪二十三年（丁酉），十五岁

作《大人于东斋落成成绝句卅首命和》："花木栽成饶午阴，个中原可涤尘襟。学人敢作求安想，但愿随时求放心。"

一八九八年光绪二十四年（戊戌），十六岁

刻"风兰贺春"朱文、白文小印各一。

"予时年十五六，正治小学篆刻，师何邹崖，乃陈东塾先生再传，朱九江先生三传弟子，广东顺德人。"

与杜清贻、冯智能①在广州创立启明小学。"赁西横街狮子禅林为启明小学，广州最早之小学也"（《哭杜清贻》）。

一八九九年光绪二十五年（己亥），十七岁

仿黄牧甫刻印"花之君子"，边款曰："花之君子，此己亥始学印时所刻，仿黄牧甫，仅得形似。"

父亲邓蓉镜任广雅书院第四任山长。

问业黄绍昌于广雅书院。"己亥至辛丑，先大夫掌教广雅，陈子之达、黄子冷观与雅同窗"。

八月，父亲邓蓉镜曾三署江西按察，因刻"江西提刑"印。

与海口参将陈昆山之女陈兰征结婚。兰征名灵淑，字窈窕，号元始，自号糠斋。

作《学画口占》诗。

---

① 黄大德《邓尔雅年表》、周成《邓尔雅活动简表》中皆称"冯智慧"，实误。冯智能（1885—1918），字春风，一字次伟，广东番禺人，民国后任广东教育会副主任，并在多个报馆任笔政。

一九〇〇年光绪二十六年（庚子），十八岁

“庚子，先大人命余字宠恩。”

一九〇一年光绪二十七年（辛丑），十九岁

是年父亲邓蓉镜病归东莞故里。

3 月 21 日花朝（阴历二月初二），刻印“邓氏室”“邓陈”“陈兰徵”“嬾兰徵”，边款一曰：“卫夫人署款李卫管夫人有赵管二字印，为内子仿之，溥。”一曰：“室人小名兰徵，为刻此印，辛丑花朝贺春。”

11 月 10 日，长子祖尉生，字鼎臣，号有梅。

刻印“陈”，边款曰：“溥溥作，辛丑十二月。”

一九〇二年光绪二十八年（壬寅），二十岁

1 月 23 日（阴历腊月十四），父蓉镜公病逝。

5 月，邓尔雅刻“溥”“绿绮台”“溥”三印一体，边款一曰：“邓溥橅汉印，壬寅小除夕，缩临绿绮台琴铭，大致不差，邓溥。”边款二曰：“壬寅五月下榻于潘氏缉疋堂为□厂道盟作此，以充文房。”

作《题砚》诗“郎心如墨，妾心如砚，砚坚不可转，墨磨日短，郎心日变”。

一九〇三年光绪二十九年（癸卯），二十一岁

一九〇四年光绪三十年（甲辰），二十二岁

一九〇五年光绪三十一年（乙巳），二十三岁

赴日本，曾学医，因医学名词繁多难记，兴趣不近，遂转攻美术。（黄表）

一九〇六年光绪三十二年（丙午），二十四岁

作《剃发口占》《双琴歌题邝湛若遗象（像）》《春日杂诗》《广州杂诗》等诗。

参加邓实、黄节等所组建的“国学保存会”。

与潘达微、朱锡昌等人创办《赏奇画报》和《滑稽魂》画报。

刻“东至日所出”印。

一九〇七年光绪三十三年（丁未），二十五岁

3 月，在《时事画报》第七期“诗界”发表《寄怀蔡哲夫（北海）》《寄怀陈训生（日本）》《题红杜鹃花图呈黄晦闻（上海）》。

5 月，在《时事画报》第十二期“近事小说”栏发表《精卫冤》《女昙

花》。并发表《新国风》诗十首。在第十三期发表《送春》一首、《题画山水》四首、《古意》一首、《喜马拉雅峰》一首、《太阳》一首、《题画红杜鹃花》二首。高剑父也发表《题画红杜鹃花赠邓溥》“春魂未能消，春恨何时灭。不作杜鹃啼，却带杜鹃血。”

6月，在《时事画报》第十四期期“诗界”发表《越王台》二首、《自题画梅》一首、《女儿嫁国吟》四首、《自君之出矣》二首、《寄附大我日本》《寄怀陈彝仲日本》。第十五期“诗界”发表《室人苏苏嘱仿郑所甫法画兰于聚头扇子并题二十字》《字侠》。第廿三期发表题《张文烈公遗像》诗，配其遗像一张。

11月，在《时事画报》第三十一期“文苑”发表《补贺哲夫倾城伉俪新婚》《补贺鹿笙冠兰伉俪新婚》《游日比谷公园》（日比谷公园，位于日本东京）。

作《摹印》诗：“附庸已蔚为王霸，摹印颛门不止兼。入手瓦当灵可玉，随身篋衍媵之奁。泥封缄扎区区致，金石开诚奕奕钤。读破古文千万卷，昆吾神力自精严。”

年底，携妻及长子祖尉再次东渡日本，在途中作《之倭舟中》诗。

李尹桑为邓尔雅刻“问字楼主”印。

一九〇八年光绪三十四年（戊申），二十六岁

1月8日由清国公使馆介绍，邓尔雅自费就读日本成城中学。

到达日本，适逢大雪，作《倭都雪夜》。后作《自题倭服像》《笈游》（戊申偕内子大儿同游日本赁小楼适面富士山）。

3月，刻“神山游略”印，边款曰：“子晋外生属，戊申三月尔疋刻贻，时同游倭都。”

3月，在《时事画报》第六期“诗界”发表《寄内》《又叠前韵》《寄内》《答陈大我》。第七期“诗界”中发表《中秋舟中见月》《寄还鹿笙（广州）》。

4月，在《时事画报》第八期上发表《春暮寄家》，《下雪》。在《时事画报》第九期“诗界”发表《寄怀同学诸友》二首、《寄怀马氏兄弟广州》《寄怀蔡哲夫香港》，在第九期发表《论争政权》《政论》文。

5月，在《时事画报》第十三期“诗界”发表《校舍病中作》《黄昏》《弔陈诗颂》《天运》《寄杜清彝广州》《送钱树芬之美利坚》《暑疋》《春感》。

8 月，在《时事画报》第二十期“文苑”发表《新桥汽车中口占》《残春（调“寄长相思”、又调“寄丑女儿令”)》。第二十一期“诗界”发表《重阳》《寄陈大我天津》《忆荔》等。

10 月，从日本成城中学退学，回东莞奔母丧。

11 月，在《时事画报》第二十七期“诗界”发表《倭都杂诗》《家书》。

12 月，在《时事画报》第三十期“文苑”发表《寄杨子遂先生广州》诗和《扬州十日记拾遗》，先生跋云：“溥溥见亲友家所藏扬州十日记，篇末皆至警惕焉耳句为止。后四行皆空白。前数年在广州市上，购得一册，则空白四行之后，尚有两页，其文如上所录，惜空白中字，不可得耳。溥记。”

《国学保存会报告第二十五号》“特别捐书题名”载：“邓溥溥先生捐《桑梓识佚》一册，寄存《二十七松堂集》，八册。”

游日本，作《委奴竹枝词》百馀首。

12 月 2 日，溥仪登基，邓尔雅改名万岁。自刻名印，边款曰：“邓万岁，《急就篇》语也。尔雅取以为名，刻此记之。”

一九〇九年宣统元年（己酉），二十七岁

约于是年，甥容庚、容肇新、容肇祖来学。（黄表）

3 月，《时事画报》第五期“诗林”，登邓尔雅《倭都竹枝词》《扶桑草木咏》。第七期“文苑”登其《春暮寄家》《下雪》《再渡佛桑别兄姊外甥》《题成城画石》。

5 月，《时事画报》第八期，“诗界”发表《随外子之倭记别》《闻大我将如日耳曼寄以造象》《沉思》《不忍池》《九日》《目白驿瞻眺》《赠君豪》《小时》《舟望》《寄成城子沪上》《答志城次其迁居韵》。以“邓陈”署名发表《寄苏氏表妹》。

柳亚子作《答邓尔雅，借哲夫韵》：“闻道羊城客，神山暂卜庐。贻诗迟报李，问字阻停车。风雨怀奇士，琼瑰宝异书。吟盟珍重订，此意问何如?”

《南社丛刻》第一集刊蔡守作《答邓尔雅日本》。

一九一〇年宣统二年（庚戌），二十八岁

3月，太虚大师应李根源之邀到广州，邓尔雅参与接待，与太虚游。太虚作《答邓尔雅》“日月抛人急，风云入世深。江河空浩渺，山岳自崎嵚。佛性不生灭，英雄几古今！为怜天亦考，应有杞忧心。”

柳亚子作《酬尔雅即次其韵》“独漉翁山后，艰难到此时。海邦多俊杰，云树寄相思。龙尾清流传，虬髯绝世姿。粤王台畔客，何事苦吟诗？”

《南社丛刻》第三集刊邓尔雅《项羽》《怀柳亚子》等诗。

8月，邓尔雅以“山鬼”一名在《时事画报》发表《哀马》诗。自刻“山鬼”名印，边款曰：“屈子《九歌》有山鬼一篇，乃自喻也。辛亥八月。”

一九一一年宣统三年（辛亥），二十九岁

2月，《南社丛刻》第四集刊邓尔雅《旅倭杂诗之一》《寄柳亚子》等诗。

4月，李尹桑为邓尔雅刻“尔疋”名印，边款曰：“尔雅酷爱秦鉢，谓如美人，百看不厌，刻此赠之，辛亥四月壶父记。”又刻“问字廔”。

徐新周为邓尔雅刻“水周堂”，边款曰：“尒疋先生将筑堂珠江之湄榜曰水周，取屈灵均九歌‘水周兮堂下’句，意寓书沪渎委制斯印，辛亥八月吴中徐星舟记。”

6月，徐新周为邓尔雅刻“曾归尔雅”，边款曰：“闻尒疋得新安汪讱庵印谱甚富，因刻此印，辛亥孟秋，星州。壬寅六月退广作。”

8月25日，邓尔雅归东莞，蔡守作《辛亥八月二十五日送尔雅归东莞》：“满地江湖归是计，祖樽拼却一经程。秋旗挂眼因风起，寒角销魂挟雨声。吾党已孤君更去，尔乡非远路难行。重阳珠海还无恙，索共黄花载酒迎。”

8月，徐新周刻“山鬼”，边款曰：“屈子九歌山鬼一篇，乃自喻也，辛亥八月，尒疋印盟属，星州。”

秋，徐新周为邓尔雅印盟刻“水周堂”，边款曰：“尒疋印盟正篆，辛亥秋，徐新周。”又刻“书画唱随”，边款曰：“辛亥孟秋吴门徐星州镌似，尔疋窈窕伉俪。”

10月，徐新周为邓尔雅刻“尒疋廎”，边款曰：“尒疋廎主人印可，辛亥十月，星舟。”

又刻“绿绮台客”，边款曰：“唐绿绮台琴为明邝湛若先生抱之以殉节者，今归尒疋，因制斯，似之。辛亥十月，古吴星州。”

冬，徐新周为邓尔雅刻“尔雅眼福”，边款曰：“尔雅精赏鉴富收藏，因治是印赠之，辛亥冬，星州。”

又刻“东莞邓尒疋审定”，边款曰：“建安砚室主人属作，时辛丑退广记，辛亥冬星州改刻。”

徐新星为邓尔雅夫人刻“邓陈灵淑”“窈窕”名印，边款：“窈窕大家正篆，辛亥冬日星州。”

11 月，徐新周刻“花之隐逸”，边款曰：“尔雅爱菊属治是印，辛亥十一月，星州。”

一九一二年（壬子），三十岁

4 月 20 日，在上海《太平洋报》发表《寄海上曼殊》。

5 月 14 日，贞社在广州设立分社，由蔡守、邓尔雅等主持工作。分设通讯处为广州小南门外定安里五十四号寒琼水榭（蔡守寓所）。

与蔡守编《贞社同人印课》，黄宾虹为之序，刊于《时事画报》。

6 月，《南社丛刻》第五集刊邓尔雅作《送陈訒生再之东鳀》等诗。

6 月，二女妱殇。

6 月，徐新周为邓尔雅刻“疋沉”，边款曰：“壬子夏六月，尒疋先生属刻是印，星州记。”

“尒疋近状”，边款曰：“壬子六月星州作。”

又刻“邓尒疋读碑记”，边款曰：“尒疋先生读碑记，壬子六月，星州。”

徐新星又为邓尔雅刻“水周堂”，边款曰：“壬子休日，星州仿秦人小印为尒疋先生正之。”

夏，徐新周为邓尔雅刻“完白家法”，边款曰：“尒疋先生与完白山人邓顽伯同姓，篆学、印学皆喜仿之，壬子夏徐星州并记。”

参与组织南社粤支部，与宁调元、蔡守、黄节、谢英伯等饮酒赋诗，遍游广州附近石门、昌华、白云诸山。

9 月 9 日，邓尔雅与宁调元、蔡守介绍同盟会广东支部长谢英伯参加南社。

11 月，在《时事画报》第七期和第九期分别刊登其润例“邓尔雅摹印

约”。

一九一三年（癸丑），三十一岁

次儿祖永生，字主臣，又名邓橘，号有林。

春暮，徐新周刻“齐宝带桥”，边款曰：“尒疋先生得齐相宝带，因以名桥，星州治印，时癸丑春暮也。”

7月，李尹桑为邓尔雅刻“无极万岁”，边款曰：“古封泥中有此印，为尔疋社兄仿刻，癸丑七月，壶父。”

9月，以金文题冯师韩藏《张迁碑》：“此册比之曲阜颜氏本更完好，碑阴古光黝然，信为明拓。师韩有墨缘哉。癸丑九月尔雅观并记。”

“民国癸丑同寓吾家，舅氏治小学，攻篆刻，余兄弟从之。”（容庚《绿绮园诗集》序）

为甥容庚刻“有饭蔬衣练，穷遐方域，尽天下古文奇字之志”印，以励容氏研究古文字之志。

邓尔雅妻三十岁生日，作《画梅》诗以贺。

又作《陈东塾先生自制二琴皆有铭购得其一》《癸丑三月三日》《癸丑七夕》《重至广雅书院》等。

为次女刻“邓飞之印”姓名章，边款曰：“尔疋为次女飞飞刻，癸丑。”

为高旭刻“江南老剑朱记”印。

一九一四年（甲寅），三十二岁

甥容肇祖从邓尔雅习篆刻。（黄表）

2月，黄节南归，访邓尔雅水周堂，为邓氏题《水周堂图》。（《甲寅二月南归过邓尔雅城北寓斋为题水周堂图》“欲舣扁舟藏壑去，却从沧海见尘飞。盈盈一水经秋别，落落斯堂与世违。天壤此身难共托，江湖他日竟安归。买山吾已输君早，何独伤心柳十围。”）

3月，《南社丛刻》第八集刊邓尔雅《砚论》诗。

5月2日佛生日，刻“稣曼那盦”“西霞道人”，边款曰：“梵文苏曼那此译称，意季状如工菭藩，尔疋以名其广冒曼省，甲寅佛生日，尔疋记。”

7月，《南社丛刻》第十集刊邓尔雅撰《题范性宜向园遗诗》等诗四首。

邓尔雅作《治印偶成》。

补填南社入社书，介绍人为蔡守。

8 月，在东莞张敬修后人处购得“大唐武德二年制”绿绮台琴。摹“绿绮台”三字入印，并刻印“十四年八月得邝湛若藏唐绿绮台”和“绿绮台琴成一千三百年”（边款曰：“甲寅八月得邝湛若藏绿绮台琴戊午二月拓赠知交，琴以唐武德二年制成，至今一千三百年刻此用钤原本，尒疋记。”）。作《纪得绿绮台琴》诗并附《绿绮台记》。

8 月，《南社丛刻》第十一集刊登马骏声《酬尔雅用见赠原韵》“邓子示情愫，鲰生百尔思。遐想迟嘉音，梦寐时见之。弱植慕雅操，名言兹在兹。朝搴阰木兰，菲菲芳袭衣。屏居怀耿介，踬困尚何为。泌水洋洋乎，可以乐我饥。”

9 月养疴乡居，作《甲寅九月养疴乡居，夜梦陈大微尘自柏林绕道故里，且云小住三日，将之天津省亲。晨起力疾出省垣则微尘果于昨夕先过寓庐留函于几驰往逆旅访之所言并符三日又言别》诗。

10 月，《南社丛刻》第十二集刊登邓尔雅撰《寄哲夫・倾城》等诗五首。

《国学丛选》第五集刊登邓尔雅撰《赤柱山下值墨斋与一修须客偕行，归语哲夫，知即余所访觅不遇之曼殊上人也，补赠以诗》等三首。

在《南武学报》发表《某君画谱序》《小学教科书私议》《学生文字之游戏》《婚姻怨》文及诗词十八首。

姜敬庐作《丹枫图》，柳亚子、黄宾虹、蔡守等赋诗，邓尔雅刻“千古伤心陆放翁”碧玉小章以赠。（1938 年 9 月 16 日《锡报》）

一九一五年（乙卯），三十三岁

在桂林任中学教员。

7 月，徐新周为邓尔雅刻“风鬟问字楼”，边款曰：“风鬟问字楼主人属刻，乙卯七月星州。”

“乙卯至丁巳间，往返漓江四次”，诗作颇丰，如《水月洞》《叠彩山北牖洞》《辰山上岩》《辰山中岩》《乙卯九日与杜鹿笙伦竹骞伉俪登独秀峰绝顶》《重游中岩》《辰山下岩》《仙人房》《邓岩》《冥想洞》《王城故宫遗址》等。

10 月 20 日，游桂林，发现一无名岩，环境幽静，自题曰“邓岩”。

吕平之出先祖吕宫遗像嘱题，邓尔雅作《吕殿撰遗象（像）》诗

为高天梅刻“江南老剑朱记”印。

11月9日（十月初三），甥容肇新因瘵疾病故，29日邓尔雅作《哭容千秋外甥》诗以哭之。

11月（阴历十月），游招隐山穴洞。

又梦陈微尘，作《夜梦微尘晓起书至》诗以纪。

11月28日，与杜苹同游邓岩。

“乙卯十二月，重游招隐山穴洞。”

一九一六年（丙辰），三十四岁

丙辰春，在桂林，而家人避乱于香港赤柱山。

2月19日（正月十二日），重游邓岩，作《重游邓嵒》（丙辰正月十二日）。3月5日三游邓岩，作《邓嵒三游》（二月二日）。

2月，游桂林，梦与内子同游栖霞洞。与寄寓香港的妻子同夕同梦游栖霞洞仙人房。因以“同梦栖”颜其室。

刻“相思柴客”印，边款曰：“仆以海雪之身世客云羇之故，虚虽事往入殊而同流如接戏制此印以纪浪旃，弟七十七丙辰二月，尒疋。”

取《峤雅》《赤雅》书名自题斋额“二雅堂”，以其为海雪旧游地也。

与杜苹、伦鸾伉俪游桂林，登独秀峰绝顶，作《乙卯九日与杜鹿笙伦竹骞伉俪登独秀峰绝顶》。

4月，《南社丛刻》第十六集刊邓尔雅《苍梧》《鸳鸯江》等诗五首。

5月，《南社》第十七集刊邓尔雅《重游仙人寝室》。

8月，移家至桂林，赁楼杉湖，并偕妻子和大儿长女三女同游桂林，作《移家桂林赁楼榭湖》诗（丙辰八月偕内子大儿长女三女同游）。

10月，在《国学丛选》第八集发表《慰高子吹万哭儿诗》。

11月，《南社丛刻》十九集刊邓尔雅《四游栖霞》等诗。

作《记梦》《桂林杂诗》《漓江杂诗》《何邹崖师为朱九江先生请祀乡贤募金置祭田赡遗裔为长句记其事见示命同作》

一九一七年（丁巳），三十五岁

正月二十日，南社在广州设广东分社，并在广州六榕寺举行第一次雅集。

9月，绘制同梦栖瓷枕以纪与妻子同夕同梦游栖霞洞，铭曰：“兴寝有节，寤寐含喜。承闲媚性，永御君子。集张华箴、卞敬宗、殷道阳赞张望铭语。第七十七己未九月。尔雅。”

游桂林数载，得桂林山水写生画册数十页，装裱成册，由陈去病题签，后归高君介（高吹万子，南社社友）。

9 月 18 日，《中华新报》发表《南社临时通讯处紧急通告》，公推高吹万为文主任，兼揽社务，邓尔雅为诗主任，傅钝根为词主任。

潘达微主编《天荒》画报，刊邓尔雅所刻印章，“菩萨病”（边款曰：“不可思议经曰众生病即菩萨病”）；“离骚”；“穷活计”（边款曰：“宋周晋仙文璞题姜石帚，新成草堂诗犹有住山穷活计。东莞邓尔雅赠”）；“水窗孤响”；“处乱世，思君子”。

蔡守作《过无病泉寄尔雅》诗题注：“尔雅号病夫。”

刘三诗（寒琼赠予六石匋壶父，尔雅分刻之，具有古玺印遗意，赋此志谢并李、邓二公）。（《天荒》）

秋，高吹万乡间别墅闲闲山莊落成，邓尔雅刻印致贺，高吹万报之以诗。

10 月，在《国学丛选》第九集发表《吹万社长闲闲山莊落成诗以祝之》《王城吊故宫遗址》等诗六首，并《张倾城绘设色菊花一帧贺闲闲山莊落成，附题一绝》。

刻“招魂”印，边款一面为佛像，一面为文字，曰：“丁巳十日邓尔疋为亡女娟。”

12 月 16 日（十一月初三），南社广东分社举行第五次雅集，适值顾横波生辰，先生家藏顾横波像，即以赋诗《顾横波画兰卷》。

一九一八年（戊午），三十六岁

元宵节，刻“邓尔雅印”，边款曰：“戊午元宵，尒疋治印。”

元月，徐新周刻“㛄姚”，边款曰：“子成仿丁龙泓，戊午元月星州改作。”

2 月（正月）徐新周为邓尔雅夫妇刻“邓万岁”“陈元始”，边款曰：“尔疋窈窕伉俪名印，戊午正月，星州。”

春正月，徐新周为邓尔雅刻“邓嵒”，边款曰：“尔疋于灵川落笔山访得一嵒，深可十里，嵒无名，县志亦不载，因以邓嵒名之，戊午春正月徐心周记。”

邓尔雅刻“绿绮台”印，旁铭：“戊午春尔雅缩临绿绮台唐琴铭。”

亲钤《邓斋印雅》两册，题：“四园图室收藏，戊午二月，尔雅署。”

刻“绿绮台琴成一千三百年”印，边款曰：“甲寅八月得邝湛若藏绿绮台琴，戊午二月拓赠知交。琴以唐武德二年制成，至今一千三百年，刻此用钤拓本。”

4月（戊午三月），作《绿绮台琴记》。刻“三十五举室”。旁铭：“吾衍子著三十五举，桂未谷著续三十五举，治印家奉为规矩。因以三十五举名其室。戊午三月，尔雅刻印并记。”

因妻水土不服，合家归故里。

4月29日，《天声日报》刊邓尔雅《南方有荔枝》诗。

5月2日，苏曼殊卒于上海，为悼亡友，颜其斋为“苏曼那庵”。

5月，《天声报》创刊，邓尔雅任图画员，发表图画、篆刻作品多件。

6月，《天声报》刊《代理邓尔雅篆刻》润例。

与李尹桑、易大厂、潘龢、蔡守、李研山等十馀人于广州清水濠盛家组濠上印学社。

11月拓绿绮琴多本，分赠章太炎、西神词丈、高旭等人。“邝湛若藏唐琴墨脱。西神词丈有毋绮台传奇之作，尔雅适得此琴。戊午十月拓此寄以。”

高旭《邓尔雅以唐琴绿绮台拓本见贻，附诗索和》（1918年）

刻“远离颠倒梦想”印。

游厦门。在《天声日报》发表《厦门吊郑成功》一词。

著《记先大夫遗事》《答友问〈石头记〉》《聊斋书》《题石头记》《题聊斋志异》《祭容千秋外甥文》等，稿现存北京图书馆。

作“奇觚”印，边款曰：“奇觚出急就章，急就奇觚与柧异，叚觚为柧，曰觚本柧，玉刚卯金石焉佳大好，戊午尔疋。”

陈之达《题绿绮如琴诗序》云，“总角识君记广雅，类前斗句惊才狂。湖船荷花丽且艳，桂影遥曳清佳堂”。

蔡守作《游东莞资福寺寄尔雅》“犯雨冲泥礼塔来（镇象塔），碑魂（苏轼《罗汉阁记》残石）幢魄（南汉邵廷涓《经幢》）重低徊。剩愁海雪依云彲（时尔雅客桂林），未得摩挲绿绮台（邝露之绿绮台唐琴也，今归水周堂）。”

一九一九年（己未），三十七岁

亲钤《邓斋印雅》两册赠容庚。

为妻预作悼亡诗，《己酉内子窈窕一病经岁，属豫作悼亡诗，病愈而诗弗成，忽忽又十年，今年已未又久病，勉强补成四首》。

3月，刻“邓尔疋”印，边款曰：“尔尒侬紫芝泥，徆侬青田石。相期坚牢身，季季好颜色。妾眉出郎，郎名刻妾心。但愿心长印，宁论眉浅深。尒疋自治名印，并题绝句二首，己未二月。”

4月，刻“寒梅著花”印，边款曰：“少某（梅）画某（梅）属刻此印，己未三月，尔疋。”

4月3日上巳（阴历三月初三），刻“尔疋”“私玺”连珠章，边款曰：“尔疋自刻，己未上巳日。”

4月，《南社丛刻》刊其撰《换巢鸾凤》等诗五首，及《从军》诗五首。

游韶关，李根源将军邀其为记室。

六七月之交，陪太虚、李根源、蔡守、潘龢仲、李怀霜诸子暑曹溪南华寺。

《国学丛选》第十二集刊邓尔雅作《卢子匏斋（铸）用东坡故事属刻桄榔印》。

6月13日，作《亡女妱忌日》（己未六月十三日韶州军中忽忆亡女妱忌辰）。

与李根源合撰《曹溪南华寺史略》。

与潘至中同游曹溪南华寺。在南华寺书篆碑三方，现仍存。宿苏程庵中，发现北宋庆历木刻罗汉造像，作诗记之。（《戊午己未间尝与潘至中先生游曹溪南华寺谒六祖信宿苏程庵中……》）

在《博济月报》发表《自题小像》《病中》《石龙道中》等诗。

为甥容庚书《治印偶成》诗册。

原济所画山水，邓尔雅作《题清湘山水》。

7月，作《与潘和致中韶州火车中写生》（自注：致中属刻岳武穆词待从头收拾旧山河句为印，又郑所南诗青山绿水垂笑于无穷印）、《曹溪道中口占》。

在《东莞留省学会杂志》发表《记绿绮台》文及《东莞竹枝词》十三首。

与蔡守、高燮、赵剑川等人拓广州城砖。（1919年傅熊湘《红薇感旧记

题咏集》中有《蔡寒琼、邓尔雅同拓广州城砖，赵剑川识为汉晋间物，应蔡子索题》诗。）

高旭作《次韵，酬邓尔雅》“经秋落叶自潇潇，骚雅相携赴此霄。清响撼楼连夜雨，古愁浇酒大江潮。要除鳌足挥长剑，肯殉蛾眉谥洞潇。朔雪炎风忙底事？且教哀怨醉时消。”（1919 年 12 月《南社》第二十一集）

作《韶州杂诗》。

作《韶州微雪》。

一九二〇年（庚申），三十八岁

3 月，游海南琼州，作《琼州杂诗》《琼州寄内》等诗。

清明，容庚购得《东莞袁道登印存》一书，邓尔雅为此书题跋曰：“袁道登，字道生，东莞人。能诗，尤工篆刻。画初学王叔明，晚法米颠，自出己意，不落恒溪。希白外甥得此册，宜珍藏之。”

5 月，“兰衿一丸凉月队（坠），杲花四壁梦魂瀞（清）”，“孔嘉大家属篆，庚申五月东官邓尔疋书于珠崖”。

6 月 16 日，在《上海先施日报》发表诗四首。

作《题范性宜问圆遗诗》《幽愁》《戏赠天胜娘》《樱花》。

与李研山、卢乃潼、潘龢等在广州正南路组三馀印学社。

广州寓所遭兵燹，书画付一炬。

刻“捷妤妾赵”玉印，并序及《婕妤妾赵玉印》诗。

作《庚申除夕》。

张敬尧祸湘，傅熊湘集社会众力声讨，是年张氏被逐出湖南。邓尔雅作《醴陵兵燹图》诗。

一九二一年（辛酉），三十九岁

元旦，刻“邓”印。

孟春，刻“惜取自由身”，边款一曰：“惜取自由身，宋朱熹句，尒疋刻。”边款二曰：“自由二字，唐宋诗娄见之，今文自由本拉丁语而倭奴从不烈颠佛郎西文重译者，侯官严又陵改为自繇与古文意义广狭不同，或取庄子在宥一语，谓即自由音转泰西列邦有自由神像盖玉立亭一女郎其因师其意为中国自由神造像一区所愿魔妄悉摧蚤见大同之奁众生平等，咸登在宥之天，甲子纪元弟七十七辛酉孟春朱明洞天遗萌（民），邓尔疋。有自由之神像一幅。”

任教东莞中学。

参加广东省第一次美术展览。

为甥容庚、容肇祖所编《东莞印人传》题签。

清明前二日（寒食）刻“五羊少年”印，边款曰：“‘五羊少年金错刀’，南海邝湛若赠吾邑印人黄仲亨句，辛酉寒食，尔疋。”

4 月 1 日上巳（阴历三月初三），费龙丁为邓尔雅刻“邓万岁”，边款曰：“辛酉上巳龙丁制。”

4 月 10 日上巳（阴历三月初三），为容庚题所藏《居廉草花册》：“此册与吾家所藏数册，并中年吾邑张氏时极精之品。后十年重来检视，辄自叹不可复，有射虎没石之感。今粤中画家，多出其门，时人称之曰居派云。希白外甥属题。辛酉上巳舅邓尔雅。”

黄节书赠先生一联：“会心古今远；放眼天地宽。”

作《辛酉秋杂诗》（时久病初愈卅首）。

一九二二年（壬戌），四十岁

定居香港。住锦田村。

正月，自撰《邓斋篆刻约》（收件处：香港海傍东赤雅。）

4 月，刻“百砚室”印，边款曰：“明□嗜研某砚至富并□□歙县之精英，因以古印名其室，属刻此印，壬戌三月，尔疋。”

4 月，刻“嫰姚”连珠章，边款曰：“窈窕，古文从女，壬戌三月刻为嫰姚内子，尔疋。”

刻“与女儿香同邑”，边款曰：“壬戌九日，尒疋。”

5 月 31 日端午，刻“太史公牛马走”方印，边款：“壬戌耑午，尒疋制。”

作《香港杂诗》《壬戌月当头夕寄微尘》。

邓尔雅作《折扇诗》两首，潘龢见此诗，仿黎牡丹（明黎遂球）之例戏称邓尔雅为“邓折扇”。

甥容庚昆仲北上求学，邓尔雅修函罗振玉，介绍容氏昆仲谒见。

一九二三年（癸亥），四十一岁

作《癸亥元旦》诗。

4 月 5 日，清明日，为张云飞题所绘《东坡遗事分绘图》口占绝句二首。

6月，《广州民国日报》创刊。孙璞（仲英）任社长，邓尔雅任撰稿。

6月，邓尔雅参加黄宾虹等在上海所组建的国学研究会。

癸亥合作社在广州成立，邓尔雅刻“癸亥合作画社”印，并赋诗二首以贺。

8月7日，《广州民国日报》刊登黄元蔚《答邓公子尔雅》。

8月11日，在《广州民国日报》发表《两头纤纤》诗四首。

9月，“倚云仁兄属篆集苏、杜句成联‘多情明月邀君共，送客逢君可自由’”。

9月3日，在《广州民国日报》发表《癸亥七夕》。

9月4日，《广州民国日报》发表赵藩《和尔雅七夕》诗。

9月10日，《广州民国日报》发表汪精卫《过邓尔雅题水周堂图》。

9月27日，在《广州民国日报》发表《寄黄君豪蓟门》。

10月3日，《广州民国日报》发表黄元蔚《谢邓公子治印寄赠》。

容庚、容肇祖肄业于北大，校中征集各省童谣，写信至邓尔雅索其旧稿，邓尔雅旧稿已失，仅追记广州、东莞、广西、南昌之歌谣数十首以寄，并作序。

完白山人邓石如生于乾隆癸亥，邓尔雅生于光绪癸未，相距一百四十年，因刻“生后完白山人一百四十年”印一方。

12月，《南社丛选》出版，发表其《哭千秋容氏甥》《记得邝湛若先生所遗唐绿绮台琴》《自题废雅》《题亚子分湖旧隐图》等十七首，《意难忘》词两首。

王蕴章致容庚函，略谓：“尔雅社长篆书刻石，久已拜倒，兹寄上墨银四元，敢求于冷摊代觅石章，请尔公为刻‘农家者流’‘莼农珍赏’两方。”

香港文学研究社聘请邓尔雅及高吹万、蔡哲夫、高天梅、潘兰史等为修改学课员艺者。（香港：《文学研究社刊》第六号）

刻“九龙山房”，边款曰：“癸亥辟乱九龙山，取苗文九龙山房四字入印，尒疋。”

一九二四年（甲子），四十二岁

元旦，作《甲子元旦》，并刻印“大吉”，边款曰：“仿殷卜文字大吉合文，甲子元旦，尔疋。”

2月11日人日（农历正月初七），刻“弓隆”印，边款曰：“甲子之神名弓隆，七十八甲子人日尔疋刻。”

3月16日，“定立一兄疋属成联‘钟鼎文字古所重，金石刻画臣能为’，甲子花朝邓尔雅”。

3月，重订《邓尔雅润约》（甲子三月重订）。

莫鹤鸣在香港利园山上北山堂组建诗社，名北山堂诗社，又名曰北山堂、愚公簃，为词坛俦侣雅集之所。始于民十三甲子六七月间，至民十乙丑夏，港地大罢工，因之歇。每周末必有雅集。社友数十人，邓尔雅为其一，亦常参与雅集。邓尔雅作《明月逐人来甲子中秋香港北山堂玩月》《霜花腴甲子十月香港北山堂赏菊二首四声并依梦窗》《菩萨蛮甲子冬香港雅集北山堂望雨》。十月赏菊，先生篆书“岁时杂记”助兴等。

6月6日（端午节），为容庚书临器量篆书四屏：“希白外甥自都门寄纸索书，为临器量。甲子端午节尔雅记于赤柱山。”

在《国学丛选》第十五、六集发表《朱耶杂诗八首》《鹊桥·题海盐徐湘君书册》词一首。

七八月间，甥容庚入北大国学门读研究生。暑假回家省亲，邓尔雅鼓励其编成《金文编》。

容庚在北京为邓尔雅选购甲骨五十六片。

作《题罗瘿公遗嘱后》（名惇曧，字掞东，先大夫掌教广雅书院时门下士）。

画盟番禺王竹虚卒，作《哭王竹虚》（名根，番禺人，画精仿古，摹诸家咸毕肖入神品）。

朱介如得陈澧《拟月中人望地球歌》诗卷，邓尔雅篆署卷首，并题诗。

题潘七至中藏《恽南田神品册页》。

作《广州杂诗》（甲子）。

一九二五年（乙丑），四十三岁

黄祝蕖作《寄邓尔雅》。

2月，为马宾甫书联“活泼泼地，如印印泥。”“濒父三兄弟正篆，乙丑中春弟尔疋”。

4月7日，寿石工刻“太史公牛马走”，边款曰：“尔疋先生为莲裳太史季子，属刻司马迁语，乙丑三月望日□北都。”

承嗣母明镜公李氏太夫人卒，年八十二岁。

5月，邓尔雅致甥容庚函云，因经济拮据，担任广东报馆文字。

10月，刻“尔窗”二字阴阳连珠章，边款曰：“爻，古尔字，窗，连也。乙丑十月，尔疋。”

容庚《金文编》稿成，邓尔雅为其写序。

《南社湘集》第二期发表其《绿绮台记》《撮录扬州十日记》《录唐送丧乐谱》《印隽跋》文五篇；《南社重九雅集长沙和屯艮得月字》等诗十七首；《甲子中秋月夜香港雅集北山亭》《明月逐人来》《甲子十月香港雅集北山堂赏菊》《霜花腴》词七首。

12月，邓尔雅参加在上海由王季欢主持的巽社。该社宗旨是“究讨金石书画诸学术”，社员有寿石工、林白水、狄平子、康有为、顾燮光、姚茫父、齐白石、剑剑华、吴昌硕、郑午昌等。

一九二六年（丙寅），四十四岁

2月13日，为黄冷观创办的香港《大光报》春节号题字，“东风妍好。集山谷字，尔雅。”

5月，黄宾虹等组建“艺观学会”，会址设上海神州国光社内。自二月二十日至四月共出版四期《艺观画刊》，会员有邓尔雅、蔡哲夫、谈月色等。(《黄宾虹年谱》)

6月，黄宾虹主编《艺观画刊》杂志，邓尔雅为该刊物封面题签，并在该刊发表《读艺观书后》诗。

上海《艺观画刊》第四期刊《邓尔雅润约》。

在香港与潘达微、黄般若组国画研究会香港分会，并任该会会刊《国画特刊》撰述员。

在《国画特刊》发表《画苑零拾》《菊石图》。

黄冷观在香港创办中华中学，邓尔雅任教员。

女婿黄般若为邓尔雅绘《栖霞同梦图》。

容庚北上求学，顺道上海，邓尔雅修函黄宾虹，推荐容庚，以期得其指导。

书“燕子来时春社，梨花落后清明”联赠曹允源。

题黄般若《罗汉把如意图》。

蔡守以鱼脑冻石印材请邓尔雅刻“长年”印章，以贺张素五十寿辰。张素作《五十初度寒琼以属同社尔雅镌长年字印为寿赋此谢之》。

12月，邓尔雅集清朝刘嗣绾、斌良两人诗成篆书联“秘书旧说镏（刘）中垒，经学今推郑小同”以赠伯鲁。（“伯鲁道兄正，篆集刘嗣德斌良，弟七十八丙寅腊月邓尔疋。”）

腊月二十九（1927年2月1日），邓尔雅集宋苏轼、唐施肩吾诗篆书成联“朱明洞里得灵草，餐霞阁上最宜春”，“丙寅小除夕祯符属篆为梓舒先生清翫。”

一九二七年（丁卯），四十五岁

2月，题居廉《杂画》册：“居廉喜对物写生，此作生气虎虎，想下笔时必有秋虫酣斗，供壁上观也。丁卯正月，尔雅。”

4月4日上巳，为黄冷观篆联：“昆山片玉，孟仑二童。”题：“丁卯上巳，集晋书柳宗元诗，自注，孟仑镏梦得家子弟也。冷观社长清娱。邓尔雅。”又篆：“柳子厚文章多八法，米南宫书画为一家”联，题：“冷观我兄属篆。弟邓尔雅。”

6月2日（阴历五月初三）王国维自沉于北京昆明湖。邓尔雅作《挽王国维》诗。（1927年6月25日香港《华星三日刊》）

10月，刻“砚山”，边款曰：“丁卯十月，尔疋。”

刻“小人有母”，边款曰：“弟七十八丁卯，尒疋。”

一九二八年（戊辰），四十六岁

元旦（1927年腊月初九），作《戊辰元旦》，又为女婿黄般若刻“晓初”“平夫”“黄家富贵”，边款曰：“宋郭忠恕论画引谚黄家富贵，黄，黄筌。此刻赠般若。尔疋，戊辰元旦。”

1月29日，刻“戊辰”印，边款曰：“检殷龟甲文字，戊辰人日，尔疋。”

4月，黄节应广东省政府主席李济深之聘回粤，任广东教育厅长兼广东通志馆馆长，十日抵港，邓尔雅与潘达微、陈树人于利园山酒家宴请黄节。

4月30日，利希慎被暗杀，邓尔雅致挽联。（5月19日，《华星三日刊》刊）

5月26日（浴佛节），《非非画报》创刊号出版，邓尔雅在其撰述部任职。邓尔雅在创刊号上发表画作“金人入梦”和《印媵》一文，并配以自篆印二十多枚。

6月26日，在《非非画报》第二期“屈原号”上发表书法作品《橘颂》篆书，发文《屈原与楚辞》,《邓斋印拓》配以自刻印二十四枚。

7 月，广西大学筹备组邀请黄宾虹至广西讲学，黄宾虹等人借到香港转轮至梧州，8 日抵港，得到香港各界招待。“黄君宾虹以南社之关系，与邓君尔雅神交已久，且以桂林为尔雅君旧游之地，欲一访邓君，询桂林之佳胜处，俾知游览之程序。十号与黄君国芳黄君般若同访邓君。是日二君相见甚欢，畅论金石书画之学，逾三小时，后由黄君国芳导游太平山巅，登山时黄宾虹观港后诸岛，即索铅笔写数幅，至七时下山，尔雅君宴之于南园。”（橄榄：《广西大学筹备员过港记》，香港《华星三日刊》，1928 年 7 月 21 日）

邓尔雅画松以赠黄宾虹。邓尔雅自题：“用王九山人写梅法画松，寄似濒虹社长，以为何如?”（刊上海《艺观》第三期）

李印泉重印苏曼殊上人遗画，嘱邓尔雅题签，并赋《题苏曼殊画》诗。

8 月 21 日，第三期“游泳号”，潘达微在该期上发表人体艺术摄影作品多幅，每幅均有邓尔雅集前人诗句成联。（集唐贯休韩屋司图空李九龄成《月下》;（集唐韩屋陆希声李群玉张籍）成《入浴》;（集唐薛能高蟾杜甫花蕊夫人冷朝阳孟浩然韩屋罗虬）成《出浴》; 集唐崔涯韩屋李涉李商隐）“一朵能行白牡丹，雪肌仍是玉琅玕，相逢不用相回避，不敢公然仔细看。”

8 月 24 日（七月初十)，妻陈氏仙逝，遗嘱曰：断弦不续非爱琴。先生作悼亡妻联，并撰《先室陈孺人事略》悼念亡妻。友得讣告，纷纷撰挽联悼之，邓尔雅集友好所撰挽联挽诗印行，遍赠知交。其中有陈恭受、何藻翔、黄节、容肇祖、黄冷观、黄宾虹、高燮等人挽联。

邓尔雅为《人体美》艺术摄影题诗。李崧在《非非画报》第四期发表艺术摄影作品《浴馀》，先生题集韩屋白居易司空图李甫成诗。

10 月 10 日，《非非画报》第四期“孔子号”（又名圣诞号、孔圣号），邓尔雅发表了书法作品“大学之道”和篆书“天何言哉，四时行焉，百物生焉，天何言哉”。并在此期发表题桂林山水诗十多首。李崧在《非非画报》第四期发表艺术摄影作品《浴馀》，邓尔雅集句题诗。

10 月 21 日（九月初九重阳)，邓尔雅与黎工佽、黄般若，携摄影器游大埔桃源洞。尔雅作《记桃源洞》，于 11 月 21 日发表在《非非画报》第五期。

11 月，潘达微在《非非画报》第五期（渊明号）发表《人澹如菊》，由邓尔雅题字。邓尔雅在《非非画报》第五期（渊明号）发表对联“未卜柴桑旧宅，将为松菊主人”，题“戏集苏东坡六言唐书韦表微传，戊辰九月尔雅”。发表画作《小松针》，题“童年在江西见如图菊，名字小松针者如此，尔疋”。又作《须摩那华》，题“梵语须摩那华，言为称意花，状如菊，尔疋写之以意”。同期发表《说陶》《集陶俪句》。

邓尔雅在《非非画报》第六期发表《题画梅花》（集古人咏梅句）四首，《梅花集联》，共44联；《记会同之游》一文。

邓尔雅在《非非画报》第七期发表书法双勾好大王碑“民国丰登”“四海永乐”。

11月21日《非非画报》“渊明号”（又名“菊花号”）出版，主要刊登以菊花为题作品达百馀幅，此期邓尔雅发表多篇书法作品，如篆书“人澹如菊”，对联“未卜柴桑旧宅，将为松菊主人”，国画《小松针》和《须摩那花》，发表《说陶》一文，此文下分“陶之人品”“陶之学问”陶之著作”“馀谈”四部分，并择陶渊明诗中四言、五言、六言、八言、十言成《集陶俪句》。

“戊辰岁暮，潘七至中于广州市上得见此卷（今释《绿绮台琴诗卷》，以琴藏敝斋，先为代购。”

一九二九年（己巳），四十七岁

1月，在《非非画报》发表《梅花与人》（署名八表）、《梅花集联》《记会同之游》。

1月12日，邓尔雅、区大原、黄般若应莫鹤鸣邀游澳门会同，并撰《记会同之游》。

“戊辰岁暮，潘七至中于广州市上得见此卷（今释《绿绮台琴诗卷》），以琴藏敝斋，先为代购。己巳人日之广州奉访，始相与展玩。”

邓尔雅作《山水寄呈潘七》。

作《己巳二月梦得诗二句醒足成之》。

2月2日，《非非画报》第六期“新年号”（又名“梅花号”）出版，主要刊登以梅花及新年为题的古今作品。邓尔雅发表《题画梅花》（集古人咏梅句）诗四首。并署“八表”，发表《梅花与人》一文。发表《梅花集联》88首和文章《记会同之游》。

3月5日（正月二十四），潘龢病逝。

3月，刻印“曼姓”，边款曰：“邓曼姓，国邓，曼作监曼尊壶曼从女作旻，齐砖姓从人作住，己巳二月，尔疋。”

4月，《非非画报》第七期，邓尔雅发表以双勾摹《好大王碑》中的“民国丰登”“四海永乐”。

4月5日，邓尔雅刻“潘郎”名印，边款曰：“至中七兄属尔疋，印成而至中归道山矣。己巳正月廿六日也，尔疋哭。”并在《广州国民新闻》发表悼潘致中诗。

“至中有嘱刻东坡词中的‘清润潘郎’‘如此江山’等印，未成而君逝，为补刻之。”

在香港新界大埔购地筑“绿绮园”，贮藏绿绮台琴，以表敬慕邝湛若之高风亮节。八月绿绮园落成。崔师贯来访，作《寻邓尔雅新居，观邝海雪旧藏绿绮台琴，为赋此解，依梅溪元儿体》。

4月10日上午10点，由国民教育部主办的第一次全国美术展览会在上海揭幕，邓尔雅作《独秀峰》和《栖霞洞》参展。

甥容庚是年36岁，邓尔雅集孙元晏、梁佩兰句书“喜字漫书三十六，容斋之集一尺馀”联寄燕京大学赠容氏。

邓尔雅在《国立中山大学民俗周刊》第41至45期发表《伏波庙非必祀马援说》《敕封土地祠》《石敢当》《幛》等文。

挚友潘达微逝，致挽联。

题黄般若榆社同人画卷（自题画山水旧作，万千嘱录，尔雅）。

再题：“庐岳重游意已闲，南归亦喜故乡山。岂从真面生分别，胸有长江万绿鬟。披图仿佛旧游踪，端杜金焦两点峰。如此山灵足惊讶，何须半幅剪吴淞。万千嘱，尔雅题。”

8月17日，何藻翔卒，卒前将诗稿交由邓尔雅整理。邓尔雅致挽联。

11月，国画研究会出版《画风》，刊邓尔雅之《画人印賸》。

将黄般若所绘之《芭蕉罗汉图》转赠容庚，题：“希白外生南归过我山居，见般若比帧而爱之，即以移赠并记。尔雅。”

作《自题润格》《治印》《题邓梦湘书》（铁香丈第三女归任氏）、《题梁节庵尺牍后》《画梅》诗。

获观陈独漉所刻“安乐窠”“怀古田舍”双面印（边款作草书，文曰癸卯上巳独漉尹为叔夏刻。），并撰《陈独漉先生刻印》（刊于香港《华星报》)。(评曰:“刀法直入汉人之室,无文三桥何雪渔习气。”)

刻印赠黄宾虹“众庐藏黄宾翁用印”,边款曰:“己巳四月刻寄宾虹印盟海上,尔疋。”

一九三〇年(庚午),四十八岁

《题伯矩如是观图》(《华星报》1930年1月1日)

2月,刻“黄山”,边款曰:“仿黄山瓦当刻赠般若,用充文房,庚午正月,尔疋。”

邓尔雅在《华星报》发表《十欢词》。

4月26日:《华星报》四百期庆,先生赋诗祝之,并书“新闻集天下,文章蔚国光”联贺之。题“集李阳如素为华星三日刊寿。庚午三月邓尔雅。”

6月25日,录《渔童樵青册》,序:“每写楹帖,辄自集句,择录少许,备行匧用,随身侍侧,如小比肩。戏取张志和渔童樵青之名。时庚午长至后三日。尔雅记。”

黄咏雩访先生,并作《过大埔绿绮园题赠邓尔雅》。

为容庚书《山海经图赞》篆书四屏:“希白外甥南归,见访山居索篆,录郭璞山海经图赞。庚午上巳前一日。尔雅记于九龙山阴绿绮园。”

为关寸草题《南越木刻斋图册页》题字。题:“南越木刻斋图,寸草印盟得南越黄杨木刻,名斋绘图属篆。尔雅。”

七夕节,作《庚午七夕》。

秋,为次女复儿刻蝙蝠肖形章,边款曰:“子尊有象形蝠字,蝠福谐声,借作吉语印,赐予复儿,庚午秋尔疋刻记。”

10月5日,比利时独立百年纪念,举办国际博览会,由叶恭绰征集国内名家绘画一百八十馀幅,随工商、教育、农业出品一百八十馀箱,年初由褚民谊带往比利时,六月十六日开幕,囿于会场面积不足陈列绘画,乃于十月五日假座比利时黎业斯美术会举办中国美术展览会,邓尔雅作品《独秀峰》获金牌奖。(《中华民国参加比利时国际博览会特刊》)

12月,黄宾虹为邓尔雅作《绿绮园图》。自题:“庚午腊月,尔疋先生社长属写绿绮园图,即博笑正。黄山黄宾虹。”

女婿黄般若在上海购得殷墟骨甲一批赠邓尔雅,邓尔雅作《般若得殷墟骨甲见贻》诗以记。

写《治印示儿辈》组诗，以诗论治印之道。

12月，邓尔雅为黄宾虹刻“宾虹”“宾公”二印。边款：“仿殷骨甲文寄滨虹印盟教正。庚午十二月尔雅。”

刻“名山大川”，边款曰：“庚午十三月①，万山游江浙山水，刻此贻之，尔疋。”

获黄宾虹所赠《簠斋手拓古印集》，神州国光社影印本，封面有邓尔雅亲笔题书名“陈簠斋手拓古印集”，扉页有黄宾虹手书“尔疋先生惠存，宾虹”并钤印。

一九三一年（辛未），四十九岁

元旦，作《辛未元旦》诗，并刻“羊”肖形章，实为“祥”字，边款曰：“辛未元旦刻羊字玺羊即古祥字，未属羊，尔疋。”

2月，刻“岁在鹑火”，边款曰：“岁在鹑火见《国语》，星次值未年也，辛未正月，尔疋。”

2月4日，香港《华字日报》刊邓尔雅之《记马砖》。

8月，刻“叶”章，边款曰：“仿六朝花押，辛未七月，尔疋刻与叶姬。”

刻“叶芈”章，边款曰：“叶芈姓，尔疋仿齐美宋子例，刻与叶氏侍儿，辛未七月。”

刻“芈姓”，边款曰：“叶楚邑芈姓，古姓字，不从女，尔疋刻为叶氏侍儿，辛未七月。”

“小芈”印，边款曰：“叶为楚同姓，刻小芈二字印赐与叶氏侍姬，辛未墨翁尔疋。”

“砚右”印边款曰：“侍儿叶氏字以砚右，仿屈翁山妾香东墨西例也，尒疋，辛未七月。另一“砚右”章边款曰：“侍儿叶龙端字之曰砚右，尒疋。”

潘至中卒后三年（1929年正月十二四日卒），邓尔雅刻“清润潘郎”，边款曰：“至中画盟属治此印，清润潘郎，东坡词句，尒疋以砖文刻之，至中逝世三年矣，又记。”

① 十三月历法，是由国际联盟会所提倡，1927年发表《国联改历报告书》，约定每年十三月，每月二十八日，第十三月名为sol，插在六七月之间，高梦旦撰：《十三月新历法》，上海商务印书馆，1931年，第85—86页。

题张穆自书诗册："同里吾思张铁桥，罗浮幸草不全焦。残山剩水都非昔，村老犹能说胜朝。同邑后学邓尔雅。"

8 月 18 日，题居廉《鸦石斗方》："此居古泉临八大天人本，颇得其意。旧藏圯邑张氏可园，今归屺望大侄，属为题记，时辛未双星渡河前二日也。风丁老人尔雅。"

《刻印寄许守白、陈鲁厂、陈微尘》（守白乃先生孙婿，为许其光之孙；鲁厂乃先生之孙；微尘乃先生曾孙；叔子指三兄叔雨）

秋，续娶叶氏，赐以歙龙尾石端玫瑰紫砚各一，即借梁药亭女之名，名之曰"龙端"，而字之曰"研右"，仿屈翁山香东墨西例也。刻"侍儿小名，刻之瑶璃，叶姬来归，为刻姓名字印十一钮与之系之以名。

作《寄般若沪上》。

获黄宾虹赠作《绿绮园图》。自题"庚午腊月，尔匹先生社长属写绿绮园图，即博笑正。黄山黄宾虹。"

《题扬州十日记后》（旧藏明季稗史，此卷较他家所藏多数十行："后人杀人法，例突过前人。一劫刹那，己及万由旬。稗史一篇耳，十日何足呻。试搜禁书目岂但金石贫。风倒梧桐树，何地无青磷。"）

《亡友潘至中临清湘黄山图》。

《潘五为海山仙馆主人犹子，偶述家风，辄生感喟，口占二绝贻之》。

题罗两峰《鬼趣图》："情状憧憧断不讹，畸人天眼并包罗。楚骚剪纸招魂苦，地狱为图变相多。如此幽灵开派别，定知寄托在山河。青林黑塞非姑妄，道尺寻常丈魔。"

书题容氏外甥藏《铁桥山人百骏图卷》。《题张穆之画马容氏甥藏，绫本立轴，上款贻其宗人，某子挖补一字，当是文烈公玄子，故讳之也》："铁桥善画马，而我独云非。杀贼作露布，从来知者希。罗浮攀绝顶，九秩步如飞。竟入画微录，空山老布衣。"

在《岭南学报》第二卷第二期发表《地古文作亾说》。

广东东莞博物图书馆成立，邓尔雅以邓诵芬堂名义向该馆共捐赠图书 1532 册，碑帖 27 纸，对联 5 联，拓本 16 纸，永历官历 1 纸，紫微正照 1 幅，催生符 1 幅，地图 3 幅。另银 440 元。捐赠数排行第三名。

东莞博物图书馆重印明清《史窃》《鳌洲诗草》等书数十种，皆由先生题签。

9月，刻“贞卜斋”，边款曰：“辛未九月得殷墟贞卜骨甲，因以贞卜名斋，尒疋。”

10月，刻“十甲盦”，边款曰：“井中《心史》以十甲纪年以此名盦，尒疋记，辛未十月。”

作《辛未岁除立春》（1932年2月5日腊月廿九立春）、《杂诗》（辛未壬申）

一九三二年（壬申），五十岁

作《壬申元旦》《春日杂诗》（壬申）。

4月8日上巳（三月初三），邓尔雅集韩驹、朱子句写示叶姬成联“坐令先生春睡美，大好人家快活年”。

所藏之六百馀册陈澧东塾遗稿抄本，“移而为岭南大学之公物”。该稿史部由邓尔雅校理。

黄荫普请邓芬绘《秋灯课子图》，图成，遍请题诗。先生题曰：“秋从何处来，灯味书声际。壮岁梦儿时，梦好原难继。小时受亲恩，童子何知者。除却画秋灯，此外更难写。”

6月8日端午节，写《荔枝图》题：“幸容土著荔枝天，突过东坡香火缘。长驻朱颜原有术，神交况值海山仙。壬申端午，戏作并口占廿八字题之。”

7月，崔鹤鸣六秩初度，写《云鹤图》为贺，并题诗（壬申八月，鹤鸣六兄六弟初度写此为寿。邓万岁尔雅。（《集雅斋：广东名家书画集》）

7月，作《李桂墀先生遗稿题词》。（1932年7月17日《华星报》）

7月，邓尔雅篆书对联“行气如虹真力弥满，反虚入浑箸手成春。”（姓流孋（古同姻）兄疋鉴，集司空袁圣诗品。壬申阳生七月，邓士偁赠，属邓尔雅篆之。钤印：寿如金石，尔疋。）

中秋，为女婿黄般若书“江夏无双小道士，五羊少年金错力”联。

9月，外甥容希白请邓尔雅篆联，邓氏集王十朋、李商隐诗句成“山水有灵人不识，金石刻画臣能为”。

10月20日在《华星三日刊》上发文为潘氏避谣。《潘兰史返沪后》：“前本港华字日报记者潘兰史先生，于沪战时有失踪消息，经载本星，后亦闻先生实非失踪，且见之华字等报矣，盖沪祸之前，匆匆贱乱，未及通知亲友，事后久久，又多未知其住址，因有失踪之讹传耳。月前先生曾来港，今已返沪，仍写字卖文谋生活，近日在粤有某君，乞先生书便面，顷已寄回，此先生之近状，凡与先生有旧者，可以慰矣。”（署名八表）（1932 年 10 月 20 日《华星三日刊》）

11 月 26 日，刻“人以甲申”印，边款曰：“汉书人以甲申，仲琴先生属尔疋壬申十月廿九为先生生朝属刻此，永留纪念。尔疋又记。”

作《自题诗稿》《五十自寿》《题外甥容庚兄弟同辑东莞印人传》。

11 月，题旧拓武梁祠石刻画像：“急报恩仇计已疏，史家记实画家虚。汉人刻划神高古，埃及虽先总不如。仲琴先生属题武梁祠石刻荆轲像，口占一首呈政　壬申十月邓尔雅。”

作《壬申除夕》。

一九三三年（癸酉），五十一岁

作《癸酉元旦》。

2 月，书联赠汪孝博。“惜华意欲春常住；学道鸟容气不平。孝博世兄属集宋人句。癸酉孟春，邓尔雅。”闰端午，又书另一联为：“风光正及二三月；云极（笈）书成数万言。孝博先生属篆，集刘因镏、（刘）祖谦句。癸酉闰端午，邓尔雅。”钤印“匹（金术）”“太史公牛马走”“无极万岁”。（《东官三家书画》，何曼庵丛书，1987 年）

刻“寿星”，边款曰：“龙集癸酉岁在寿星元旦，尔疋。”

3 月，“君毅同学宗弟属篆《心经》，邓尔雅于赤柱山中之九龙山房篆录”，钤印“尔疋五十后作”“寿如金”等。

4 月 15 日中國美術展覽會在柏林举行，先生有作品参展。（《柏林中国美术展览会筹备经过》，11 月 6 日《申报》）

4 月 16 日上巳，作《癸酉上巳许眉臧约声党画盟修禊北郊，尔疋以事未与，赋此寄之》。诗中提到“昨见陈曼生《桑连理馆图》长卷，当时名士曾至此者一一写入”。（陈鸿寿喜作紫砂壶，人称“曼生壶”。陈氏曾与钱叔美、江小过合作过《桑连理馆主客图》一幅。）

5 月 2 日，刻“南阳乡印”，边款曰：“癸酉四月八日尔疋敬刻佛像一区，汉封泥有南阳乡印，摹与叶姬仿之，尔疋又记。”

5 月 8 日（昌蒲生日），集黄庭坚、陆游篆奉仲嘉印盟正之，“不问主人来看竹，何可一日无此君”。

5 月 28 日端午节，作《钟魁图》，题：“天下太平，枕几而卧。壶醉日

当，鬼亦不饿。癸酉端午，风丁老人尔雅。”

6月26日（闰五月初四），第三子出生，因是闰月，取名闰儿，大名邓祖润。邓尔雅喜作《癸酉闰五月初四日闰儿降生》诗，并书“大节勿污千载史，男儿须读五车书”、“儒者通六艺，儿曹且一经”二联以赠。

刻“祖闰”，边款曰：“法天象闰盛世文明揆女初度锡女嘉名，癸酉闰五月，三儿降生，命名曰闰，刻印记之，尔疋。尒疋又记，仿县（悬）鍼篆，自以为是。”

刻“润”，边款曰：“永兴三年闰月甲申朔廿日专闰从水反文，尔疋刻与三男，此尒疋得意之作，癸酉十三月。”

刻“闰”，边款曰：“风丁老人，尒疋仿流沙坠简赐三男闰儿。”

8月，刻佛像印章一枚，边款曰：“造佛象一区，尔疋刻记，明知无有执，皆非法喜，慈悲世所希，造象何千刀，放不吾心印可即皈依。尔疋，癸酉七月为亡妻陈亡女妱。”

夏至，韩陶仁五兄属篆，因集句成联“日啖荔支且三千寿，印□人间十万卷书”。

仲秋，为兄子屺望刻“潇湘”，边款曰：“癸酉仲秋，作于花地之药沫亭，□□□人仲名，屺望大侄属尔疋。”

“適窝”，边款曰：“兄子屺望以適窝名其居，尔疋。”

长至节，集徐铉杜甫示叶姬奕叶玩之，“名题小篆矜垂露，书贵瘦硬方通神”。

香港《循环日报》创刊六十周年，先生题词：“手挼六十花甲子；眼高四海空无人。集赵牧、苏轼句。邓尔雅。”

邓尔雅自择句书篆联赠张之英将军。句云：“江月员于好儿女；廔船端合驻英雄。”跋略云：“将军工书嗜画，尤精鉴赏，有儒者风，文字之契，至足纪也。”

书“不问主人来看竹，所可论交唯此君”联赠余仲嘉。

11月，邓尔雅为张大千刻“摩登戒体”朱文印。边款曰：“大千画盟属仿牧甫。癸酉十月。尔雅。”

邓尔雅《赠黄万夫诗》云：“先世通家久，无双江夏黄。蒿庐心印可，广雅梦相羊。小学需吾辈，附庸为霸王。敢云承系统，奇字我能当。”

为妻叶姬书“名题小篆矜垂露，书贵瘦硬方通神”联。

为甥容庚新作《武英殿彝器图录》题签。

参广东第四路集团军司令咨议。

作《题今释绿绮台琴诗卷》，序云："戊辰岁暮，潘七至中于广州市上得见此卷，以琴藏敝斋，先为代购。己巳人日之广州奉访，始相与展玩，小别兼旬，而至中竟归道山，忽忽五年，今始为诗记之。"。

为黄佛颐题诗，作《黄慈博得王勃净慧寺残碑拓本》。

香港《循环日报》创刊六十周年，先生题词："手挼六十华甲子，眼高四海空无人。集赵牧苏轼句，邓尔雅。"

诗人黄咏雩于狱中作癸酉岁暮怀人诗五十首，其中有《怀邓尔雅》。

值生日，画盟诸子作画以贺寿，邓尔雅回赠《癸酉生辰画盟诸子以画祝寿》诗。

金天羽离开香港，邓尔雅于广州酒楼饯别，金天羽赠《天放楼诗集》，邓尔雅作《金天羽之滇修志道出赤柱见访复宴之于广州酒楼别后以天放楼诗寄示赋答》，金松岑（天羽）作《喜晤东莞邓尔雅即赠》《红棉一首呈尔雅、公愚》。

11 月，邓尔雅篆额"唐琴旧家"，"癸酉仲冬之月，邓尔疋篆额。"

12 月，刻"黄少杲"、"寒香"印，边款曰："少某（梅）姻家画盟正之，尔疋仿玺白以为可，癸酉十一月。"

一九三四年（甲戌），五十二岁

元旦，刻"未央"合文印，边款曰："未央二字合文古印，甲戌元旦，尔疋摹命叶姬刻之。"

八月，又刻"初学"，边款曰："殷甲文学字作爻，甲戌八月尔疋篆令叶姬刻之。"

刻"大吉利市"，边款曰："甲戌元旦，尔疋翻刻大吉利市古花押。"

1 月 6 日（1933 年小寒）作"隋斋"印，边款曰："肓见古匋，窸斋以为隋字刻呈，隋斋方家正之，尔疋，癸酉小寒。"

春刻"甲戌"印，边款曰："《十钟山房印举》玉印龙成甲鱼鸟文，尔疋仿之为甲戌字，此尔疋得意之作，识者宝之，甲戌春时年五十二。"

又刻"黄有"章，边款曰："甲戌春日，尔疋仿古玉印鱼鸟文。"

1 月 29 日，先生之长子邓祖尉卒。（补记：《记邓小雅》，香港《华星三日刊》，1934 年 2 月 24 日。）

3月，刻“黄石山房”印，边款曰：“尔疋仿牧甫白以为此印，得之，甲戌二月。”

4月，上海《美术生活》创刊号发表先生之国画《棕榈》。

任广东第二军军长香翰屏之幕及中区绥靖公署委员。

题顾媚画有《横波兰卷钦州冯鱼山旧藏，今归其同邑钟氏》：“昔省春风在图画先大夫假观叶氏横波像，倩人重摹，童年时见之，迷楼仿佛见斐斐。生朝好事犹为寿，十年前与亡友潘至中于十一月三日寿横波生日，和者颇众，题识何年实所希。为底干卿争着录，遥惟之子托幽微。美人香草多关系，愁煞遗民邓孝威。”（邓尔雅寿顾横波生日在1917年。）

黄冷观聘先生及孙璞等任中华中学校董会会董。

是年，黄牧甫之子黄少牧编印其父印谱成《黟山人印存》，请邓尔雅题诗，邓作《读黟山人印存书后》诗。

作《题黄牧甫印谱》《般若将游韶州南华丹霞诸胜》《般若又有大江南北之行》《题余仲嘉印稿》诗。

集何绍基、阮元句书赠章太炎：“肇自籀文迄小篆；独闲空齐画大圜。”

女婿黄般若收藏明张穆《八骏图》卷，4月16日，邓尔雅题此图卷曰：“盛名画马盖无伦，谁信初非画马人。每读丹青生异感，罗浮岩穴老遗民。铁桥山人八骏图曾见三帧，一见诸友人家，一在容氏外甥处，此为吾女婿般若画盟所得，较前两帧尤神妙也。欣赏再四，喜为题记，并口占一首，用志眼福。甲戌上巳，同里后学邓尔雅记于赤柱山中。”12月，又在此图卷上补题，“铁桥老笔多生趣。甲戌嘉平月取独漉铁桥山人画马句题此，同里后学邓尔雅。”

5月6日立夏节，邓尔雅为沧浪兄书温飞卿《杨柳八首》（一作《杨柳枝》），“温飞卿杨柳枝八首太平，览杨柳枝曲者，白傅典扬州时所撰，寻进入教坊者也。沧浪仁兄属，甲戌立夏节，邓尔疋写于博雅斋。”

5月16日，马宾甫得黄宾虹《山水花卉册》，请邓尔雅题写引首：“云泉缘，且共云泉结缘境，白乐天句，篆为彬甫三兄清娱，甲戌昌蒲生日，邓尔雅。”

20日浴佛节，又为马宾甫作画一幅，题“彬甫三兄属，甲戌浴佛节，尔疋。”

5月20日浴佛节（阴历四月初八），邓尔雅为黄般若所藏张穆《珍兽花卉图册》题诗：“下马为文上马驰，年年相马画黄骊。铁桥独往雄心在，日事丹青老不知。第七十八甲戌浴佛节，同里后学邓尔雅。”

7 月 19 日，由刘海粟赴欧举办之中国画展移往日内瓦市立历史美术馆开幕，先生有作品参加展出。(9 月 21 日《申报》)

李景康、张谷雏合编《阳羡砂壶考》，邓尔雅有诗三首，《陈用卿砂壶为蔡啸府集句》《寒琼倾城伉俪藏张春水陆璞卿夫妇茗壶》（此壶今归区梦良）、《题潘氏砂壶》（集句）（是书于 1937 年由香港百壶山馆出版，黄宾虹题签）。

9 月（阴历八月），刻“金寿室主”，边款曰：“甲戌八月仲英属尔疋刻。”

10 月，集竹垞翁句，书七言联“开簾最爱亭前瀑，携手同行石上松”，“集竹垞翁句，甲戌十月，邓尔疋。”

10 月，受张祥凝印盟所托，临殷墟贞卜文字一幅（立轴）。落款“祥凝印盟属临殷墟贞卜文字，焉逢阉戊（淹茂）阳月（十月）邓尔疋”。

一九三五年（乙亥），五十三岁

元旦，刻车马肖形章一枚，边款曰：“乙亥元旦摹象形古玺，尔疋。”

又为四男祖风刻“祖风长年”，边款曰：“尔疋赐与四男祖风，乙亥元旦以一分入印。”

刻“利市”，边款曰：“唐六如书画之记以册大书利市二字于耑（端），今仿其意刻印为祝，乙亥元旦，尔疋。”

“利市”，边款曰：“唐六如书画之记于册其耑（端）大书利市二字，今仿其意刻于印，乙亥元旦，尔疋仿汉人白文。”

又刻“未央”肖形章，边款曰：“乙亥元旦，摹古玺甚似，尔疋仿象形文无如黄牧甫丈者，尒疋又记。”

3 月 1 日，《艺风》杂志第三卷第三期刊登邓尔雅篆刻十六方。

4 月 5 日上巳日（阴历三月初三），刻“乙亥”章，边款曰：“乙亥上巳尔疋仿古玉印。”

4 月 8 日，刻“一时佛在如是我闻”佛像章，图文并茂。边款曰：“乙亥四月八日敬为先考先妣及本生先考先嫡妣造佛象一区，尔疋。”另一旁篆佛像一尊。

参与广东第四路集团军司令部张之英幕咨议。

4月，刻“湞水禺山旧事”，边款曰：“古有出宗山水□□□□，乙亥四月尔疋交赠。”

5月（阴历四月），刻佛像印章一枚，边款曰：“乙亥四月尔疋造象一区。亡儿尉早生净土，辛丑十一月十日生，癸酉十二月十五卒。”

6月4日，与马骏声、方声涛、沈钧儒、陈巢南、高天梅等组南社广东分社。

端午节，刻“梦良“印，边款曰：“乙亥耑午节刻为梦良社长以寿，尔疋，仿殷甲骨文颇精工。”

7月，刻“杲在斯”印，边款曰：“近见黄宾虹得新出土李□玉印，精美如缇伃媠印，少某（梅）姻家画盟属刻‘杲在斯’三字，仿此奉诒。乙亥七月，尔疋。”

为《东莞博物图书馆特刊》题签。

9月，又刻“一切众生皆得佛佑”佛像章，图文并茂。边款曰：“乙亥九月生母陈太宜人八秩初度尔疋敬造佛象一区记之。”

9月，刻“邓斋”印，边款曰：“尒疋私淑完白山人，自号邓斋，十六金符斋谱有此印，因翻摹之，乙亥九月。”

刻“小人有母”，边款曰：“黄穆甫丈有此印，乙亥九月尔疋翻摹。”

是年，黄宾虹至香港，访邓尔雅，并与黄居素、黄般若聚晤，由黄般若摄合影。

为黄宾虹刻“宾公”印。边款：“乙亥寄奉宾虹先生。尔雅。”

9月12日，邓尔雅集焦氏易林句，为冯师韩篆七言联“到老安乐日益有息，王孙是富天所祚昌”，为师韩印盟方家寿。“集焦氏易林句，篆为师韩印盟方家寿，乙亥牡丹生日，邓尔疋。”

刻“生后完白山人百卌年”，边款曰：“完白山人生于乾隆癸亥，尔疋生于光绪癸未后百卌年，刻印记之，用志私淑，乙亥仲秋尔疋时年五十三岁。”

刻“尒疋拓吉金贞石”，边款曰：“乙亥中秋，尔疋自刻。”

12月刻“青山白云”，边款曰：“乙亥十二月刻此，似汉白文，尔疋。”

一九三六年（丙子），五十四岁

元旦，刻“乙亥”印一枚，边款“丙子元旦，尔疋”。

1月30日人日（阴历正月初七），刻“沈宛君女同姓梁药亭女同名”，边款曰："丙子人日，尔疋刻与叶姬龙端。"

2月5日，又刻"丙子正月十又三"，边款曰："汪无量句，丙子正月十又三，今年此日立春，尔疋记之。"

2月，钟刚中为邓尔雅刻"庆历堂"，边款曰："尔疋道兄正，桴堂，丙子二月。"

3月，又刻"乇广"，边款曰："乇，草叶也，象形。丙子三月，尒疋刻与叶姬。"

3月25日（阴历三月初三日），刻"木斋藏去"印，边款曰："藏去古作臧去，或作臧弆，丙子上巳，尔疋。"

又3月，刻"默翁"，边款曰："尔疋自号默翁，丙子又三月。"

4月，刻"芈"，边款曰："丙子三月，尔疋仿古玉印。"

又刻"明福内史"印，边款曰："丙子尔疋刻与叶姬。"

6月，刻"罗浮道人"，边款曰："尒疋仿晋人书入印，丙子六月。"

6月，刻"燿真遗萌"，边款曰："朱明燿真弟七洞天民古或叚借萌为之，丙子六月福日，尒疋刻于赤柱。"

6月，邓尔雅为四子祖风楷书《心经》，愿其读书明道学佛知儒。

为黄少强《画冢》题字：立于一画。少强仁兄属录清湘语。

题《朱九江遗墨记帐（账）簿籍》作诗三首。

作《天然禅师墨迹（姓曾，法名函昰，计画建筑海云寺论）》。

《阿字禅师墨迹法名今无》。

《澹归禅师祭解虎禅师文稿（澹归名今释，解虎名今锡》（甲寅秋，予得邝湛若藏唐琴绿绮台，戊辰冬又得澹归禅师《绿绮台琴记歌长卷》）。

三子祖润四岁，开始启蒙篆文，邓尔雅刻"邓祖闰""祖闰"姓名章与之，边款曰："闰儿四岁初学识篆文，刻此与之，风丁老人。"

闰月，刻"得天"两面印，边款曰："闰儿生于癸酉闰月，名之曰闰，字得天，为此两面印，得天二字者，一仿金文，一仿甲文，丙子闰月风丁老人尒疋刻于赤柱山。"

又以西夏文刻"得天"二字印。

冬，吴文献以吴道镕所撰《榕石园记》，请邓尔雅重新誊录，并请广州镌雅斋刻版刊行二百本。

长至（此处指夏至），邓尔雅篆甲骨文七言联"五风十雨天时足，二水

三山林谷幽'，"伯任先生属篆，集殷甲文，丙子长至，邓尔疋。"

一九三七年（丁丑），五十五岁

2月，次子邓橘从日本回国，取亡友潘至中女潘兰茵。作《为亡友潘七至中写心经》（亡友潘七至中以己巳正月归道山后八年，丁丑正月令小娘兰因归吾仲子橘儿，为吾子媳，用写《心经》一卷，付橘儿夫妇藏之，永充供养，口占二诗题卷后。）

2月，广东筹备第二次全国美术展览会，广东征集作品并举行预展。先生被聘任为金石部审查委员。2月中旬，由于各部"图书、金石、建筑及模型各部出品极少"，决议"特约各名家出品，不受审查，由会直接送京。书法类特约香翰屏，胡毅生，冯侗若，沈演公四人，金石部特约香翰屏，胡毅生，邓尔雅，谢英伯，罗原觉，陈大年，卓仁机七人。"

谢英伯、胡毅生、陈大年创办《南华》月刊，发表以粤之图录、艺文、乡志为主，旨在保存、弘扬乡邦文化。先生把今释歌卷及绿绮琴拓本投该刊发表。拓本连同赵浩公摹"邝湛若先生像"发表。

《湛若先生旧藏绿绮台琴及今释上人绿绮台琴歌并在敝斋感赋》二首。

2月，为李凤廷之《凤公略画》题写书名。

5月14日，集联"三千馀岁上下古，十二行邁取次存"，"仰勳仁兄属篆，丁丑浴佛节前三日邓尔疋。"

5月10日（三月晦日），沈演公、黄祝渠、黄六闻、伍佩琳、李野屋、陈荆鸿水周堂聚会，风雨大作，陈荆鸿赋诗为记。

游罗浮，入道酥醪，豫泉为师，道号员峤，别字壶系，有"耀真遗萌"印。丙子丁丑两游罗浮，作罗浮杂诗百馀，《罗浮咏物杂诗》（丁丑）、《罗浮杂诗》（丁丑三月）第一次21首，第二次第三次皆20首，又作《罗浮》（丁丑）四首。作《宿黄龙观》（丁丑）、《宿酥醪观》《宿白鹤观》。

5月，刻"黄凤焉印"，边款曰："黄凤谓之焉，语出《禽经》，尔疋以名黄氏外孙父并刻此印与之，丁丑五月。"

又刻"羽嘉"印，边款曰："黄氏外孙女凤焉字羽嘉。《淮南子》曰：羽嘉生飞龙，龙生凤皇生鸾鸟生庶鸟，丁丑五月，风丁老人尔疋。"

同时又刻凤凰肖形章一枚，边款曰："丁丑五月仿古□文书凤，风丁老人尔疋。"

6月6日，刻"砚右"侍妾名印，边款曰："丁丑六六福日，尔疋。"

又刻“多寿”，边款曰：“古尒寿省文似多字，刻与叶姬多福，尔疋。”

刻“妾福”，边款曰：“叶姬属仿古玉印，丁丑六月六日尒疋。”

6月，先生集李白、杜甫句书赠胡适：“灵心员泱三江月；笔陈横扫千人军。”

6月，集李白、杜甫诗句成联“灵心员泱三江月，笔阚黄扫千人军。”李白《酬宇文少府见赠桃竹书简》诗原句是“灵心圆映三江月”，杜甫的《醉歌行》诗原句是“笔阚横扫千人军”。

7月飓风，大埔绿绮园及藏书被毁，作《丁丑七月飓风大步小园藏书被毁感赋》。

7月刻印“万岁”，边款曰：“尒疋翻刻古印自以为可，丁丑七月。”

刻“龙蛇辟兵”，边款曰：“龙蛇辟兵古玉印椭员（圆）改员（圆）印，丁丑七月，尔疋。”

7月，刻“丁丑”印（文殊佛像），边款曰：“丁丑七月，邓尔雅敬造文殊佛象一区，上为国土清宁，兵戍休息，下为人民安洛（乐），年岁丰登，万品众生，一切同庆。”

作《丁丑七夕》《丁丑中秋》《丁丑重阳》《重阳题旧作独秀峰画》《丁丑秋冬杂诗》34首。

浴佛节前三日，“百仞灵岳共几席，一带泥金束远山”，“仰勳仁兄属篆，丁丑浴佛节前三日邓尔疋。”又集篆书七言联“三千馀岁上下古，十二行过取汲存”，“仰勳仁兄属篆，丁丑浴佛节前三日邓尔疋。”

秋，作《从军》（丁丑秋）。

9月26日，许地山在陆羽居宴请邓尔雅、容希白。

日军侵占北京，久无黄宾虹、张大千等人消息，因有“海云梁月疑非梦，欲写相思不自由”之句。

9月，为容庚题居巢《春江上水图》引首，“丁丑九月，希白外甥以居梅生此卷出示属篆。邓尔雅。

10月，书楷书《心经》一篇，题“超人仁兄属写心经一分（份），上为国土清宁，兵戍休息，下为人民安乐，年岁丰登，万品众生，壹切同庆。丁丑十月邓尔疋写于赤柱山中之闇□（今作瓯）。”钤印：佛，尔疋写经，尔雅，不二居士。

《题太平天国文献卷首》。

黄慈博著《名人生日考》，以宋方巨山与先生同为十二月三十日生，邮书寄示先生。

作《题余仲嘉印稿》（仲嘉为亡友余楚帆子，生而声喑，刻竹最精，篆印皆能之）。

为女婿黄般若篆书“澂心不出风骚外，喜气全归教化中”联。

11 月，发表《画人印媵》于国画研究会刊物《画风》。

作《丁丑治印口占》《治印》《自题润格》《题邓梦湘书》等诗。

为赵浩公刻“赵倚楼”印，边款：唐赵嘏以长留一声人倚楼句为杜牧所称，人目为赵倚楼。赵子浩公画盟以此名楼，因刻印奉贻，用充文房。尔雅。

是年，藏书家莫伯骥之子莫培樾到香港，带《邝湛若诗卷草书》一种给邓尔雅过目，邓尔雅因撰《邝湛若诗卷草书二绝》志记是次因缘。

冬，为黄仲琴刻麒麟肖形章一枚，边款曰：“明岁虎儿年，仲琴先生属仿汉象形印，丁丑冬尔疋。”

12 月，仿黄士陵印法为赵浩公刻“浩公摹宋元名迹”印，边款：“浩公属仿牧甫，丁丑十二月，尔疋。”

《丁丑小除夕》《丁丑岁除时孙儿阿历以初二日生将弥月也》。

一九三八年（戊寅），五十六岁

作《梦罗浮》（戊寅春）、《杜鹿笙之女兆林令小娘之蜀结婚》（戊寅二月）。

陆丹林合装黄宾虹张大千为之画《观瀑图》成一卷，请邓尔雅题识。邓尔雅题识并作《陆丹林以黄宾虹双瀑图张大千庐山观瀑图合装一卷属题》诗。（丹林以宾虹大千等写邓瀑图合装一卷，属题，戊寅龙生日罗浮邓尔疋）

5 月 13 日，张大千摆脱日本宪兵监视，由北平赴上海，绕道香港回四川。在香港期间，与黄般若、邓尔雅游。邓尔雅作《张大千将归蜀道出赤柱》诗以赠。

6 月 2 日端午，重绘《钟魁图》，题：“何世人间鬼物多，钟魁饱食醉颜酡。不知天下升平日，谁信先生变是魔。戊寅端午，风丁老人戏作。”

6 月，邓尔雅亲钤《邓斋印可》两册赠张之英，扉页题曰：“戊寅六月钤呈守骏齐正篆。尔雅记时同在赤柱山中。”

张其淦迁居，邓尔雅作《和张邵村太史迁居韵》（戊寅闰七）以贺。

7 月，用高山石为张之英刻闲章，白文“东逾沧海东，射破高丽城”，边款“宋石徂徕句，戊寅七月，尔疋。”

张大千将离开香港，作《张大千将归蜀道出赤柱》（戊寅夏）以送。

作《中秋夜月》（戊寅）。

8 月，黄仲琴与邓尔雅聚晤，黄出示和闇道人诗，请邓尔雅和诗一首，邓尔雅作《仲琴以和闇道人诗见示索和》（戊寅八月）。

9 月，楷书七言联“官辞五斗陶元亮，诗写三生杜牧之”，“仲琴道长属邓铁香书法瘦动通神未易临移，此得形似不，即希教正。戊寅九月，邓尔疋写于红香炉岛上。”

《冼玉清女士藏邝湛若玛瑙道冠，以拓本属题，冠刻明福洞三字篆文》。

9 月，《刻印口占》《戊寅重九》。

9 月，得邓承修宗丈联，梁节庵题签。邓尔雅赋诗为纪，作《得伯讷书联口占》（邓伯纳宗丈与梁节庵世丈皆大夫至交，伯讷此联题签为节庵手笔，尤不易得，外甥容希白自故都购以惠寄，戊寅重九日记。）

广州沦陷，画盟避兵岛上。

刻“不求闻达”印。

为女婿黄般若书“澄心不出风骚外；喜气全归教化中”联。

为谭荣光《方白书范》题词：“同邑谭君作方白字，黑白易位，而形体在《爨宝》《始平》之间，其法盖从双钩、满白得来，是于凤尾诺、五云体、花草书、金错刀外别开生面者也。东官邓尔雅。”（1938 年出版《方白书范》，冯师韩题签撰序，邓尔雅题词。）

邓尔雅与简经纶、冯康侯、陈荆鸿诸友辈合资，于港岛文咸东街赁小楼，颜曰季庐，以为游息之所，解衣挥毫，笑谑无禁常至夜分乃去。

冬十月，集《世说新语》、倪云林诗句篆联赠帅諮初，“当为国家扫天下，闲写巴且人画中”。“谘（当作諮）初仁兄属篆，集《世说新语》、倪云林诗句，龙在戊寅冬十月，邓尔疋写于亦柱山。”钤印“尔疋五十后作”、“尔疋篆籀”。

10 月，赠霍芝庭联：久为家国培元气，从来游子乐盘桓，龙在戊寅孟冬，集丁龙泓句应芝庭先生之属。邓尔雅。

12 月（嘉平月），集杜庠、王维句成“前年足迹半天下，初因避地去

人间”，写于赤柱。

戊寅长至，先生为余仲嘉竹刻扇骨拓本题签“墨君凉友”，内收先生作品三柄。

篆书联：天上明月今古同，山中白云幽且闲。题：篆有左右相同，仄正如一者，集字为楹帖。始自清吴山尊。邓尔雅。

作《戊寅岁莫（暮）梦陈大我》《戊寅杂诗》20首。

一九三九年（己卯），五十七岁

作《己卯元旦》《己卯新春喜晤区梦园并谢惠端砚》。

2月，题邝露楷书诗轴（湛若先生旧藏绿绮琴，及今释上人绿绮台歌，并在敝斋。陆君丹林顷以简君又文所得此帧见示，感赋二首。第七十七己卯春二月，东官邓尔雅）

2月，作“和羹手段”印，边款曰：“李晴江有某（梅）花手段四字印，少某（梅）姻家画盟仿其意属刻和羹手段印，己卯二月尔疋记。南枝似南雪，喜气为喜神，和羹求日事，手段已先春。尔疋口占。”

作《己卯二月初五梦中得三四句醒补成之》。

4月22日（三月初三），刻“闰”，边款曰：“闰儿初识字自似（拟）印式请刻□为此□，己卯上巳，风丁老人尔疋记于赤柱山中。”

为罗瑶书篆体《千字文》《说文部首》各一本。

应香港新界青山寺了如和尚之邀，为该寺书碑文。

6月21日端午节，画钟葵于扇，以赐儿辈。

6月，作“大有”“大有元亨”印，边款曰：“己卯六月，风丁老人尔疋。”

夏，汪憬吾卒于澳门。作《挽汪憬吾》诗。

8月29日中元日（阴历七月十五日），集苏东坡、和凝诗句篆书成联“书生亦自有战嗽，蛮夷无不奉梯杭”以赠德芬。（德芬仁兄属篆，集苏东坡、和凝句。己卯中元，邓尔疋写于赤柱山中）。

作《己卯中秋》。

9月（农历八月），画盟姚礼修（粟若）卒于澳门，邓尔雅作诗以哭之——《哭姚粟若即题其所画后》。

《眉子砚（明叶小鸾眉子砚，今归南海潘氏清秘阁，芝孙九兄姻世讲属为题记口占三首）》（亡友姚叔若之尊公嶰雪先生有诗，亡友王竹虚有图）。

黄般若示黄宾虹所赠《桂林山水图卷》，敬请邓尔雅题写引首。

9 月 27 日中秋节，为黄般若题《桂林山水图卷》引首：“桂林山水甲天下。己卯中秋，邓尔雅篆。”

9 月 27 日中秋节，题明陈献章行书诗卷：“白沙先生遗迹。己卯中秋后学邓尔雅篆。”

作《青灯》。

书联赠罗叔重：“夏后功成　学早，说文字好令名同”。题：“叔重仁兄与汉许慎表字适同，研究金石，辨别古物，设骨董肆名曰禹贡，奇获至富，属写楹帖拟句博哂。龙次商横律中林中钟，东官邓尔雅。”

赋诗赠岑学吕，《寄怀岑伯矩》。

张其淦八十大寿，邓尔雅作《张邵村太史八十寿》以贺。

一九四〇年（庚辰），五十八岁

1 月 6 日，生母陈太宜人在香港逝世，7 日葬于咖啡园。因尔雅出嗣明镜公，遂以三兄长子作承重孙披麻执丧。

1 月 26 日，英国侵占香港九十九周年，作《香港——道光壬寅至今庚辰九十九年》诗。

中国文化协进会在香港冯平山图书馆举办“广东文物展览会”，邓尔雅任展览会筹备执行委员、征集组组长。并以邝露旧藏《绿绮琴》、今释《绿绮台琴歌卷》《邓承修奏稿》等参展。

3 月，刻“鲜民”，边款曰：“尔疋，庚辰三月。”

刻“瞿瞿”，边款曰：“瞿瞿见礼玉藻居丧之容，古文作眀，戴侗合眀瞿界为一字，尔疋丁内艰刻此印。”

著《广东治印家》（存目）。

黄少梅卒。作《挽黄少梅诗》。

为潘龢之子题《南华寺宋罗汉造像题名》作《追忆旧事感赋七律一首》，又作《南华寺罗汉造像木刻拓本》诗。

女婿黄般若得《普荷上人山水画》真迹，邓尔雅为其题记，并口占绝句二首。

《题海幢寺旧藏明遗逸名僧题咏十六罗汉像册》

为香港《觉音》“纪念弘一法师六秩专刊”（第二十、二十一期合刊）题字：“法腊无疆。庚辰腊月篆为弘一上人寿，东官邓尔雅”，并发表“寄

怀太虚上人二首”。(载《觉音》第二十二期，香港，1940)

张善孖卒。邓尔雅作《挽张善孖》诗。

作《题温其球山水册》:“温幼菊仿清湘山水；搜尽奇峰打草稿；驭繁先生得宋纸倩幼鞠画此，并属尔雅记之。”

书联赠陈君葆:“德星周回五百里，图史左右三十年。题：篆文有左右相同，表里如一者。集字为联，斋额则作回文，顺逆可读。本自有清中叶吴山尊。兹仿其例，拟句写奉君葆先生博笑。邓尔雅。”

为赵浩公刻“赵倚楼”印，边款：“唐赵嘏以‘长留一声人倚楼’句为杜牧所称，人目为赵倚楼。赵子浩公画盟以此名楼，因刻印奉贻，用充文房。尔雅。”

浩公画盟以无所容居名其斋，取《文选》同胞之徒“无所容居”语意也，既为治印，又系以诗。

10月，刻“太史公牛马走”圆印，边款曰：“庚辰十月朔东湖先生属□□仿汉。”边款二曰：“太史公牛马走，邓尔疋。”

作《张邵村》(庚辰九日原韵)、《又和张邵村》《和黄慈博》(庚辰九日原韵)、《香港》(庚辰)。

杨千里刻“万岁”，边款曰“尔疋名印，千里”。

张祥凝刻“邓尔疋”“尔疋”“长恩成”印。

一九四一年（辛巳），五十九岁

五儿祖玄生。

5月，中国文化协进会举办《东江兵赈书画展览》，先生捐出书法作品二十四件。

书篆体千字文半部，寄赠黄文宽。并附绝句二首。(1984年由岭南美术出版社出版)

书题李汛萍《阿房宫图》。

上巳日，篆书六言联“柳阴深游鲤乐，花雨微鸣禽飞”，“汛萍先生属篆，辛巳展上巳日，邓尔疋。”

10月，温其球自广州避兵澳门，转从香港，于香港沦陷前二月病逝，邓尔雅作《挽温幼菊》。

8月4日，许地山卒。邓尔雅为其书墓碑。

12月25日，日寇攻陷香港，香港沦陷，邓尔雅匿名隐居。

辛巳闰月，锡豪仁兄属篆集《黄庭经》语成联，“精神还归老复壮，闲暇无事心太平”。并钤印：生后完白山人在百廿年、邓尔雅印、罗浮道人。

刻“大荒”印，边款曰：“辛巳尔疋刻于赤柱山中。”

《和香翰屏将来惠州诗原韵》（辛巳）。

邓尔雅集画作成《桂林山水画册》，是年交与侄子邓祖颉保存，可惜抗日战争中湮没。

一九四二年（壬午），六十岁

一九四三年（癸未），六十一岁

1 月 1 日元旦，刻“日入八千”印，边款曰：“日入八千壶铭，缩临十六分之一，说文书成千八百廿二季元旦，尔疋。”

刻“八千”“癸未”印，边款曰：“癸未元旦立春，尔疋年六十一。”

1 月 30 日，陈君葆日记载：“晚往尔雅处取得章……冯公夏三字刻得甚好。”

春，篆七言联“苗裔白大王泰日，乐学宗炎帝轩黄”，“吴性靖先生治医为仿吴山尊反正篆体拟伦联句奉贻用博一笑，癸未之春，邓尔疋。”

一九四四年（甲申），六十二岁

为广州黄埔纪念孙中山 1922 年 6 月 16 日蒙难脱险而建的《思海亭》题匾。

春，题高奇峰之《双栖图》曰：“奇峰作画兄弟齐名，尤长于翎毛，其工细者，且胜于兄剑父。余识剑父时，在有光绪壬寅、癸卯间，屡观其设色傅粉也。又数年始晤奇峰焉。甲申春邓尔雅。”

据陈君葆日记载，邓尔雅与陈氏多有往还，如 11 月 28 日记：“邓尔雅来访；与畅谈饮酒至午。渠为言日人‘灰壳’一名词之来历甚有趣。”12 月 7 日记：尔雅先生来访并以所刻章两枚见赠。”

一九四五年（乙酉），六十三岁

1 月，重订“邓尔雅润约”（三十四年一月重订）。

抗战胜利。先生刻“幸民”、“历劫不坏”二印。“幸民”边款曰：“黄山谷句，付与叔平佔幸民幸民，四乙酉时。”

8 月 3 日，先生与陈君葆、叶灵凤、戴望舒等“以超越的目光，以阐杨东方文明为目标”，组香港文化联谊会。

9 月（农历八月），重订润约（乙酉年乙酉月后以字行。邓宠恩，时年

六十三。）

10月10日起，香港《春秋报》连载《邓斋印可》，每期一印，并附文字说明。

12月19日，香港文化座谈会举行第二次座谈，先生及卢逊、陈公哲、陈炎琛、叶灵凤、赵世铭等参加。

历劫无恙，以字行，并作《感宠恩》诗及刻“四乙酉”椭圆章，边款曰：“岁月日辰并次乙酉，历劫无恙，用纪时也，幸民。”边款又曰：“四乙酉时乃以字行，字曰宠恩，肇锡嘉名，历劫无恙，喜荷交并，幸民。”

岁暮，为留馀斋主人题钱杜叔美《墨梅图》。《倭寇之役，香港不守，值辛巳岁莫，距道光隶英吉利时恰一百年，迨四乙酉平乱受降而后，留馀斋主人出示叔美写梅真迹属题，梅今人以为国花，感此口占》。

此年为外孙黄大德刻名印一方，并集邵雍诗句成联“立身须作奇男子，善处方为大丈夫”以赠。“黄大德”印，边款曰：“尔疋刻与大德外孙”。

一九四六年（丙戌），六十四岁

春，黄金海得汉代古砖一块，取室名“汉写砖斋“，请邓尔雅篆斋额，并记事实。

六儿祖同出生。

撰《邓斋师友录》。初稿所记只有黄少梅、王竹虚、潘龢、潘南卿、潘六如五人。

常得甥容庚昆仲经济相助。

甥容庚南归，邓尔雅集陆放翁杜牧工部句书“文能换骨无馀法，书贵瘦鞅方通神”联相赠。

10月14日，预立遗嘱。

冬，为黄祖芬刻“祖芬无恙”印，款题：祖芬世大兄于劫后喜晤，为刻此印，用留纪念。丙戌冬尔雅。

为赵浩公刻“浩劫馀生”印。边款曰：“历劫无恙，浩公画盟属刻，尔雅。”

广东文献馆成立。先生特拓绿绮琴赠送该馆，并题：“唐琴绿绮台。有明南海邝海雪先生旧藏拓寄广东文献馆。东莞邓尔雅。”

一九四七年（丁亥），六十五岁

元旦，刻“蝠”图形章，边款曰：“丁亥元旦宠恩。”

作《和寄芳叔台》（丁亥之春）。

1 月 29 日，香港举办“中国古代文物展览会”，先生借出绿绮台琴等藏品参展。

2 月 2 日，邓尔雅、李景康等专家赴中国古代文物展览会作学术演讲书法。

2 月 12 日，陈君葆日记：“邓尔雅为司徒永觉写了一幅篆体，是梁刘峻送橘红。今日带给他消差，更为他译成英文。司徒说，便托人为带给他太太，因略说法的变迁，与他记去，好在英国向人说法。”“鸟歌蝭舞为君寿，明窗净几相依于”，“永琛仁兄以永琛仁兄以蝭梦楼名其居属写楹帖为集朱元晦、张养浩句以应，丁亥花朝，邓尔疋。”钤印：邓、尔。

7 月，莫天一（莫伯骥）七十寿辰。先生为其撰联贺寿：“天一先生七秩荣寿，富有五十馀万卷；寿如四百卅二峰。弟邓尔雅拜祝。”

《1947 年美术年鉴》人物中收录邓尔雅。

《南金》发表邓尔雅之《隋尉富娘墓铭志》、《印学源流与广东印人》。

8 月作《黄牧甫印存续补》。

黄牧甫之子黄少牧编印其父印谱成《黟山人印存》，请邓尔雅题诗，邓作《读黟山人印存书后》七言律诗（署：第七十七丁亥夷则月，后学邓尔雅。）

作《题黄牧甫印谱》一诗。

8 月 2 日，先生与赵浩、李研山等岭南名家联合举行扇面展览。

一九四八年（戊子），六十六岁

4 月 11 日上巳，题《郑邑侯去思诗书画册》（时戊子上巳。邓尔雅。）

6 月（仲夏是农历五月）再题：“郑向，字□之，山西洪洞人，顺治进士，宰吾邑六年，有贤声。戊子仲夏东官邓尔雅。”

5 月 16 日浴佛节，“我是香山老居士，人言此地有神仙”，“昔游杭州假寓姻戚刘问刍西湖水竹居见此楹帖，忽已十年，中经浩劫，得为幸老心目未忘，敝邑香山又名相同也。戊子（1948 年）浴佛节莫鹤鸣记。邓尔疋写。”钤：邓尔疋印。

邓尔雅整理诗作成《邓尔雅诗稿》一册，陈之达为之作序成《邓尔雅诗序》。

邓尔雅为简又文夫人书《徐陵玉台新咏》序。（署：玉仙女士清玩。邓

尔雅。)

8 月，为东莞书《重修鳌峙塘围堤记》。

10 月 9 日回到广州与朋友相聚。(《华侨日报》报道：“邓尔雅近应穗友之邀，于周前赴穗，穗中各界慕其名，踵寓求书者甚众。”)

邓尔雅致甥容庚书。

12 月 10 日，香港园社举办邓尔雅、冯康侯、冯师韩、卢鼎公、林千石岭南五名家篆刻书法展。叶佩瑜作《题冯师韩、邓尔雅、卢鼎公、冯康侯、林千石五人篆刻展览》：汉象秦碑古意醇，金心银手巧翻新。如果举国佉卢化，尚有冰斯一辈人。《华侨日报》刊出先生“书生亦自有战阵，蛮夷无不奉梯杭”联。

一九四九年（己丑），六十七岁

7 月，邓尔雅侄子邓祖颉至港，邓尔雅把所钤印谱五十七交与他保存参阅，可惜皆荡然无存。

夏，赵少昂、杨善深、何漆园等四十三位画家合作成《五色相宣》图一幅，邓尔雅篆引首“五色相宜。星次玄抒，律中罗宾。东官邓尔疋。”

梁洁华从先生习字，告曰：“欲写好字须先学篆刻。”

赠梁洁华联：“黄金白玉堂中满，朱竹墨梅林下风。”署“洁华女士清赏，邓尔雅”。

一九五〇年（庚寅），六十八岁

1 月，亘订润约（三十九年一月邓尔雅订于香港）。

2 月 3 日，陈君葆过邓尔雅处谈了好一会，并借观梁鼎芬手札、笔迹。(《陈君葆日记》)

4 月 5 日清明节，为陈池秀第一次画展题额，并撰写画册序文（君比以近作都若干帧付诸影印，出示索序，尔疋学画未成，窃窥门外，姑妄言之。潦草塞责，强效人作尔馨语，得毋令人轩渠大笑耶。庚寅清明　东官邓尔疋）。

许地山墓重修，再为其书墓碑，感念亡友作诗以纪（庚寅之秋，许地山先生墓重修，令子书来属为与碑。前此初葬，碑亦拙书，忽忽十年，口占一首）。

冬，为邓寄芳篆联：“独立千载谁与友；自成一家始逼真。”

一九五一年（辛卯），六十九岁

2 月 4 日，邓尔雅参加香港东华三院庚寅年总理联寿会，篆书徐积“圣寿宜过一万春”句及“富饶丰术”（总理于 1951 年 1 月 15 日（1950 年十二月初八）就职，故仍称庚寅年总理。时任首总理者李应生、林邦祥，总理者有李润田、顾超文、黄玉怡等 12 人）。

6 月 22 日，高剑父病逝，邓尔雅致挽联：“旧雨思惟，记得少年画公仔；落花时节，不图劫后话桑沧。”

10 月，香港《大公报》创办了子报《新民报》，李侠文担任总负责，李侠文与黄般若交好，因此让黄般若请邓氏为该报题写报头。

养病医院中。从 1951 年至 1954 年，皆养疴医院中。

作《辛卯除夕》。

一九五二年（壬辰），七十岁

养病医院中。

作《壬辰元旦》。

2 月，为刘君量题黄宾虹所作《山水册》：“奇丰出奇云，秀水含秀气。”（李太白《江上望皖公山》诗句。邓尔雅篆。）（署“君量先生属题。壬辰二月，东官邓尔雅。”）

冒鹤亭八十寿辰，粤友陈协之、黄书麟、张纫诗、廖凤书、陈芷町、王商一、徐镜斋、李凤公、沈仲强、张谷雏等以书画相赠，合装一册，由先生题签“鹤寿”。

作《题屺香丈秋琴馆诗集》《题亡儿尉所书瓦当文录》《柬陈荆鸿》等诗。并写有多首回忆儿时生活之诗。

题甘地像。

作《壬辰除夕》。

一九五三年（癸巳），七十一岁

养病于医院。

作《癸巳元旦》《癸巳月当头》。

6 月 15 日端午节，为高峰集赵必象、杨基句“谪仙天人霸梅国，青莲居士识前因”成联以赠。（“高峰同学清翫，集赵必象、杨基句”，“癸巳重五邓尔疋写于香海。”）

7 月，作“崔元举”印，边款：“直夫学长属仿牧甫，尔雅，癸巳七月

□一日佑禄。”

12 月 22 日长至，题《天然和尚遗像》。（署“弟七十八癸巳长至，东官邓尔雅篆于香岛”。现藏香港中文大学文物馆）

一九五四年（甲午），七十二岁

养病医院中。

3 月（暮春），为李少泉书《兰亭序》六种并跋。（署“甲午暮春，少白泉先生方家正之。邓尔雅记于香海。”）

4 月 5 日（阴历三月初三），“神龙本。少泉先生属临。甲午上巳，邓尔雅。”

6 月 5 日端午节，李乔峰示藏李研山《设色山水图》，请邓尔雅题记，邓尔雅有感而题，并口占一首。（署：第七十八甲午端午，邓尔雅。）

6 月 5 日端午节，“唐硬黄本。甲午重五临于香海。邓尔雅。”

10 月 6 日（农历九月初十）邓尔雅卒于香港，享年七十二岁。留下遗嘱要求“火葬后，骨灰不留，扬飞海外。”治丧委员会依之。

11 月 7 日为先生五虞之辰，其戚友知交暨文艺界人士特假香港殡仪馆举行追悼会，用志哀思。

各方致送挽联诗词甚多，凌巨川、崔子范、香翰屏、张之英、朱子范、陈荆鸿、谭荣光、戴健夫、陈少英、莫俭溥、李建丰、冯骏、苏竞、顾淡明、黄宾虹。

其后，邓氏哲嗣先后把其所藏之甲骨赠香港联合书院，《文字源流》手稿及诗词手稿赠香港艺术馆。

附录二　主要参考文献

稿本：（黄大德先生收藏）

邓蓉镜撰：《诵芬堂尝簿》，光绪丁未年撰。

邓蓉镜撰：《诵芬堂读书记》。

邓尔雅撰：《家风述闻》。

邓尔雅撰：《文字源流》。

邓尔雅编撰：《学诗书目》。

邓尔雅撰：《邓斋印可》。

邓尔雅撰：《邓斋印媵》。

古籍：

［汉］史游撰，［唐］颜师古注《急就篇》，清嘉庆十七年（1812）刻本。

［唐］林宝撰：《元和姓纂》，清嘉庆十七年（1812）刻本。

［宋］王应麟撰：《姓氏急就篇》，光绪九年（1883）浙江书局刻玉海本。

［明］汤宾尹撰：《睡庵集》，明刻本。

［清］屈大均撰：《广东新语》，清康熙刻本。

［清］舒懋官编纂：《（嘉庆）新安县志》，清嘉庆二十五年刻本。

廖廷相编撰：《广雅书院同舍录》，光绪刻本。

叶觉迈编纂：《（民国）东莞县志》，民国十年（1921）铅印本。

专著：

东莞市政协、东莞市博物馆编：《心闲神旺·书为心画》，广州：岭南美术出版社，2016 年。

邱涛编：《中国近代思想家文库（宋恕卷）》，北京：中国人民大学出版社，2014 年。

梅光羲撰：《梅光羲著述集》，上海：东方出版社，2014 年。

阳飏撰：《百年巨匠——黄宾虹》，兰州：甘肃人民美术出版社，2013 年。

周成撰：《广东历代书家研究丛书邓尔雅》，广州：岭南美术出版社，

2012 年。

王家葵撰：《近代书林品藻录》，济南：山东画报出版社，2009 年。

东莞市政协、莞城区办事处合编，李炳球编：《颂斋珍丛》，广州：广东人民出版社，2009 年。

陈荆鸿主编：《岭南艺林散叶》，广州：广东人民出版社，2009 年。

《邓尔雅篆书千字文》，合肥：黄山书社，2008 年。

秦燕春：《清末民初的晚明想象》，北京：北京大学出版社，2008 年。

朱荃宜、朱恺元撰：《直臣名师——朱一新传》，杭州：浙江人民出版社，2008 年。

东莞市政协编，邓尔雅撰：《邓尔雅诗稿》，广州：广东人民出版社，2007 年。

东莞市政协编：《邓尔雅书临〈兰亭序〉真迹六种》，广州：广东人民出版社，2007 年。

陈永怡撰：《近代书画市场与风格迁变：以上海为中心（1843—1948）》，北京：光明日报出版社，2007 年。

顾颉刚撰：《顾颉刚日记》，台北：联经出版事业股份有限公司，2007 年。

郑逸梅编纂：《南社丛谈：历史与人物》，北京：中华书局，2006 年。

栾梅健撰：《民间的文人雅集——南社研究》，上海：东方出版中心，2006 年。

程美宝撰：《地域文化与国家认同——晚清以来“广东文化”观的形成》，北京：生活·读书·新知三联书店，2006 年。

李永贤撰：《廖燕研究》，成都：巴蜀书社，2006 年。

韩天衡编：《历代印学论文选》，2 版，杭州：西泠印社出版社，2005 年。

林亚杰、朱万章主编：《岭南书学研究论文集》，广州：广东人民出版社，2004 年。

林雅杰等合编：《南越陶文录》，天津：人民美术出版社，2004 年。

王中秀等编撰：《近现代金石书画家润例》，上海：上海画报出版社，2004 年。

东莞市政协编：《容庚容肇祖学记》，广州：广东人民出版社，2004 年。

东莞市政协文史资料委员会主编，黄大德编纂：《邓尔雅篆刻集》，北京：荣宝斋出版社，2003 年。

管林撰：《岭南晚清文学研究》，广州：广东人民出版社，2003 年。

叶春生撰：《岭南俗文学简史》，广州：广东高等教育出版社，2003 年。

孙克强辑：《蕙风词话广蕙风词话》，郑州：中州古籍出版社，2003 年。

广东书法家协会编：《岭南书论：近五十年广东书法论文集》，黑龙江人民出版社，2003 年。

柳无忌，殷安如编：《南社人物传》，北京：社会科学文献出版社，2002 年。

唐明浩撰：《张之洞》，北京：人民文学出版社，2002 年。

朱万章撰：《岭南金石书法论丛》，北京：文化艺术出版社，2001 年。

柳苏编：《香港的人和事》，沈阳：辽宁教育出版社，2001 年。

李绪柏撰：《清代广东朴学研究》，广州：广东省地图出版社，2001 年。

陈浩星主编：《邓尔雅书画印集》，澳门：澳门艺术博物馆，1999 年。

龚伯鸿撰：《广府文化源流》，广州：广东高等教育出版社，1999 年。

广东省中山市委员会编：《中山文史》，中山：政协广东省中山市委员会编文史委员会，1999 年。

许礼平主编：《邓尔雅法书集》，香港：翰墨轩出版有限公司，1998 年。

孙洵撰：《民国书法史》，南京：江苏教育出版社，1998 年。

黄大德编：《黄般若美术文集》，北京：人民美术出版社，1997 年。

叶恭绰撰：《遐庵小品》，北京：北京出版社，1997 年。

钱穆撰：《中国近三百年学术史》，上海：商务印书馆，1997 年。

杨念群撰：《儒学地域化的近代形态：三大知识群体互动的比较研究》，北京：生活·读书·新知三联书店，1997 年。

《邓尔雅书千字文》，广州：岭南美术出版社，1994 年。

陈永正撰：《岭南书法史》，广州：广东人民出版社，1994 年。

邵迎武撰：《南社人物吟评》，北京：社会科学文献出版社，1994 年。

《南社丛刻第二十三集第二十四集未刊稿》，北京：社会科学文献出版社，1994 年。

曾宪通编选：《容庚选集》，天津：人民出版社，1994 年。

柳无忌撰：《苏曼殊传》，北京：生活·读书·新知三联书店，1992 年。

费行简撰：《近代名人小传》，周骏富辑：《清代传记丛刊附索引》，台北：明文书局，1991 年。

邓尔雅刻：《邓斋印赏》，广州：岭南美术出版社，1988 年。

裘柱常编：《黄宾虹传记年谱合编》，北京：人民美术出版社，1985 年。

《邓尔雅书千字文》，广州：岭南美术出版社，1983 年。

郑逸梅编撰：《文苑花絮》，郑州：中洲古籍出版社，1983 年。

马以君撰：《燕子龛诗笺注》，成都：四川人民出版社，1983 年。

刘斯奋撰：《苏蝮殊诗笺注》，广州：广东人民出版社，1981 年。

郑逸梅编撰：《南社丛谈》，上海：上海人民出版社，1981 年。

刘真主编：《留学教育——中国留学教育史料》，台北：国立编译馆，1980 年。

孙旗编：《黄宾虹的绘画思想》，台北：天华出版事业股份有限公司，1979 年。

马国权撰：《广东印人传》，香港：南通图书公司，1974 年。

张之洞撰：《张文襄公全集》，台北：文海出版社有限公司，1970 年。

李根源撰：《雪生年录》，沈云龙主编《近代中国史料丛刊》，台北：文海出版社有限公司，1966 年。

吴天任编撰：《何翙高先生年谱》，沈云龙主编：《近代中国史料丛刊》，台北：文海出版社有限公司，1966 年。

日本“成城学校八十年”编纂委员会编：《成城学校八十年》，日本昭和四十年（1965）东京成城学校印刷。

《艺林丛录》第二编，香港：商务印书馆香港分馆，1962 年。

容庚编选：《绿绮园诗集》，1960 年铅印本。

中国科学院上海经济研究所、上海社会科学经济研究所编：《南洋兄弟烟草公司史料》，上海：上海人民出版社，1958 年。

《中国近代史资料丛刊》，上海：上海人民出版社，1957 年。

论文：

陈治军、田英：《上追甲金石旁及陶瓦砖——试论邓尔雅的书法篆刻艺术》，《文物鉴定与鉴赏》，2015 年第 1 期。

朱琪辑：《印海拾贝——邓尔雅》，《书法》，2012 年第 6 期。

程中山撰：《开岛百年无此会：二十年代香港北山诗社研究》，香港《中国文化研究所学报》，2011 年第 53 期。

吴海丰撰：《邓尔雅生平七考》，《岭南文史》，2009 年第 4 期。

梁晓庄撰：《黄士陵与岭南篆刻》，《收藏·拍卖》，2007 年第 5 期。

黄大德撰：《“俗伧不识字，捉刀非英雄”》，《收藏·拍卖》，2005 年第 5 期。

黄苗子撰：《记邓尔雅先生》，《中国书法》，2004 年第 9 期。

童涵撰：《清俊遒健蕴醇高古——邓尔雅行楷书扇面赏析》，《书法世界》，2004 年第 10 期。

茅子良撰：《邓尔雅的篆刻》，《书与画》1994 年第 3 期。

戴山青撰：《黟山派巨匠——书法篆刻家邓尔雅》，《艺圃》（吉林艺术学院学报），1985 年第 2 期。

黄小庚撰：《邓尔雅的“几何美学”》，《岭南书艺》1984 年第 3 期。

姚述撰：《邓尔雅的书法和篆刻》，《书谱》1976 年第 13 期。

《联合书院图书馆新获东莞邓氏旧藏甲骨文简介》，《联合书院学报》，1969 年第 7 期。

赵浩公撰：《国画研究会是怎样成长的》，《中山日报》（广州），1947 年 9 月 13 日。

汪宗衍撰：《陈东塾先生著述考略》，《岭南学报》，第 4 卷第 1 期，1935 年。

杨寿昌撰：《陈兰甫先生澧遗稿》，《岭南学报》，第 2 卷第 3 期，1932 年。

邓尔雅撰：《地支与十二禽》，《岭南学报》，第 2 卷第 1 期，1931 年。

硕士论文

陈郦撰：《邓尔雅篆刻风格研究》，中国美术学院 2016。

曲学朋撰：《邓尔雅篆刻艺术的特色》，中国艺术研究院 2013。

后 记

《诗》云："唯桑与梓，必恭敬止"。作为岭南古邑的东莞，历代以来，人文积淀深厚，人才辈出，往世先贤们的道德文章，构筑成乡邦独特之文化与精神。东莞市文联立足于建设文化强省、建设东莞文化名城的桑梓情怀，着眼于乡邦文化的传承与人文精神延续，致力编撰出版《东莞历史名人评传丛书》，功莫大焉！

"万岁流传，人出东官精制印"。作为一名古籍整理工作者，多年前我在整理、出版冼玉清先生的《广东印谱考》时，查阅了马国权先生的《近代印人传》，对邓尔雅先生的印艺成就有所了解，但对其他方面，则知之甚少，尔雅先生在我脑海中还只是个抽象的名字。然而，自从我有幸承担《邓尔雅评传》一书的撰写任务以来，在搜集整理资料和写作过程中，随着对邓尔雅先生的了解越来越多，尔雅先生的形象，已不再是《印人传》上的寥寥数语，而是越来越立体生动起来：他幼年时的天赋与勤勉、青少年时的情怀与求索、中年时的入世与出世、老年时的老骥伏枥与砥砺前行，都栩栩如生，犹在眼前；他卓绝的书法篆刻艺术、精深的文字学研究、独到的诗画风格，都让笔者叹为观止；他情牵亲友、家国情怀、修己渡人的士人品格尤其让人衷心感佩！尔雅先生曾刻有"处乱世思君子"印，我认为此印中的"君子"正是他本人的真实写照！我相信，接近、阅读邓尔雅的道德文章，我们必然能从其中汲取艺术的滋养、感受到品格的力量！

感谢东莞文联的信任，让我有机会走进邓尔雅先生的世界，领略到这位可亲可敬的岭南名家的传奇人生。衷心感谢我的恩师张荣芳先生，他一直支持与鼓励我，让我在繁忙的工作任务和家庭琐事的重负中，勉力前行，最终完成了本书的写作。从提纲的拟定，到具体细节的推敲，再到初稿完成后的修改润色，恩师都给予了极具建设性的意见。可以说，没有他的热情帮助，我不可能完成本书的写作。初稿完成后，陈永正、胡守为、邱捷等先生在百忙之中，仍然抽出时间审阅，不吝赐教，从书稿的整体框架，到标点符号的使用，先生都提出诸多宝贵意见。诸位先生对于末学后辈的宽厚、勉励与指教，其为学为人，都令我不胜感佩之至！

同时，感谢东莞市文联张淑玲主任及广东人民出版社王宁、杨栎等编辑为此书所付出的辛勤劳动！

特别感谢黄大德先生。一次偶然的机会，我有幸认识了邓尔雅的外孙黄大德先生。黄大德先生自20世纪60年代开始，从事文学、戏剧创作、评论，80年代以来涉足美术领域，致力于广东美术史料、文献的抢救与整理，广东近现代报刊的整理与研究，也致力于对先辈遗作的搜集与整理。他现在虽已退休，但仍辛勤耕耘。在本书写作申报之初，我就征求过黄大德先生的意见，得到他热情的肯定与鼓励。申报成功之后，在撰写过程中，更得到了黄大德先生无私的帮助：他把自己所藏与邓尔雅相关的资料、邓尔雅的原稿以及黄大德先生自己撰写的相关文章皆提供给我，使我的资料搜集工作站在了巨人的肩膀上！若没有黄大德先生的无私帮助，本书的部分内容恐将付阙如。

书稿付梓之际，我内心虽如巨石坠地，但却也不能释怀。盖因自觉才学浅薄，为邓尔雅先生作评传之大任，力不能及也，恐贻笑大方。但转念一想，本书也算是对邓尔雅先生作全传的一次尝试，属于抛砖引玉，若能让更多的人关注到邓尔雅其人其艺其学，则足矣。若要更深地走进邓尔雅的世界，每位读者还需要自己品读邓尔雅先生精彩的艺术与人生，获得自己的那份体悟和感动。值得一提的是，我在黄大德先生的指导下，还将进一步撰写《邓尔雅年谱长编》，并将识读和整理邓尔雅先生的文字学遗著《文字源流》。邓尔雅先生更多的精彩将陆续被展现出来，以飨读者。让我们这些后辈学人，秉承邓尔雅先生的“历劫不坏”的心愿，为保护国粹，传承文化而继续奋斗下去！

陈　莉

2017年8月识于中山大学图书馆